江苏慈善人物故事

| 第一辑 |

江苏省慈善总会　南京大学江苏慈善研究院　主编

南京大学出版社

序

蒋宏坤

（江苏省慈善总会会长，南京大学江苏慈善研究院理事长）

在庆祝中国共产党建党100周年之际，《江苏慈善人物故事（第一辑）》正式出版了。本书呈现给读者朋友的是江苏16位历史人物以及23位当代人物的善行义举，他们之中有善与人同、救世济贫、"先天下之忧而忧，后天下之乐而乐"的士人楷模，有大善若水、慈心泽民的平民教育家，有康济天下、覆露一方的慈善企业家，也有凡人义举、微者博大的平民行善者。从年龄来看，有百岁长者，也有弱冠青年。

党的十八大以来，党中央、国务院对慈善事业高度重视，党的十九届四中、五中全会，对慈善事业在实现中国之治和建设现代化国家中如何发挥作用做出明确要求，提出重视发挥第三次分配作用，发展慈善等社会公益事业，努力发挥社会组织在民生保障和社会治理中的积极作用，为做好新时代的慈善工作提供了遵循依据。2020年11月12日，习近平总书记在南通博物苑考察时，称赞张謇先生在兴办实业的同时，积极兴办教育和慈善公益事业，扶贫济困，造福乡梓，影响深远，是中国民营企业家的先贤和楷模，这是总书记三个月内第二次称赞张謇先生。这不仅是对张謇先生的赞扬，对企业家的期望，也是对慈善事业的充分肯定，更是对江苏慈善事业的鼓励和鞭策。

"慈心为本，善举为民"，慈善是仁德和善行的统一。江苏是经济大省、文化大省，政通人和、世风淳厚，在公益慈善领域有得天独厚的优势。在省委省政府和各级党委政府的坚强领导下，在社会各界的大力支持和积极参与下，江苏的慈善事业取得了很大的发展与进步。为推动慈善理论和实践更好地结合，用理论指导实践，用实践丰富理论内涵，在慈善理论研究创新上留下更多的江苏智慧,在弘扬中华民族传统美德上铭刻更多的江苏记忆,在现代慈善理念的传播上贡献更多的江苏力量。2020年5月,由江苏省慈善总会和南京大学共同发起,联合省委党校、省政府研究室、省社会科学院、南京师范大学、苏州大学、南京艺术学院等单位共同组建成立了"南京大学江苏慈善研究院"。《江苏慈善人物故事》的编辑出版就是研究院的成果之一,本书的编辑出版,旨在通过典型引路,讲好江苏慈善故事,大力弘扬乐善好施、扶危济困的优良传统,激发全民向上向善的热情,树立良好的社会风尚。

《左传》有云,"慈为爱之深也"。近代人认为:怀有仁爱之心谓之慈,广行济困之举谓之善。江苏素来具有热情仁爱、乐施好善的传统,自古以来,留下了许多感人事迹和动人的故事。他们的故事告诉我们:慈善就是大家一起做好事,一辈子做好事;爱是需要互动的,爱只有在传与递的同频共振中才能不断发扬光大;为别人做好事是一件有意义的事。他们的故事告诉我们:善良是人的本性,勿以善小而不为,人人行善,持之以恒,只要把每个人内心的善良发挥出来,就能打造幸福美好的大爱人间。慈善事业的发展,离不开典型人物的引导,《江苏慈善人物故事(第一辑)》是开始,以后还将编撰下去。希望一花引来万花开,通过更多的慈善人物故事,大力弘扬行善爱民、人民至上的精神,唤起兼济天下、人人向善的热诚,更好地促进现代慈善事业的发展。

慈善事业只有起点,没有终点。近年来,随着慈善文化的不断传播,我国慈善事业正在从传统走向现代、从少数人参与走向大众化。慈善事业方兴未艾、蓬勃发展,取得了可喜可贺的成就,更映射出江苏这片热土上源源不断涌现出的善行义举。乐善好施、扶贫济困、尊老爱幼、扶弱助残是中华民族的传统美德,是社会主义核心价值观的重要内容。慈善在巩固脱贫攻坚成果、助力乡村振兴、完善社会保障制度、促进社会公平和谐中发挥着重要的作用。公益并不遥远,慈善就在身边,希望《江苏慈善人物故事》能够感召更多的有志之士热心慈善,汇聚更多的社会力量参与慈善,开创大众慈善新格局,促进慈善事业发展登上一个新的台阶。在开启向第二个百年奋斗目标进军的新征程中,为建设"强富美高"新江苏、构建和谐文明社会贡献慈善力量。

2021年7月6日

目　录

1 | 序

历史人物

3 | 忧乐为天下，义庄千年传——士人楷模范仲淹的慈善事业
11 | 刘宰：施粥济民，见义必为
19 | 史际："康济天下，覆露一方"的明代富豪
27 | 高攀龙：善与人同，救世济贫
36 | 韩贞：大善若水、慈心泽民的"东海贤人"
44 | 周梦颜：著书劝行善，请愿免浮粮
51 | 彭绍升：士人的"佛系"慈善
62 | 潘曾沂："第一善人"的慈善路
72 | 晚清江南慈善群体之核心——余治的慈善活动及影响
79 | 传统与近代慈善思想的交织——冯桂芬的慈善思想与实践
87 | 李金镛：首倡义赈、名满天下的慈善家
96 | 谢家福：知民族大义，存赈济之心
107 | "非常之人"的非常善举——盛宣怀的慈善人生
118 | "民营企业家的先贤和楷模"——张謇改良社会的慈善实践
129 | "义声闻天下"的慈善家——施则敬的善行懿德
138 | 魏家骅：扶生救苦、劝善归过的"双料进士"

当代人物

153 | 陆小波：仁善传家的乡贤领袖
162 | 陶欣伯：以商养教、以教兴国的百岁老人
170 | 郑兆财：爱国爱乡、无私奉献的海外赤子
180 | 凡人善举，微者博大——全国最具爱心慈善楷模"磨刀老人"吴锦泉
192 | 唐仲英：大爱无疆、薪火相传的"钢铁大王"
203 | 韩汝芬：用爱为智力障碍儿童撑起一片蓝天
212 | 秉承先志，为国储材——记"敬文精神"的传扬者朱恩馀
222 | 播撒希望，情暖人间——记"希望老人"周火生
231 | 汤淳渊：匿名助学、爱汇江海的"莫文隋"
241 | 颜正明：为636名困境学子圆梦
247 | 生命不息，回报不止——记"中国好人"姜达敖
253 | 淡泊明志，大爱无名——当代"炎黄"张纪清的故事
263 | 周其钧：倾心慈善，"树德"助人
268 | 陈启兴：做了半个世纪"活雷锋"的"爱心爷爷"
273 | 高德康：以服暖人，以善暖心
283 | 曹龙祥：奉献是人生最大的快乐
291 | 崔根良：以大爱善行天下，以责任扛起担当
297 | 沈小平：以慈善为第二事业，常态开展社会公益
303 | 张建斌：怀揣社会责任，践行慈善使命
309 | "为爱复生"，将爱传递——当代徐州保尔"郑复生的慈善故事
318 | 王文清：一生的慈善，一生的公益
323 | 陈建华：恒心为善，力久为功
332 | 郭秦：95后"老慈善家"

341 | 后记

历史人物

忧乐为天下，义庄千年传

——士人楷模范仲淹的慈善事业

范仲淹（989—1052），字希文，北宋名臣，谥文正，江苏苏州人。① 他提出"先天下之忧而忧,后天下之乐而乐"的伟大抱负,并以光辉一生亲身实践。千余年来,上至帝王将相,下至士人百姓,无不视他为楷模。《宋史·范仲淹传》称:"自古一代帝王之兴,必有一代名世之臣。宋有仲淹诸贤,无愧乎此。"南宋大儒朱熹赞誉他为"天地间气,第一流人物"。他为人一流,"富贵贫贱,毁誉欢戚,不一动其心";他为官一流,"宁鸣而死,不默而生";他武功一流,"胸中有数万甲兵";他文章一流,"浩浩汤汤,气象万千"……除了上述广为人知的政治、军

图一　苏州名人馆内范仲淹像

事、文学成就之外,他还造就了一番一流的慈善事业。他资助贫士,重教兴学,为国育材;他首创宗族义庄,赡族恤亲,留下了中国历史上延续时间最长、规模最大、管理最周密、影响最广泛的私家慈善机构,"一事为百世师"。

一、慈善之源:儒家经典与佛教义理

北宋太宗端拱二年(989),范仲淹出生于一个小官僚家庭,他的童年十分

---

① 关于范仲淹的出生地点,一直流传有诸说,如江苏苏州、江苏徐州、河北正定等,不过其籍贯为江苏苏州,断无疑义。"范学"专家方健先生在《范仲淹评传》一书里对此有清楚辨析,并指出范仲淹的高祖已由北方迁居苏州。

不幸。两岁时,父亲范墉病故,家中失去经济来源,生活穷困潦倒。母亲谢氏无奈改嫁于平江府(今江苏省苏州市)推官朱文瀚,范仲淹遂改名为朱说。后朱文瀚改官淄州长山县(今山东省邹平市长山镇)令,他便随其迁往长山,于此度过了青少年时代。宋代,儒、佛、道三教合流,范仲淹自幼年起多接触儒教、佛教,其中的教义对他慈善思想的形成具有重要影响。成长于孔孟之乡的范仲淹,其思想植根于儒学。儒家经典的核心为仁爱、礼义,倡导穷则独善其身,达则兼济天下,这一理念成为他一生的行为指南。史载,范仲淹博通《六经》,尤精于《易经》,《易经》中有许多劝人行善的训诫,如"积善之家,必有余庆;积不善之家,必有余殃"等,旨在宣扬积善行德,呼吁人们奉献自己、关照他人。想必范仲淹在品读这些语句时,积善成德、善己善人的种子就已在他心中播下。

范仲淹的一生与佛教结下了不解之缘,幼年时便已初步接触到了佛教。佛教更加关注于治心,能够解答儒学无法回答的宇宙和生命问题,因此拥有广泛的群众基础。宋代妇女信仰佛教者很多,范仲淹的母亲谢氏也不例外。据说,范仲淹幼时居住于苏州市天平山下的咒钵庵,由于家贫,屋子时常漏雨,范母的经卷总被淋湿,她便拿出来在庵外的石台上晾晒,久而久之,这座石台被人称作"翻经台",成为范母诚心事佛的见证者。母亲的佛教活动让范仲淹接受了佛教义理的熏陶,懂得了慈悲为怀、心存善念的意涵。迁居山东后,范仲淹一度在家附近的寺庙苦读,在佛教氛围的影响下,在与僧人的接触中,他对佛教义理有了更为深刻的理解。佛教在世间践行的基本理念之一就是"慈悲",其宗旨是普度众生、行善济人。佛教信奉"孝养父母,奉事师长,慈心不杀,修十善业",世间万物都受因果法则支配,因果循环论与善报观念,强化着世人对善行的向往,此种思想与中国传统文化相结合,形成一种强大的道德约束力。因此,中国传统社会中的许多慈善事业都与佛教的慈悲意识分不开。北宋仁宗庆历初年,范仲淹曾为《十六罗汉因果识见颂》作序,他写道:"余尝览释教大藏经,究诸善之理。见诸佛菩萨,施广大慈悲力,启利益方便门。大自天地山河,细及昆虫草木,种种善谕,开悟迷徒。"可见,儒家经典与佛教义理正是范仲淹慈善思想的渊源所自。他的一生,都在探索着"善",践行着"善"。

二、为国育材，让园兴学

北宋真宗大中祥符八年(1015)，二十七岁的范仲淹考中进士，从此开启了长达三十七年的仕宦生涯，六十四岁时，病逝于任上。观其一生，出将入相，三遭贬谪，两戍边关，历任州县十余处，无不鞠躬尽瘁，忧乐天下，为官一任，造福一方。除了治水、救荒等职责所在的行为之外，他还以个人身份留下不少义举善行，典型事例之一便是对教育的重视与付出，为国育材。

北宋仁宗天圣四年(1026)至天圣六年(1028)，范仲淹因丁忧在应天府(今河南省商丘市)居丧，被晏殊聘请为府学主管。一日，一名孙姓秀才来上谒，范仲淹接见他后，赐钱一千给他。第二年，孙秀才又来了，范仲淹继续赠钱，给予他补助。原来，孙秀才家境贫寒，连母亲也无力奉养，范仲淹赏识他的才学，便让他留在书院教书。十年后，他成为有名的学者，便是宋初三先生之一的孙复。孙复成名后，范仲淹大为感慨，他说道："贫累大矣，倘因循索米至老，虽人才如(孙)明复者，将犹汩没而不见也。"[①]科举入仕，需数年苦读，对贫寒士子来说，读书往往也是一件奢侈之事。少年时代的贫苦读书经历，让范仲淹对此感同身受。因此，他常尽自己所能帮助贫寒士子，解决其生计问题，使他们无后顾之忧，从而安心读书，发挥才干。

除了个体式的资助，范仲淹更为地方教育的整体发展做出了自己的贡献。北宋景祐元年(1034)，范仲淹返回家乡苏州担任知州。在他到来之前，苏州没有府学，每年取得解额的举子，不过数人。范仲淹心系苏州本地的教育事业，经他奏请，宋仁宗同意在苏州建立府学。在选址建筑校舍时，范仲淹捐出了苏州南园的私人宅地。这块宅地曾被堪舆家相为风水宝地，认为"此当世出卿相"。范仲淹听罢赶忙说道："诚有之，不敢以私一家。"[②]他认为，如果只是自己在这安家，那也只是自家富贵，不如捐出，作为求学之所，这样大家都能受益。据《吴郡图经续记》记载，建学之初，有人觉得府学占地太大，但范仲淹犹嫌不

---

① (明)郭良翰：《问奇类林》卷一二，明万历刻本。
② (明)刘宗周：《人谱类记》增订五，清文渊阁四库全书本。

够,说:"吾恐异时患其隘耳。"在今天看来,这是多么博大的胸怀啊!府学建成后,他"聘胡瑗为师"①,此后不断邀请许多著名学者来此讲学,使得苏州府学名冠东南,影响遍及全国。苏州文脉也由此昌延,并在后世成为著名的才子状元之乡,范仲淹"让园兴学"之举当推首功。

图二 苏州府学牌楼

三、首创义庄,赡族恤亲

北宋仁宗皇祐二年(1050),已步入花甲之年的范仲淹出任杭州。此时,有人建议他置办产业,作为养老之用。但他没有听从,而是用毕生积蓄,在家乡苏州购置千余亩良田,首创义庄这一机构,救济族人。范氏义庄以义田为基础,构建了涵盖"义田、义宅、义学"三部分的宗族内部福利体系。

(一)贫者有所养:范氏义田

范仲淹在苏州购置的千余亩常稔之田,称为义田,其田租被用来作为公产,养济宗族成员,使其"日有食,岁有衣,嫁娶凶葬皆有赡"②。范仲淹曾对子弟说:"吾吴中宗族甚众,于吾固有亲疏,然吾祖宗视之,则均是子孙,固无亲疏

---

① (元)脱脱等:《宋史》卷三一四《范仲淹传》,中华书局1977年版,第10267页。
② (宋)钱公辅:《义田记》,载李勇先、王蓉贵点校:《范仲淹全集》,四川大学出版社2007年版,第1168页。

也。苟祖宗之意无亲疏,则饥寒者吾安得不恤也?自祖宗来,积德百余年,而始发于吾,得至大官。若独享富贵而不恤宗族,异日何以见祖宗于地下,今何颜入家庙乎?"[1]可见,范仲淹时刻心系范氏家族的发展,关心每位宗族成员的生活状况,早在他"未贵显时",就已经有设立义庄的意愿,但是由于种种现实阻碍,这一心愿未能达成。直到他为官多年,积蓄足够,才将这一想法付诸实施。

范仲淹亲自立下十三条规条,称《义庄规矩》,作为义田租米使用的纲领,供族人参照、遵守。原文较为冗长,按照当代史家的解读,其内容主要包括三大方面:一是资助族人米、布的数额和范围,五岁以上男女,计口给米,每日一升;布匹则按每口一匹,五岁到十岁半匹的标准发放;家中女仆亦可给米。二是资助族人嫁娶丧葬的数额,嫁娶可领钱二三十贯,尊长丧葬可领钱十五至二十五贯,十岁至十九岁卑幼丧葬可领钱三贯至七贯。三是领取义米的办法,由族中各房每月末向义庄掌管人请支,双方核对后按实际人数发放。除此之外,还涉及家居官员、赈济姻亲乡里及义米的积累和发放等内容。[2]

(二)无家者有居:范氏义宅

范仲淹少时长于北方,后返回苏州。起初,苏州的范氏宗亲因担心范仲淹分家产,对范仲淹并不友善,甚至阻挠其改姓归宗。但范仲淹并不在意,他将位于普济桥旁的范家旧宅进行翻修与扩建,并给房屋及家中的老松都起了名字,赋予新意涵。他将西斋命名为"岁寒堂",将两棵老松命名为"君子树",并将旧阁命名为"松风阁"。范仲淹正是凭着"岁寒然后知松柏之后凋也"这般耐得住困苦、受得住磨难,且不忘初心的劲头,倾情回报桑梓。之后,他不断扩建旧宅,号为"义宅",使之成为范氏宗族世世代代的居所。这样一来,无家可居的族人有了居住保障,并在这个大家庭中感受到关怀与温暖。范仲淹以义宅为纽带,加强了整个宗族的凝聚力与向心力。国之本在家,范仲淹此举,正是家国同构的具体实践,聚族而居,同舟共济,有利于维系宗族发展、促进社会稳

---

[1] (宋)范仲淹:《告子弟书》,载李勇先、王蓉贵点校:《范仲淹全集》,四川大学出版社2007年版,第802页。

[2] 冯尔康等:《中国宗族社会》,浙江人民出版社1994年版,第184页。

定。宋人楼钥认为范仲淹创办义宅,是一桩伟事,更是一桩难事,他在《范氏复义宅记》一文中感叹道:"衣冠之族不免饥寒者甚众,愿如范氏之宗派而不可得。"高度评价了范仲淹凭一己之力,使族人受到推食之恩的善举。

(三)幼者有所教:范氏义学

宋代以儒立国,重视科举,科举成为士人改变命运的重要手段,在这样的情况下,仅对族人进行"扶贫"是不够的,要想从根源上解决族人贫困问题,使其生活得到根本改善,就要对其进行"扶志"与"扶智"。出于这样的目的,在义田、义宅畅通运转后,范仲淹又计划创办义学,使族人可以宅于此,学于此,实现"教养结合",这一规划由其后人予以落实。有研究指出,以义田收入产出为主要经费来源的家族义学正是源于苏州范氏,其优越性在于,它对族众是免费的,而在此之前的族塾对族众是有一定费用要求的。[1]

四、君子之泽,后世典范

范仲淹的一生,为人尚忠义,为政尚忠厚,生活节俭,乐善好施。因此,在世之时,"虽里巷之人皆能道其名字"。离世之时,"四方闻者皆为叹息"。或许,范仲淹在世时,还不会想到,他的一系列言行就是今天的"慈善",更不知道,义庄赡族之举会成为中国慈善史上浓墨重彩的一笔。

《孟子》有言:"君子之泽,五世而斩。"然而,范仲淹的君子之泽,弥久不衰,远而有光。对于苏州范氏家族而言,范仲淹首创义庄,使族人有所养、有所居、有所学,范氏子孙免遭饥寒之苦,所谓"自范氏义庄立,至今裔孙犹守其法,范氏无穷人"。[2] 范仲淹去世后,范氏代有贤孙,他们修其业、承其志,不断完善义庄规制,维持义庄运转,使其历宋、元、明、清、民国近千年而不衰。

此外,范仲淹慈善事业的影响更是远超范氏一族之外,影响了中国大地千余年,为中国传统宗族的构建、维系,家族慈善的发展提供了思路,树立了典

---

[1] 朱俊生等:《宋、明、清自治性福利及其现代意蕴》,首都经济贸易大学出版社2019年版,第68页。

[2] 顾炎武著,黄汝成集释:《日知录》卷六,上海古籍出版社2014年版,第144页。

范。应该说,在范仲淹之前,亦不乏贤士善人救济族亲,但均为临时性的个人义举,表现出救助范围狭窄、救助内容少、救助非制度化等特点。直到范氏义庄的创立,"以田产为基础,依一定的规矩,对族人作经常的赡给,使家族互助能够广泛而长远"①,中国的士大夫群体才终于找到了一条救助族人的持久性道路。此后,置义田、办义庄、为族亲乡邻谋福利,成为一种社会风气。此后,全国各地义庄的创设,大多以范氏义庄的办法为蓝本。南宋士人刘宰称,自范仲淹开始,"吴中士大夫多仿而为之"②。元、明以降,各地人士"踵而行之",并于清代出现了义庄建设的高峰,有"义庄之设遍天下"之说。③ 直到中华人民共和国成立后,随着土地制度的变化,义庄才结束了它的慈善使命。

图三　苏州范氏义庄旧址

　　慈善关系到国计民生、百姓福祉。我国慈善事业的长足发展,不仅要从西方慈善理念中借鉴经验,更要从本国传统文化以及传统慈善事业中挖掘思路。范氏义庄之所以能延续近千年,正是满足了当时社会的需求。作为一个强有力的非宗教民间组织,义庄对族人实行无差别的救济,不分亲疏远近,保障其温饱、求学、婚丧、养老等事宜,满足了族人切实所需,更重要的是替国家分担

---

① 梁庚尧:《中国社会史》,东方出版中心2016年版,第260页。
② (宋)刘宰:《漫塘文集》卷二一《希墟张氏义庄记》,民国嘉业堂丛书本。
③ (清)冯桂芬:《显志堂稿》卷四《汪氏耕荫义庄记》,清光绪二年冯氏校邠庐刻本。

了地方治理、社会保障与救济的责任,对缓和社会矛盾,稳定社会秩序有极为重要的作用。以义庄为代表的慈善事业,正是以范仲淹为首的士大夫"达则兼济天下"理念信仰的完美诠释。

如今,全国各地民众时常会去苏州天平山的范公祠,纪念这位以"致君泽民"为己任的北宋士大夫。凝视着范仲淹像,似乎还可以看到义田首次丰收之时他透出的喜悦。九百七十余年后的今天,苏州范氏义庄的旧址上已建起景范中学,"落其实思其树,饮其流怀其源",学生们的琅琅书声也在向今人传达,范仲淹与他的慈善精神,还将继续润泽中国大地。

（杨林颖　撰稿）

主要参考文献：

1. 李勇先、王蓉贵点校:《范仲淹全集》,四川大学出版社2007年版。
2. 冯尔康等:《中国宗族社会》,浙江人民出版社1994年版。
3. 王卫平等:《中国慈善史纲》,中国劳动社会保障出版社2011年版。
4. 方健:《范仲淹评传》,南京大学出版社2001年版。
5. 诸葛忆兵:《范仲淹传》,中华书局2012年版。
6. 王善军:《范氏义庄与宋代范氏家族的发展》,《中国农史》2004年第2期。

刘宰：施粥济民，见义必为

提到江苏金坛著名的景点"漫塘春水"，人们便会想到南宋时期曾结庐于此的慈善家刘宰。刘宰，字平国，号漫塘病叟，南宋人。其祖先原籍沧州景城（今河北沧州），宋初徙丹阳（今江苏丹阳），再徙金坛（今江苏金坛）。刘宰十六岁入乡校，两贡于乡，都是第一，而后登绍熙元年（1190）庚戌进士第。其为官，历任江宁县尉、真州法曹、泰兴令、浙东仓司干官，多有政绩。任江宁尉时，刘宰见当地巫风盛行，便下令保伍互相纠察，将从事巫术之人改业为农；遇到旱灾时，积极救荒，所活甚多。调任真

图一　刘宰画像

州法曹后，管理台郡仓库，出纳明允。当时有太守贪墨，为刘宰所知，太守便私下以推荐信贿赂于他，刘宰不为所动，不肯与贪官同流合污。要知道南宋时，官员要想顺利晋升须得有人推荐方可。刘宰任泰兴令期间，智破租牛案、金钗案、妇姑案，足见其处理地方事务的才能。后因官场局势变化，与好友相约辞官，回归乡里三十年间，朝廷多次派发任令召其回去做官。有一次，朝廷任其为直宝谟阁宫观，并将其闲居在家的年月算作年资，刘宰最终还是推辞。由此可见，刘宰一直以坚持本心与原则立世，刚正不阿。其仕途虽有些不如意，但归乡之后，施展才能，为百姓做善事，爱民恤民之心在其善行中有了更为充分的体现，为后世所铭记。

一、念祖睦族，行孝友事

刘宰对于宗族之事甚为关心，念及当时社会宗亲内部只顾自身之私，不顾宗族发展的现状，曾作《劝念祖睦族文》一文，表达自己对于宗亲慈善的观念。北宋时，范仲淹曾设义庄来赡养宗族。到了南宋刘宰生活的年代，范氏宗族已经延续二百余年，绵延十余世，刘宰认为这与范仲淹在宗族内施善有关，并以范文正公为榜样，鼓励后世之人学习。在范氏宗族之内，有贫困的子弟则每日给食、每岁给衣，遇到吉凶之事则给族人费用操办，这为后世宗族建设提供了较好的范本。刘宰本人也十分赞同这种做法，且认为自己与祖宗观念相合，都希望自身及后世子孙富贵，可以脱离贫苦。他强调一个人若拥有才能与财富，实际上并非自身的私有物，而是祖宗世代所积攒的福泽所致，因而希望族内较为优秀的个人可以运用其出色的才能为宗族带来发展，将祖先对于后世子孙的爱，广及宗族。因而刘宰劝导宗族内部有才能者，当体念祖宗的这份心思，承担起祖宗赋予的责任，推己及人。族内有饥饿不能自食其力之人、寒冷不能有衣物保暖之人、婚丧祭祀无法自举之人，都当尽力施助。如若不然，虽是名门也难以延续家业。

具体到刘宰自身，最为孝顺友善，较好地践行了上述观念，为世人做出榜样。刘宰是家中次子，是兄弟五人中唯一科举及第之人。而其家族，自祖父卖掉田产供刘宰父亲与伯父读书开始，家中便已无常产。刘宰父亲虽任家馆，但未置产业，一直较为贫困，甚至将最小的孩子送走外继他姓。刘宰任真州法曹时期，其父向刘宰说明购置田产的打算，刘氏这才在金坛买田。但当时刘宰新婚不久，手头也并不宽裕，妻子梁氏便主动变卖家中物件，凑足钱款给父亲买田，满足父亲的心愿。刘宰父亲去世之后，兄弟五人之中也只有刘宰生活稍好。与刘宰一母同胞的兄长刘成忠，因科举失利而毅然从军，并与父亲关系决裂，决定不再归家。刘成忠在从军之时成家，生有二子一女。刘宰先后在江宁和真州做官期间，将兄长的孩子接回自己家中抚养。不唯如此，父亲去世后，刘宰又将长兄长嫂从军中接回侍养。至于与刘宰同母的三弟，因病而身有残疾，生有一子一女。三弟去世后，其子女也由刘宰照料。四弟与五弟都是庶母所生。四弟刘达明,年过二十便不幸去世。最幼的弟弟刘庚出生后,因家中拮据,便被过继给邻居陈氏,待刘宰做官稍富裕后,因为手足之情想让其归家。当时刘庚因为感念陈氏的养育恩情,等到陈父逝世后,才带着陈母回刘家,归家后由刘宰供给其生活费用。刘庚去世后,刘宰希望其后代可以不受科考困扰,得到自己的荫庇,便把刘庚的孩子归姓为刘姓,因顾念陈氏承嗣的问题,特留其长子为陈姓。在兄长与弟弟归家后,考虑到他们的生活问题,刘宰夫妇二人便决定将家中的财产悉数分给他们,希望兄弟们可以自理生活,原先购买的家业,自己不取分毫,和妻子再行置业。妻子梁氏完全同意刘宰的决定,认为刘宰还在做官,尚有俸禄,但是伯叔们无生活来源。值得一提的是,这些家产中的绝大部分,其实都是刘宰所置,但夫妇二人能够思虑到兄弟生活之难,将田产悉授手足,见其对于家人的慈爱之心。

在维系宗族关系方面,刘宰也有积极作为。《宋元学案补遗》中记载,刘宰在农历每月初一必定准备汤饼与族人相聚。但相聚的目的并非如寻常宗族那般,将酒食之会看作礼节,反而强调如果将酒食之会仅当作固定的礼仪,则是丧失了古人以酒食睦族的要义。刘宰认识到这点后,便以酒食为由,将族人定期聚在一起联络感情。在刘宰看来,当时宗族不睦的原因,主要是由于宗亲间情意相隔。故而他希望在宗族会饮之时,可以做到"有善相告,有过相规",即使有矛盾龃龉,也可以将其消弭于杯酒之间。刘宰看重宗族情义,不仅劝世人睦族敬宗,自己更是如此做表率,孝顺双亲,接济兄弟子侄,从不计较得失。刘宰的慈善之心不仅体现在家族之中,更是惠及乡里。

二、心系百姓,三设粥局

刘宰虽因科第得以做官,为政期间表现也甚佳,但终只做到州县幕佐,官位实际并不高。他之所以成为当地有名有力的乡绅,与他在乡间的慈善行为有很大关系。刘宰的慈善事业,始于为官期间,因而初期带有一定的官办性质。绍熙五年(1194),刘宰当时为江宁尉,遇上旱灾,帅守便命刘宰救济灾荒,而后百姓"多所全活"。嘉定八年(1215),史弥坚邀请刘宰再次出入公门,且参与的是荒政事宜。由于刘宰当时身体状况不佳,便拒绝了。但刘宰还是将自己所著的《荒政编》一册,送去做参考。据刘宰所说,《荒政编》是他的亲身经验与心得,并非道听途说之物。由此可知,刘宰的赈饥经验是较为丰富的。

刘宰在民间所行的慈善之事中,所产生影响最大的莫过于三设粥局,史称"金坛三赈"。辞官的第二年,刘宰便开办其第一次私人捐助的粥局。① 嘉定二年(1209)秋,江南大旱,粮食价格大涨。盛夏时节,百姓已经无法抵过饥饿的苦痛,死于饥疫的人数无法估计,且当时盗贼蜂起,百姓正处于水深火热的艰难境地里。这时,一些地方士人看到这一惨状,便想接济灾民。邑士张汝永、侯琦等人找到刘宰,决定效仿先人施粥为食的故事,救济灾民。虽然当时有倡议的人,但由于公私掣肘,响应者实际并不多,以至于所筹集的粮食有限。在此情况下,刘宰等人便决定利用有限的资源,先救助一部分人,随即开始收养饥民遗弃的孩童。施行一段时间后,浙西常平使者听闻此事,补助义仓米二百石,再加之相邻郡邑的帮助,粥局可以救济更多的人。但由于饥民越来越多,赈济活动持续时间也越来越长,刘宰等人最终将此事上报郡守。郡守拨米三百石,用来帮助此次私人赈灾活动。粥局从嘉定二年(1209)十月初开始,一直延续到嘉定三年(1210)的三月末,救济活动达六个月之久。

通过这次赈济可以发现,刘宰将弱者优先的原则贯穿始终。初始,粥局的救助对象仅为孩童,随着粮食和资金的充裕,逐步将救助对象扩展到老者、妇者、疾者、少壮者。就食顺序也是如此,以孩童、妇人为先,而后再是男子壮年。救助规模逐渐增大,由初期十数个孩童到人数最多时每日近四千人。而后面对粥食有限、饥民人数与日俱增的情形,刘宰等人决定以居养院中的孩童为先,早晚给食,非居养院中的人,日不再给。等到钱粮宽裕后,原居养院中的人,由他们自己决定去留。邻邑与远乡而来的人,结屋以待,且不多加限定。即使有人带着粮食回去,也不会阻止他们再来。在此过程中,刘宰十分注重医药卫生,安排生病之人与他人分开居住,以防传染。赈济结束后,刘宰将此次活动记录下来,为以后积攒经验。据刘宰所记,这一次共花费九百六十二石米,二千二十二缗钱,使用薪柴、苇席、食器等物品不可胜计,足见其规模。

---

① 刘子健:《刘宰和赈饥——申论南宋儒家的阶级性限制社团发展》,《北京大学学报(哲学社会科学版)》1979年第4期。

不得不提的是，刘宰在这次由蝗灾导致的饥疫中挺身而出，给世人留下深刻印象，因而有人将民间信仰之中的"驱蝗神"原型追溯到刘宰。① "驱蝗神"信仰的来源在历史上众说纷纭，"刘宰说"便为其中之一。虽无定论，但此说足以表明刘宰的善行已为民众铭记。刘宰虽是一介文弱多病的书生，不似虫王刘猛将军般勇猛有力，但是在蝗虫带来饥疫之时，刘宰布施粥食，救老弱妇孺者于水火之中，虽未能亲身驱走蝗虫，但所行之事同样使民众免于蝗虫之害，因而受世人供奉。

嘉定十七年（1224），刘宰第二次倡议举办粥局。嘉定十六年（1223），史载"暑不胜寒，谷入大减，菜亦不熟"。到了十七年（1224），已经"啼饥者载道"。刘宰本来杜门闲居，不闻外事，而后得医生过门相告外间惨状，他便决定再次举办粥局。初始，来者只有数百人，而后慢慢增多，达到万人之数。人数增多后，钱粮问题也随之而来。所幸刘宰得友人赵若圭相助，赵若圭致信同乡好友以及热心人士，说明情况后，钱谷纷至沓来，因而刘宰等人得以将粥局继续下去。有了钱粮后，粥局开始增灶增员，所用的米也是平时中下之家难以吃到的精细米。粥局逐渐声名广播，远近流传，人数最多之日来就食者达到一万五千人，这也是刘宰所举办规模最大的粥局。据《江苏金石志》所载，此次粥局捐赠者达六十八位，其中包含当地长官、旁邑各级地方官、进士、国学待补生、邑人及僧道人等。

刘宰第三次赈灾是在绍定元年（1228）。金坛由于地势较高，未受当时涝灾影响，但是邻邑受灾严重，导致灾民涌入金坛，刘宰便第三次举办粥局赈灾。此次粥局从绍定元年（1228）二月开始，本以为二月末可结束，但由于麦谷还没成熟，饥民仍旧没食物充饥，粥局只能继续举办。但当时同样遇到钱谷不足的问题，好在有王遂、王虎文等友人仗义相助，加之郡守捐助的百斛粮食，粥局得以延续到当年四月。由三次设粥局赈灾之事可以发现，刘宰身边总是围绕着与其相同的见义勇为的"好事者"，或与刘宰共同组织粥局，或予以钱粮支撑。同时，刘宰所办活动还屡次获得地方官的支持，他们都不约而同地支持刘宰的公益活动。这除了慈善本身的吸引力，应当还有刘宰自身的人格魅力。

---

① 张文、卢瑜宁：《刘宰赈饥与蝗神信仰》，《史学集刊》2019年第6期。

三、乡间之事，见义必为

在规模最大的第二次粥局举办之后，刘宰的声望大涨，朝廷也多加关注。除粥局外，刘宰还率领乡人祈雨去旱，且多应验。在宝庆元年（1225），刘宰嘱咐金坛县县尉，用义社的钱粮，重新修建社稷坛，而后又买民屋十间，建斋祭所。这其中，刘宰也出钱物用于修建，重建后的规模远非他邑能比。修桥方面，刘宰同样不遗余力，见桥路不通，或倡议邑人修建，或自己率先捐资完成，倡议邑人修建的有端平桥，自己捐资修建的有云阳桥、左港桥等。《至顺镇江志》中提及刘宰修建的桥梁大约有五处，其中两处还是规模较大的桥梁。除此之外，刘宰还关注医药常识，重视义仓，创置和主持社仓，创设义役制并为乡人变通义役方法。同时，还代百姓向地方官表达革除额外赋税的愿望，定下折缴麦税的钱额，把县里的斗、斛都改为国家标准，捣毁多余的祠堂八十四所等。遇到有人无田可耕、无庐可住或子女见长却无法婚嫁之事，刘宰都会当作自己的事情那般，汲汲经理。他虽然生理素薄，但见义必为，往往对于乡里的事情竭尽全力，不知何为疲倦。归之一处，凡是可以告知官府利于乡人的事情，刘宰无不为也。《宋史·刘宰传》记载，刘宰去世之时，"乡人罢市走送，袂相属者五十里，人人如哭其私亲"。[1] 后人感恩于他，将其作为乡人先贤，敬奉在镇江先贤祠中。朝廷为了表彰其善行，谥号"文清"。

四、慈善典型，遗风可循

两宋时，出现了不同于以往的"较为松散的新型慈善模式"，慈善主体主要为地方士人、乡居官员、富民等地方精英，"在他们的努力下，更多具有开放性质的慈善行为以及面向非特定人群的慈善行为频繁出现，更具有了传统慈善模式往往不具备的平等性质"[2]。至南宋，民间力量参与赈济较前代更为突出，

---

[1] （元）脱脱等：《宋史》，中华书局 1977 年版。
[2] 张文：《宋朝民间慈善活动研究》，博士后学位论文，四川大学，2004 年。

体现出民间慈善力量主动性进一步增强,且开创后世慈善的实施模式,刘宰便是这种宏观趋势下的典型代表。

究其慈善缘由,应该说与其思想、家世、仕途三个方面都有一定的关系。儒家思想本就有许多社会保障的部分,强调"以民为本","怀保小民,惠鲜鳏寡"。刘宰浸淫于儒家思想之中,爱民恤民观念是深入其心的。对于佛老之说,刘宰整体持反对态度,但佛老思想中提倡施舍是与儒家相合的,他本人与佛道中人有交往,多为寺院作记,也曾说道:"释氏之所以兴,曰不忘施也。"因而这些慈善思想对他都可能产生了一定的影响。就家世而言,受父亲云茅居士影响较深,当时家中贫困,但父亲平素尚义,"尝除夕绝粮,转贷得斗粟。忽所亲来贷米,家人有难色。居士曰:'我犹有借处,彼谁与之?'分遗一半,不少吝。居乡曲,多有济人利物之事"[①]。在父亲的言传身教之下,刘宰对于行善之事同样热衷。同乡王遂便记载,当有人问其行善为何时,刘宰说道:"先公之志也,吾何敢?"[②]在《甲申粥局谢岳祠祝文》中刘宰说道:"某惟我先考云茅居士忧人之忧,有志弗遂。死葬方山之麓,其旁有田二顷,岁大稔,可得谷百斛,积数岁不售。适故岁水灾,春半艰食,乃即庙之修廊广宇为糜,以与饥者共一朝饱。"[③]由此可见,刘宰是遵循父亲之遗志,奉而行之。对于贫家的窘迫状况,刘宰同样感同身受,其本能的恻隐之心被触动,加之父亲行善乡里,因而能继承父志。另外,刘宰为官经历为其行善乡里提供了一定的条件,辞官之后促使他将"立行"的场域转移到了本乡。王遂在为《漫塘文集》所作序言中说道,"其所以自命者,未尝以文。其在庠序,隐然有忧世之志,其出入州县,慨然有济时之用。及其屡召不起,则毅然以爱族党,禁非鬼,恤穷饥,抚存没为心"[④],正揭露出刘宰行善背后的这一条件。

刘宰的慈善事迹对后世产生了很大的影响。到了晚清,刘宰的同乡冯煦曾为《漫塘文集》作序,说道:"予生后文清七百余年,其流风余韵犹有存者,虽甚驽下,弥自策励,敢附窃比之谊,藉申仰止之思",表达了对刘宰的仰慕之情。

---

① (元)白珽:《湛渊静语》卷一,清知不足斋丛书本。
② (宋)刘宰:《漫塘文集》前序,民国嘉业堂丛书本。
③ (宋)刘宰:《漫塘文集》卷二七,民国嘉业堂丛书本。
④ (宋)刘宰:《漫塘文集》前序,民国嘉业堂丛书本。

冯煦曾主持江皖水灾赈济之事，后办理义赈，"远而推至京直鲁豫湘浙，无岁不灾，无灾不赈。盖自莅官讫致仕，逮于耄老，与荒政相终始，众称善人"[①]。因而可以发现，冯煦与刘宰慈善事业上有许多共通之处，刘宰当为其提供了诸多的精神养料。

综其所有，刘宰为人循其本心，确如史料所评价"刚大正直，明敏仁恕"。身为地方官，明断是非，还人公义；身为人子，孝顺双亲；身为兄弟，从不计较；他竭力照顾家人，维系宗族关系。辞官后，依然关心乡里，公益之事，从来先行。其所做善行，足撑得起"慈善"二字。孟子曾通过孺子入井的故事，表明人"皆有怵惕恻隐之心"。刘宰虽未见过孺子入井，却数次经历饥民载道的情形。刘宰一直秉承自己的这份恻隐之心，尽自己之力，行好义之事，见有贫者、弱者，伸出援手。可见，刘宰所行之事，深入民心，刘宰其人，深得民心。刘宰每每同人之心，而人们也同样感受到他的这份善心，因而每次他的善行背后总能汇聚起有力量的群体加入，这便是"人心所同然之处"，也是自古以来的理与义，更离不开刘宰自身的人格魅力。这种魅力，虽经千年岁月，依然熠熠闪光，为后人铭记。如今，后人铭记之余，不忘学习他的慈善精神，加以传承，从而更好地滋养这片土地上的人民。

（吴悠悠　撰稿）

主要参考文献：

1. （元）脱脱等撰：《宋史》，中华书局1977年版。

2. （宋）刘宰：《漫塘文集》，民国嘉业堂丛书本。

3. （元）俞希鲁编撰，杨积庆等点校：《至顺镇江志》，江苏古籍出版社1999年版。

4. （清）王梓材、冯云濠编撰，沈芝盈、梁运华点校：《宋元学案补遗》，中华书局2011年版。

5. 刘子健：《刘宰和赈饥——申论南宋儒家的阶级性限制社团发展》，《北京大学学报（哲学社会科学版）》1979年第3期。

6. 宋燕鹏：《南宋士人与地方公益事业研究》，博士学位论文，河北大学，2010年。

---

① （清）赵尔巽：《清史稿》列传二百三十七，民国十七年清史馆本。

史际："康济天下，覆露一方"的明代富豪

史际(1495—1571)，字恭甫，号燕峰、玉阳。明弘治八年(1495)，史际出生于应天府溧阳县(今由常州市代管)一个富饶的仕宦家庭。他的父亲史后是弘治九年(1496)丙辰科进士，伯父史徐生前任职南京广武卫指挥同知(从三品)。在史际四岁时，生母王氏就因故离世。明开国元勋徐达第六代孙、当朝太傅、魏国公徐俌深为赏识史后，将女儿下嫁于他，并馈赠了大量妆奁财产。在父子二人的经营下，史际一家成为江南地区有名的富户。明代史书《名山藏》称史家"富冠东南"，嘉庆《溧阳县志》称史际"豪富甲天下"。但作为顶级富豪，史际一生"自奉菲薄，不啻寒士"，并不追求锦衣玉食，而是好行其德，尚义行善。

师承名门，知而有行

明代中后期，在思想学术领域，"心学"盛行，代表人物为王阳明和湛甘泉，《明史》甚至有这样的记载，"时天下言学者，不归王守仁(阳明)，则归湛若水(甘泉)"，两人的影响力可见一斑。王阳明主张"致良知"，追求知恶知善；湛甘泉则提倡在求之于内的同时，"随处体认天理"。两人虽然各立门户，具体观点稍异，但志趣实为一致。明末大儒黄宗羲在《明儒学案》中就认为，"天理即良知，体认即致"，并指出"当时学于湛者，或卒业于王；学于王者，或卒业于湛。亦犹朱陆之门下递相出入也"。本文的主人公史际就是先后受业于这两位理学大师的代表人物之一。

王阳明在南京为官时，常到时任南京刑科给事中的史后府上做客讲学。史际近水楼台，从小便得以师事阳明先生。由于史际"颖敏过人，沉潜嗜学，博

综群籍,根究理要"①,王阳明对他很是欣赏,每次见面都嘉奖他。后王阳明离开南京,将弟子史际介绍给了知交好友——升任南京国子监祭酒的湛甘泉。从此,史际又成为湛甘泉的入室弟子。

在两位博学鸿儒的影响下,史际逐渐形成了知行合一、知而有行、"致良知为行"的修身处世观,立志报效国家与社会。嘉靖十一年(1532),史际考中进士后,曾在朝廷先后担任礼部精膳司主事、吏部文选司主事、詹事府春坊清纪郎兼翰林院侍书等职。但因为一些人的妒忌、中伤,没过多久,史际短暂的仕途生涯便终止了。

经历了宦海沉浮,里居乡野的史际对人生富贵有了更深的思考。他认为,人们往往为了富贵争斗不止,甚至不惧杀头戮尸的风险。但一个人如果过于富贵,那么他肯定也处于险境了。古代的范蠡就知道及时止步,功成身退,经商致富后又三次散发家财。因此,史际决定学习范蠡,不再追求仕途,直接利用庞大家产报效国家,回馈社会。

溧阳史氏是一个世代延续的大族,支系杂多,贫富不均。史际仿照北宋范仲淹建宗族义庄事例,捐五百亩田创设义庄,补贴史氏一族穷人的婚丧嫁娶。对于生活上遇到困难的乡邻,他主动借钱给他们渡过难关。如果之后他们无力偿还,他便当面将借据烧毁,以示免还。为了让百姓减少荒年之苦,他让农民将丰年时的多余粮食交到自家库房保存,荒年时即可取回。然而有一年库房失火,所有粮食全被烧毁。按照惯例,这种情况主家是不用赔偿民家的。但是史际却说:"这些人都是普通农民,如今没了这些粮食将更加穷苦,我不忍心他们不敢索要赔偿。"于是,自己毅然承担全部损失,按照契卷如数赔偿给农民。溧阳的民众为此称颂史际,"不管我们生病还是遭灾,都有史公庇护我们"。

史际还到相传为范蠡泛舟处的宜兴山中筑庐建社,在孝养祖母王氏、养母徐氏之余,招待海内慕名而来的宾客,一起坐而论道。临别时,还给予这些人丰厚馈赠,时人称他就像古代的平原君、孟尝君。②

---

① (明)李春芳:《太仆寺少卿玉阳史公墓志铭》,《贻安堂集》卷七,明万历十七年李戴刻本。
② (明)严讷:《史玉阳公传》,《严文靖公集》卷一一,明万历十五年严治刻本。

兴役救饥，长计远虑

嘉靖年间，江南地区常年饥荒，史际多次捐粮赈灾。嘉靖十四年（1535），史际捐粮8000石。皇帝为此旌表了史家，并授予了史际儿子官职。嘉靖二十四年（1545）前后，溧阳等地连年饥荒，流殍遍野，灾民们为了生存，甚至易子而食。不少灾民扶老携幼来到溧阳谋食，史际当即捐粮7500石协助当地官府赈济。为了及时救助灾民，他甚至亲自驾船载粮到荒野之地施济，但这年的灾情实在是太严重了，简单的放赈就如杯水车薪。

史际为此长计远虑，想出了兴役救饥、以工代赈的救灾方式。当时在溧阳县城西北十余里有一大块芦苇荡和沼泽地，俗称沙涨荡。雨水多时面积增大，干旱时面积减小，久而久之，那一片逐渐被百姓荒弃。在征得知县同意后，史际决定用粮食换取民力，组织灾民将这片荒地开垦出来。按照史际的设计，在沙涨荡四周350丈内，挖池蓄水，出土围堤。外堤用来抵挡外来洪水，内堤堰池用来淡水养殖，池内之水还可用来灌溉。史际给每位参加劳作的工人开出了米二升、银一分、柴薪一束的日工资，这在当时是一份比较可观的报酬了。一个工人除了喂饱自己，还可以养活家中不能劳作的老弱两人。于是大批灾民前来就雇。在之后8个月里，他们日出而作，日落而息。堤岸边炊烟袅袅，妇子嬉戏，一如寻常村落的作息，让人很难与大饥荒的场景联系起来。直到来年麦谷成熟，工程完工，灾民们才欣然返家。人们称这块潴田为"救荒潴"。

这项工程将百年来的泥沼之地转化为沃土，开垦出良田400余亩，每年可产粮1000余石，灌溉4000余亩土地。更值得称道的是，史际规定"救荒潴"的所有收成，一律不用于自家，全部用于今后的荒年赈灾。根据溧阳籍农学家马一龙的描述，这项工程花费了史际"粟五千石，银五千两"，但养活了远近万余灾民。嘉靖年间的大文学家唐顺之撰有《救荒潴记》一文，对史际的这一善举有比较详细的记述。嘉庆《溧阳县志》称"邑中水利之役，莫大于是"。时至今日，溧阳当地方里村仍保留着当时的布局。[①] 数百年来，史际开挖的"救荒潴"

---

① 《溧阳有条"同"字河，至今有近500岁》，载中国社会科学网，2014年4月8日，见 http://www.cssn.cn/yyx/yyx_tpxw/201404/t20140408_1059260.shtml。

养育了一代又一代溧阳人民,可谓"功在当代,利在千秋"。

图一　溧阳市方里村"救荒滆"航拍图

重教兴学,好礼乐施

史际素来推崇春秋时期孔子的南方弟子言偃。言偃扬孔子学说,开创了学道爱人、大同小康的思想理念,在担任鲁国武城宰时,用礼乐教育士民,境内到处有弦歌之声,为孔子所称赞。因之,史际对慈善爱人之义有很深的理解,认为不仅要"养以厚其生",从物质上救助百姓,还应该"教以正其德",让百姓明礼义、知教化。义开救荒滆之后,史际在滆中营建"嘉义书院"一所,捐田三百亩作为运作经费,邀请名师讲学。史氏族中子弟、溧阳当地学子及外地慕名而来的求学者都可以在书院学习、居住。

史际对教育的重视,是一以贯之的,时任溧阳教谕的林楚《学田记》一文所述之事就深刻体现了这点。嘉靖四十一年(1562),福建人林楚奔赴溧阳上任,不久后碰上史际计划为县学捐学田一事。为了不让学子们困于生计,史际决定捐田200亩,作为县学生员的膳食出行、月考茶卷、岁终油烛的费用。但过了一阵子,这件事似乎没有动静。尽管林楚在老家时就听说过史际好礼乐施,但仍不禁有些疑虑,担心这次的捐助是否会落实。直到有一天收到史际给他的一封信,才恍然大悟,并肃然起敬。信中说:"愿于总户内分其学田二百亩,送米六十石至学,以给膳,又给积余,以充科举赆行之费。今为久远计,易以负郭美田六十四亩五分二厘,又拨管塔庄一百三十五亩四分八厘,以足前数。"原来史际是用自家靠近县城的良田替换了原定的学田土地,这样一来,每年可有田租千余两用于教育经费,是以前的好几倍!林楚认为史际的良苦用心足以和北宋时期范仲淹在家乡苏州任职时"捐宅建校"一事相比。此后,林楚特地号召溧阳学子在县学的左边建造了纪念史际的祠堂。

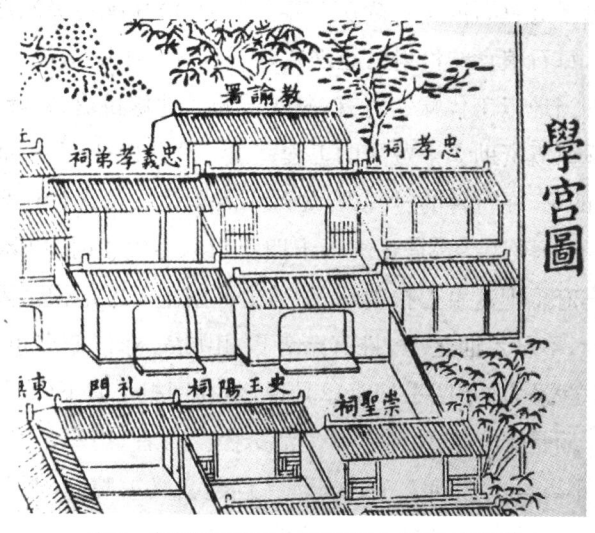

图二　嘉庆《溧阳县志·学宫图》上的"史玉阳祠"

善播江南,不谋声名

上文主要讲述了史际在家乡溧阳的慈善事迹。事实上,史际的举善行为远不局限在小城溧阳一隅,比如在明陪都南京,史际也有一系列义举善行。早在嘉靖四年(1525),史际就把南京史府私塾堂和自家斋舍改建成"新泉书院",延纳四方学子,供老师甘泉先生讲学。嘉靖三十九年(1560),湛甘泉去世后,史际又亲自接管,继续维持书院运转,并立阳明先生和甘泉先生位,春秋奉祀。研究表明,新泉书院是当时南京乃至全国传播心学思想的重要基地,闻名海内。[1] 嘉

---

[1] 刘冻:《王阳明、湛若水与南京新泉书院》,《东方文化周刊》2017年第33期。

靖某年,应天巡抚周公欲在南京各属县建社仓,作荒年赈灾之用。史际主动响应周公号召,并捐3000金作经费。著名的明代清官海瑞也曾提过,其早年参加科举考试,路经南京时,就听说过史际的善行。①

在江南的其他一些地区,如苏州、宜兴、崇明、太仓等多地的地方志中,也都记载了史际在当地的善举。例如,嘉靖二十六年(1547),宜兴知县方逢时开挖河道,史际输米五百石助工。隆庆三年(1569),海瑞疏浚吴淞江,时值水灾,庄稼收成不佳,每石粮食的价格已经需要八钱五分。史际运粮二万石到崇明、嘉定等地,协助当地以工代赈。再有,某年苏州某地修桥堤,实际花费巨大,超出了预算,史际慷慨资助一半费用助工程完工。凡此种种,不一而足。

更为可贵的是,在行善的过程中,史际不希望他人过多宣传自己。有人记录了他曾说过的两段话。一是嘉靖二十四年(1545)灾荒时,史际曾捐粮7500石,后来当地官府想把这事上报朝廷,却被史际阻止了。他说:"际不类守先君遗资,苟给衣食,不忍乡曲之穷,推其余者以相赒济,非以徼名也。天子宠命,际父子窃尝蒙之矣。敢重叨乎?"意思是说,他利用祖上留下的财产赈济,不是为了谋求名声,而是不忍心看到乡邻生活穷困。再者,史家已经得到过恩宠,不应该为这点小事再次惊动天子。二是在创建嘉义书院后,溧阳民众商量为书院起一个赞扬史际美德的名字。史际却说:"际不类辱天子宠命,惧无以对扬,用作书院以宣德意,非以徼名也。敢重烦邑长者私标榜以益罪怨?无已,则先君所蒙褒制存焉。"意思是说,他受到天子的恩宠,担心无法报答,现在建书院是为了宣传天子圣德,不是为了谋求名声,怎么可以自我标榜呢?如果大家一定要起名,那就留存下父亲史后曾经受过的褒奖吧!史际的父亲史后曾在荒年时拿出粮食,赈济灾民,官府曾对这一善行进行了表彰,称史后"行义可嘉"。因此,大家最终把这所书院叫作"嘉义书院"。② 史际这番言语情真意切,把自己行善的功德归功于天子和先辈,体现出其深深的忠孝之心。

---

① (明)海瑞:《复史雁峰太仆少卿》,陈义钟(程毅中)编校:《海瑞集·书牍类》,中华书局1962年版,第417页。

② (明)田汝成:《嘉义书院记》,《田叔禾小集》卷三,明嘉靖四十二年田艺蘅刻本。

助饷抗倭，心怀大义

史际不仅能帮百姓御大灾，也能帮国家捍大患。嘉靖三十一年(1552)开始，倭寇大举侵犯东南沿海，政府多次派兵围剿，但持续三年都没能肃清，反倒为此承担了大量开支。史际得知后，捐粟5000石，助作军饷，并且亲自操舟，分批运送到苏州一带。此外，他还出资招募勇士，亲自训练，带领乡兵配合官军，一战倭寇于太湖洞庭山，击退倭寇。但没过多久，一小股倭寇居然由浙西经皖南直接杀奔南京。从东南沿海到南京，有千里之远，可叹的是，竟然没有军队能阻拦。当倭寇退兵路过溧阳时，史际带领乡兵赶上，在溧阳西北展开激烈战斗，并一直追击倭寇到太湖，最终将倭寇歼灭。事后，嘉靖帝称其"忠义可嘉"，晋升其为尚宝司卿。嘉靖三十五年(1556)，胡宗宪集官兵于浙江平湖清剿倭寇，但长时间没能取胜。史际得到消息后，又一次率领乡兵赶赴平湖，配合作战，为剿灭倭寇徐海部立下大功，嘉庆《溧阳县志》载"火攻徐海，(史际)军功最"。此后，史际又被升为太仆寺少卿，但史际功成不居，再次归隐乡野田园。

图三　明军抗倭图

这种慕义轻财、急国之难的大义大善不管在当时还是后世,都是屈指可数的。抗倭英雄俞大猷曾盛赞史际:"自捐其资,以结死士,自危其身,以靖时艰,惟公一人而已。"①史料记载,倭患期间,朝廷曾颁下诏令,"东吴有慕义助饷者,优秩有差",然而作为财富重地的东南地区,居然"数年无一应者"。那些富有之家宁可"甘心攘掠为寇盗资"也不肯"出什一佐军"。② 因此,有时人感叹,大江南北,如果有人听说史际的大义善行,纷纷向他学习,倭寇还能不剿尽?可惜的是,在当时,有这样大义胸怀的富人终究屈指可数,史际与他们形成了鲜明对比。熟悉明史的人应该知道,明代后期,明王朝危机四起,尤其是多年的辽东战事,导致国库空虚,然而面对此困局,诸多富有的达官显贵始终不肯为朝廷捐出钱财充当军饷,最终坐视明王朝走向穷途末路。

通过以上故事,我们也就不难理解为何明代富豪史际在当时可以"名播缙绅士大夫,谈盛德、综奇行者,无问识不识,皆属公"。③ 史际"康济天下,覆露一方"的大爱大善精神值得我们今天进一步传承和弘扬!

(潘伟峰 撰稿)

主要参考文献:

1. (明)严讷:《严文靖公集》卷十一《史玉阳公传》,明万历十五年严治刻本。
2. (明)李春芳:《贻安堂集》卷七《太仆寺少卿玉阳史公墓志铭》,明万历十七年李戴刻本。
3. (明)田汝成:《田叔禾小集》卷三《嘉义书院记》,明嘉靖四十二年田艺蘅刻本。
4. 史全生:《明清第一村:溧阳夏庄人文志》,南京出版社2015年版。
5. 邓超:《濑水钩沉》,南京大学出版社2017年版。
6. 徐美洁:《居财富榜二等,受一等的欢迎:明代富豪如何行善》,《澎湃新闻》2015年12月20日,见https://www.thepaper.cn/newsDetail_forward_1410587_1。

---

① (明)俞大猷:《与史燕峰书》,《正气堂集》卷十,清道光刻本。
② (明)李春芳:《燕峰史公助饷蒙恩序》,《贻安堂集》卷六,明万历十七年李戴刻本。
③ (明)范钦:《寿太仆卿史公七十序》,《天一阁集》卷一九,明万历刻本。

高攀龙：善与人同，救世济贫

高攀龙(1562—1626)，江苏无锡人，字云从、存之，号景逸，世称景逸先生。万历十七年(1589)高攀龙得中进士，开始入朝为官。高攀龙心系国家与苍生，面对晚明朝政的积弊屡次上疏谏言，力主救世济民。后来，高攀龙因正直敢言得罪朝臣遭贬，转而回乡著书讲学。万历二十一年(1604)，针对晚明世风日下的社会现实，高攀龙与顾宪成等人提倡经世致用的学风，讲学于东林书院，形成历史上著名的东林学派。天启年间，高攀龙重新入朝做官，历任光禄丞、光禄少卿等多个官职，虽位卑权轻，但始终为国尽忠，为民请命。天启六年(1626)，因阉党势力诬陷高攀龙，朝廷下令抓捕高攀龙，高攀龙不愿受辱，跳水溺亡而死。

图一　高攀龙像

高攀龙一生都致力于从事救世济民的慈善事业，高度体现了一个传统士大夫的追求和担当。受程朱理学影响，高攀龙主张经世致用，强调读书人应关注社会现实。关于此，他有过这样的论述："居庙堂之上则忧其民，处江湖之远则忧其君，此士大夫之实念也。居庙堂之上，无事不为吾君，处江湖之远，随事必为吾民，此士大夫实事也。"(《高子遗书·答朱平涵》)再看高攀龙的一生，他也是这样做的：主张善与人同，开创性地创办无锡同善会，行善劝善，影响深远，可称得上引领了明末兴起的同善会运动。倡行善政，以救天下苍生于水火为己任。可以说，高攀龙在明清江南慈善事业史上具有重要地位，其人其事在中国慈善史上也留下浓墨重彩的一笔。

一、创建同善会，善与人同

高攀龙在慈善方面的最大贡献就在于与好友共同创建无锡同善会这样的慈善组织，从事济贫劝善的慈善事业。同善会是兴起于明末时期的民间慈善组织，而高攀龙创建的无锡同善会在江南地区较早地开创了同善会这样的善会形式，影响了明清时期同善会的发展。

（一）无锡同善会的创办

明代江南地区最早建立的同善会当属常州武进人钱一本创办的毗陵同善会。钱一本与高攀龙同为东林党人，高攀龙还曾为钱一本的《同善会录》作序。在毗陵同善会创办不久后的万历四十二年（1614），高攀龙与好友陈幼学、刘元珍等人共同在无锡创办同善会，即无锡同善会。根据著名学者王卫平考证，无锡同善会的创建深受毗陵同善会的影响，毗陵同善会进行慈善救助的相关做法在无锡同善会得以继承。[①] 无锡同善会的大致活动包括：按期举办聚会活动，参加聚会的会员捐钱作为济贫扶困的善款，同时还在聚会时举行劝人向善的讲演教化活动。

当初酝酿创办无锡同善会之时，高攀龙曾对无锡同善会的宗旨有所阐发。高攀龙认为善就是仁，所谓仁者爱人，就是要帮助别人。他强调做善事要不求回报，不能带有功利目的。至于同善会中的"同善"二字，可能来源于善与人同的思想。作为深受儒家文化影响的知识分子，高攀龙尤为推崇孟子的思想，《孟子·公孙丑上》就有"善与人同"的记载，"善与人同"就是号召大家一起做善事。高攀龙对此有深刻的理解，他认为每个人都应该做善事，尽自己所能帮助别人。虽然个人力量有限，但如果天下人都能够尽己所能帮助别人，就能达到博施济众的效果。上述高攀龙关于善的思想深刻影响着无锡同善会的实践活动。无锡同善会不仅从事济贫救困慈善事业，而且尤为注重道德教化，积极劝人向善，号召更多人一同行善。"同善"二字深刻表明了无锡同善会的性质

[①] 王卫平：《实念与实事：晚明高攀龙的救世理念与实践》，《中国史研究》2015年第3期。

和特征。

(二)无锡同善会的慈善救助活动

高攀龙在创办无锡同善会之时,亲自制定《同善会规例》,对无锡同善会的会名、主要活动和相关规则做出规定,使慈善救济活动可以有序开展。从无锡同善会的章程来看,无锡同善会的善款筹集主要靠入会会员的捐款,其慈善救助活动主要集中于济贫和施棺这两大类。

无锡同善会每三个月举办一次聚会活动,一年四次。每次聚会活动推举一名品行能力俱佳者主事。聚会之前请演讲者用通俗的话语劝导民众向善,并将演讲稿贴在墙上,供人阅读。同善会会员需要在聚会时捐献会费,作为善款。因为三个月举办一次聚会,所以提倡会员每日节省一点钱,积少成多就可以救助贫苦百姓。

无锡同善会将会员聚会所交的会费作为开展慈善活动的善款,其中三分之二的善款用来济贫。济贫也不是说对所有的贫民都进行救济,而是具有明显的劝善的指向性。首先救济无依无靠、家境贫寒的孝子和节妇,其次救济未入养济院、贫病无依且未上街乞讨的老年人。通常情况下,同善会不连续救济,比如,春季救济过的人员,夏季就暂停救济。遇有情况特殊的孝子、节妇和贫苦老人,无锡同善会则每个季度都会进行救济。对于其他一些穷民,无锡同善会不再进行专门的救济,只是会在聚会结束后由主事人现场随意分发一些零钱给在场的穷民,其他日子不再救济。至于品行不端的赌徒、无赖、不孝之人以及游手好闲的贫民都不在救助的范围之内。救济对象由会员调查后推荐,救济款在聚会后五天之内发放给救济对象。无锡同善会对救济的对象进行严格甄别,把品行不端者排除在外,只救济品行良好的穷困者,通过这样的方法来实现教化世人的目的。

另外善款的三分之一专门用来施棺。按照章程来讲,无锡同善会一般先将善款的三分之一付给木行进行棺材制造,这样做的好处在于可以提前准备好棺材,比急用临时买到的棺材工料好一点。无锡同善会将做好的棺材提前运送到四个城门附近的庵寺之中,如果城中有死者急需用棺下葬,可以凭票领取应急。棺材之上会写上同善会某年某季的字样,再用天干地支加以编号,这样做可以防止冒领以及产生不必要的纠纷。

无锡同善会每次聚会的主事人还需要在收完善款之后,把捐助人姓名、捐助金额以及善款救济人户数等情况进行记录,统计后刊刻成会籍,然后在会友中间传阅,以示账目清白,表明善款并无挪作他用。

(三)无锡同善会的劝善活动

前面已经提到,无锡同善会不仅仅从事济贫助困的慈善事业,从性质而言,它也是一个宣扬道德教化的劝善机构。高攀龙所创建的无锡同善会以"善与人同"作为追求目标,积极进行劝善活动。高攀龙将劝善作为同善会活动的重点,可以说是推动明末慈善事业发展的重大创举。

无锡同善会每次举办聚会活动,其中一个重要环节就是请嘉宾进行演讲,演讲内容围绕劝人向善和道德教化两个主题来进行。每次聚会等人到齐,大家按照位置坐下以后,便请一位演讲者开始演讲。演讲者都是用通俗易懂的语言,为的是让听众能够听懂、容易理解,希望能够通过这些劝善话语激发听众的善心。考虑到可能有听众听不清楚,无锡同善会还将演讲者的讲稿用大字抄录到纸上,将其贴到会场的墙上,供人阅读。

作为无锡同善会的创办者,高攀龙曾多次在聚会时作为演讲人做劝善的演讲。《高子遗书》记录有高攀龙三次讲演的内容,这些可以帮助我们大概了解同善会劝善演讲的实际情况。高攀龙在第一讲中提到:"这个同善会专一劝人为善,所以劝人为善者,且不要论善是决当为、恶是不当为的道理,中间极有大利害,不可不知。我等同县之人,若是人人肯向善,人人肯依着高皇帝六言:孝顺父母,尊敬长上,和睦乡里,教训子孙,各安生理,毋作非为,如此便成了极好的风俗。家家良善,人人良善。这一县一团和气,便感召得天地一团和气,当雨便雨,当晴便晴,时和年丰,家给人足,岂不人人享太平之福。……我等各宜真心实意做个好人。做好人虽吃些亏,到底总算是大便宜。做恶人虽讨些便宜,到底总算是大吃亏。急切回头,不可走差了路,害了自家,又害子孙,又害世界。"[①]从高攀龙上面这段话可以看出,高攀龙在演讲中结合明太祖皇帝朱

---

① (明)高攀龙:《高子遗书》卷一二,《无锡文库》第四辑。转引自王卫平:《清代江南地区慈善事业系谱研究》,中国社会科学出版社2017年版。

元璋所颁圣谕劝导人向善，不做恶人。这段话语言通俗，道理明白，从百姓生活的各方面讲解向善的好处。而高攀龙在同善会第二讲更多地强调了同善会的办会初衷："这同善会今日是第十四次了，会友有百余人，人人皆出自心自愿，可见善是人的本心，为善是人的本分事，如着衣吃饭，人人喜欢做的。从此岁月日久，凡在同善会中人，看得一县中老者、贫者、病者、死而无葬者，真如一家之人，痛痒相关，有无相济，这一段意思，岂不是极好风俗，天地神明所极喜的？凡在会中受施之人，自然思量这个银钱是善会中来的，岂可在不善处用？皆当兴起善心，为子弟者愈思孝亲敬长，为父兄者愈思教子训孙，各思勤俭生理，各戒非为浪费。这等方是同善之意，所助虽微，所劝甚大，不虚了此会。"[1]

前面已经提到，无锡同善会的济贫工作通过选择救济品行端正者来达到教化世人的目的。再结合上面两段演讲的内容，更加可以看出高攀龙将劝善作为无锡同善会的重点活动，希望通过同善会这样的组织劝人行善，呼唤人们的善心，形成良好风俗。

二、倡行善政，济贫救世

晚明时期，朝政败坏，社会动荡，百姓生活困苦不堪。面对这样的社会现实，高攀龙虽曾有"当今世道交丧，无计挽回"（《高子遗书·与刘云峤一》）的感慨，但受到百姓疾苦生活的触动，决意救世济民，祛除弊政。高攀龙尤为关注底层百姓的生活，其救民主张主要包括济贫救灾、减免役税两个方面。

（一）济贫救灾

作为深受儒家学说影响的读书人，高攀龙十分同情贫苦农民的悲惨遭遇，常怀恻隐之心，主张对贫民进行救助。看到大批贫民光着身子在寒冬时节沿街乞讨的社会现实，心系百姓的高攀龙常感到"目不忍视、耳不忍闻，痛心刺肠，眠食俱恶"（《高子遗书·圣明亟垂轸恤疏》）。为了救济贫民，高攀龙在呈递给皇帝的奏疏中极尽劝说之辞，希望能够引起皇帝的重视，并请求皇帝对生

---

[1] （明）高攀龙：《高子遗书》卷一二，《无锡文库》第四辑。转引自王卫平：《清代江南地区慈善事业系谱研究》，中国社会科学出版社2017年版。

活困苦的百姓提供救助。针对不同地区的贫民，高攀龙还提出不同的救助对策。在京城地区，高攀龙以其主持的光禄寺的名义向朝廷借支库银和粮食，监督部下赈济京城的贫民。在地方州县，高攀龙主张借支预备仓的粮食，在城中从十月十五日到正月十五日连续施粥赈济贫民，以帮助贫民缓解寒冬冻饿之苦。

另外，心怀天下、感念苍生的高攀龙十分关心朝廷的荒政建设情况，提出许多建议以完备朝廷的荒政。如高攀龙特别重视储粮备荒，提倡丰年积谷。高攀龙认为地方官员应特别重视丰年积谷，要保证一县所存之粮在荒年足够赈济本县的民众。高攀龙将社仓视为救荒的好办法，鼓励地方乡绅多建社仓，以应对灾荒年份时民众生活青黄不接的问题。为了保证救济效果，高攀龙提倡救荒注重方式方法。他认为，灾荒一旦发生，朝廷和地方官员应当首先考虑如何尽全力拯救灾民，以民命为重，不应因其他因素耽搁救人之事。如万历三十五年（1607）三吴地区爆发水灾，灾民生活难以为继。高攀龙情系桑梓，多次写信给家乡地方官，主张以救民为首要，并为救荒赈灾建言献策。在高攀龙与他人的信件中，记载着他的一些关于如何救荒的主张。如在《致周怀鲁中丞》中，高攀龙认为救荒之前应该先摸清需要赈济的灾民人数，确立赈灾散粮的方法，选取乡里公正人士进行操作。在《与许同生父母》中，高攀龙提出救荒时应造册登记，发给灾民赈票，灾民按票领粮。由此可见，高攀龙对于救荒十分重视，对救灾的程序思虑周全，以保证朝廷荒政能够救济更多的灾民。

（二）为民呼吁减税

明代晚期，朝政败坏，皇帝贪图享乐，生活奢靡，为了维持皇室生活的巨大开支，常指使矿监税使到民间搜刮民脂民膏，导致百姓怨声载道。朝廷对江南百姓更是征收重税、摊派重役，导致江南百姓苦不堪言。高攀龙深知百姓生活贫苦，过多的征税派役无疑将老百姓逼上绝路，对此他坚决反对，并主张改革弊政。

第一是改革解役问题。当时江南地区上交朝廷的粮食和物料众多，需要有专门的人员如粮长和解户等负责押运到京城。押运路途遥远，这期间的运输费、各地官员的抽税，再加上强盗打劫、意外损失和官员勒索等带来的费用，都由负责押运的粮长承担。当时流传一种说法：只要承担解役，就是巨富之家也会破产。巨富之家尚且如此，何况贫苦小民。为了解决这一积弊，高攀龙专门在其《解头问》一文中提出几点改革主张。一是变更解役方式，百姓只负责准备上供的粮食和物料，由官府负责运送，杜绝解役之弊。二是若干富户掏钱共同办理，免得重役集中于少数人，致使民户倾家荡产。三是选取穷困小吏充任解官，百姓出钱，官员出力，各得其所。四是细致估算押运费用。高攀龙所提出的几点改革意见，体现了他为民着想、缓解民困的担当。

第二是反对增加商税。明光宗时期，朝廷在群臣谏言下罢收商税。到了天启皇帝当朝，有官员上疏建议复征商税，高攀龙为民请命，专门撰写《罢商税揭》一文，坚决反对复征商税。高攀龙认为加征商税必定会失掉民心，商税的征收会令商人借机提高物价，将商税转接到平民百姓头上，这样势必会加重百姓负担。为了劝说皇帝罢征商税，高攀龙提出几点理由。一是光宗时罢商税，被传为"仁政"，如今身为光宗儿子的天启皇帝贸然复征商税，难免会遭受天下人非议。二是复征商税未必能实现财富增长。生财必以开源、节流为正途。依靠掠夺百姓大肆敛财可能会惹得天怒民怨，导致社会动荡。

高攀龙为官时间虽短，但始终倡行善政，坚持为民请命，力主革除有害于民生的弊政，以民为本，这些都深刻体现出他心系百姓、济世救民的追求和担当。

三、善风绵延，影响深远

高攀龙作为士大夫的代表，主张济世救民，不仅创办无锡同善会，积极从事济贫劝善的慈善活动，而且倡行善政，尽力消除弊政带给百姓的困扰。高攀龙所进行的慈善活动不仅在晚明动荡的社会中救助了一些生活困难的贫民，一定程度上改善了社会风气，其对后世的影响更是意义非凡。

首先是无锡同善会深刻影响了明清江南地区乃至全国慈善事业的发展。结合日本著名学者夫马进和中国著名学者王卫平相关研究著作，我们了解到在高攀龙去世之后，后世之人秉承高攀龙的遗志继续主持无锡同善会的济贫劝善事业，使得无锡同善会的活动至少延续到清代康熙年间。无锡同善会举

图二 无锡高攀龙纪念馆内景

办的聚会活动至少有一百多次,所进行的济贫救困的善举不计其数,而每次聚会进行的教化人心、劝人向善的宣讲活动对社会发展所起到的作用更是难以估量。更重要的是,高攀龙创建的无锡同善会对慈善事业发展起到十分重要的引领作用。在无锡同善会之后,明清许多同善会或类似同善会的慈善组织因受到高攀龙的影响而建立起来。如高攀龙的弟子陈龙正依照无锡同善会的会录创办嘉善同善会。还有,明末时期受到高攀龙创办的无锡同善会的影响,各地纷纷建立同善会,同善会这种济贫劝善的慈善组织在全国得到推广。到了清代,高攀龙创办的同善会模式仍是后世人兴办同善会学习的范本,多个同善会组织在创办缘由中明确提及高攀龙和无锡同善会。由此可见,高攀龙所创建的无锡同善会对后世影响深远,可以说引领了自明末到清代的同善会潮流。

其次,高攀龙一生都秉持济世救民的信念,积极从事接济亲友、奉养宗亲、扶贫济困、造福乡里的慈善事业。高攀龙在政治上倡行善政,体恤民间疾苦,敢于为百姓发声,展现士大夫的责任与担当。在思想上,高攀龙提倡读书人应当关注社会现实,将读书与救国济民紧密联系起来。在社会上,高攀龙以同善会为平台,积极从事济贫和劝善事业,强调善与人同,改良社会风气。在家庭中,高攀龙注重教育后代心存善念,多行善事,注重良善家风的传承。如高攀龙在家训中专门教导后代:帮助别人最关键的不在花费多少金钱,而在于常怀助人之心。一般人平时不在意的剩饭和破衣服,关键时候也可以帮助别人免受饥寒之苦。所以帮助别人不应忽视小事,助人的小事积少成多,便成为大大的善行。总的来说,高攀龙将济世救民作为自己毕生的追求,一生都在从事各种行善劝善的慈善事业,堪称慈善家楷模。高攀龙的事迹影响深远,他在江南慈善事业史乃至中国慈善事业史上都具有重要的地位!

(龚希政　撰稿)

主要参考文献:

1. 王卫平:《清代江南地区慈善事业系谱研究》,中国社会科学出版社2017年版。

2. 王卫平:《实念与实事:晚明高攀龙的救世理念与实践》,《中国史研究》2015年第3期。

3. 夫马进著、伍跃等译:《中国善会善堂史研究》,商务印书馆2005年版。

4. 梁其姿:《施善与教化——明清的慈善组织》,河北教育出版社2001年版。

韩贞：大善若水、慈心泽民的"东海贤人"

韩贞（1509—1585），字以中，号乐吾，今江苏省泰州市兴化人，出身于陶匠之家。他既是明代泰州学派的传人、泰州学派的创始人王艮和其子王襞的学生，又是著名的平民教育家。他设坛讲学，传道解惑，以毕生之学教导学子；同时他也是一位平民诗人，其诗歌有108首，文辞通俗，意蕴深远，广为流传；此外，韩贞更是一位受人敬仰的慈善家，他心怀众生，恩施天下。他救助了无数家庭，更用赤诚之心感化了民众，韩贞的名字也在兴化以及中国的土地上万古流芳。

图一　韩贞像

一、孝亲：以己之身担亲之累

韩贞幼年即有志，5岁时（正德八年，1513年）在沙土上写字，并希望父亲能送他去学堂，但由于家境贫寒未能如愿。12岁时（正德十五年，1520年），韩贞一边和家里学习做砖，一边"束茅作笔"在砖上写字。其求学之志远大，被乡邻赞为"寒门贵子"。韩贞在《孝亲》中说："借问缘何得此身，一毛一骨是双亲。但看养子殷勤意，便见当初鞠育恩，常仰昊天思一本，难将寸草报三春，试于反哺观乌鸟，敢背够劳愧此禽。"他重孝悌，强调尊敬师长、关爱兄弟，强调人必须要懂得感恩、懂得报答。韩贞的重孝思想对他的行为有很大影响，他在实际生活中也将孝贯彻到具体行动中。

在韩贞15岁时（嘉靖二年，1523年），家乡发生瘟疫，韩贞多位家人染病。年幼的韩贞担起了家中重任，为了照顾他们，他上山砍柴，拿到集市卖掉换钱，再买粮食买药给家人吃饭治病。在砍柴时，由于频繁出入山林，韩贞身上被树木划得伤痕累累，手脚也多处破裂出血，但他无半点怨言，依然尽心尽力每日不停地劳作，为家人筹钱治病。没过多久，韩贞父亲病故，由于贫病交加，没钱下葬，韩贞便做了一家富户的仆人，帮其放牛，预支工钱将父亲安葬。除了放牛，韩贞继续砍柴，补贴家用。韩贞的一片孝心令街坊邻居敬佩，富户主人也深深被他感动，免去了韩贞欠下的钱，让韩贞回家照顾母亲。但是韩贞心里明白，虽家里贫困，但绝不能让富户白白损失钱。待韩贞回家后，他继续从事砖头制作，将积累的数百块砖头送给富户主人以还债。韩贞的诚信令富户主人敬佩不已，从此与韩贞结下了深厚的友谊。

在靠天吃饭的古代，天灾在当时对农民产生的冲击是巨大的，甚至是致命的。在发生天灾时，即便韩贞自顾不暇，却总不吝惜对族人的帮助。韩贞27岁时（嘉靖十四年，1535年），家乡发生了春荒，由于担心家里负担重，当时正在跟随王艮、王襞学习的韩贞请假回家，帮助家人渡过难关。由于灾荒严重，韩贞只得放弃学业，回乡继续从事陶业，创办平民教育，收徒讲学。韩贞36岁那年（嘉靖二十三年，1544年），家乡再次发生大旱，田里收成不好，有些韩氏族人因交不起租税被迫下狱，韩贞为解救族人，四处筹款，先是跑到海上谋求童师的工作，但没能成功，韩贞只得跑到盐场，寻得替人煮盐的

图二　韩贞故居韩窑村的村标

苦差，将煮盐所得工钱分给族人偿还官租，但仍然是杯水车薪。韩贞的义举感动了当时一位姓翟的秀才，于是他帮忙动员了数十个儿童，建立了一个学馆，由韩贞做蒙学老师。韩贞拿到束脩（古代学生与教师初见面时，必先奉赠礼物，表示敬意）后，立即奔赴县里，替族人缴纳了官租，使族人得以出狱。韩贞

帮助族人的义举很快在乡民中传遍,县令得知后,也钦佩不已,特意为他制作了楔棹(门旁表宅树坊的木柱),并在上边书写四个大字"仗义仁族",韩贞也贤名远播,更加受人敬仰。

韩贞37岁时(嘉靖二十四年,1545年),依旧有族人欠官租不能偿,韩贞于是白天继续教学生,夜晚到东海之滨当盐工,将自己辛苦挣得的工钱拿出来,为族人偿还租税,一时贤名远扬,往来求学者络绎不绝。

韩贞的这些行为,让大家对韩贞心存敬意,韩贞的孝悌观也深深影响了周围民众,带起了孝亲尊长的良好风气。

二、救民:以己梓里润及苍生

韩贞除了对家人族人不辞劳苦,倾力相助,更是博施济众,利济苍生而不求回报,正如韩贞在《上太师李相国》中所说:"剩有残膏携满袖,愿分梓里润苍生。"泰州学派创始人王艮就提出了"百姓日用是道"的民本思想,把爱民为民落实到具体行动中,将理论与实践相结合。作为泰州学派学者之一,韩贞继承了泰州学派"身本"思想,这其实是"民本"思想的发展,他"心怀天下",关心人民疾苦,将对民众的关心落实到行动上,用自身实际行动帮助每个面临困难的人。

(一)扶贫济困

韩贞46岁时(嘉靖三十三年,1554年),家乡再次遭遇大旱,韩贞当蒙童老师,妻子编蒲为席,维持生计,家中虽已贫困,但仍会将仅有的余粮分与乡亲。即便如此,由于灾情严重,韩贞的这些举动不过是太仓一粟。眼下救助不够,韩贞便毅然拆掉了自己之前建造的三间讲堂,卖掉换得"米麦数十斛"[①],分给亲族邻里,帮乡亲摆脱挨饿,还自谓:"三间茅屋归新主,一片烟霞是故人。"韩贞的举动乡亲们都看在眼里,在秋收后,为表感恩,乡亲们自发组织起来为韩贞重新建造了个较之前更大的讲堂。

韩贞61岁时(隆庆三年,1569年),城中发大水,冲没了农舍和田地,城中

---

① 韩德粹编著:《韩乐吾全集》,兴化市文化广电新闻出版局2013年版,第16页。

"人心汹汹思乱",李县令请韩贞劝慰灾民,韩贞遍历村落,写下《喻灾民》:"养生活计细思量,切莫粗心错主张。鱼不忍饥钩上死,鸟因贪食网中亡。安贫颜子声名远,饿死夷齐姓字香。去食去兵留信在,男儿到此立纲常。"在韩贞不懈劝慰下,民众虽生活艰苦,但仍积极面对。为嘉奖韩贞,程县令下令给韩贞送去二担米、六两金子。韩贞收下了米,但退回了金子,并致书曰:"某婪人也,承明府授粲,拜领一石,瓶贮以给数月饔飧,余一石分给亲友,以广明府惠。金惠过渥,非婪人所堪承也。"县令奖给韩贞私人的米,他只留一半,另一半分给亲友,其善至此。

韩贞帮助乡邻的事情远不止此。他一位邻居家里揭不开锅,听闻韩贞贤良,来到韩贞家中借米,当时韩贞家中也没有很多米,所有的米仅仅够吃到明天早晨,但他仍然准备慷慨地借米给邻居。其妻杨妹见状,面露难色,说:"无几,今晚与彼,奈明晨自给何?"韩贞答曰:"吾所缺乏犹在明晨,斯人则在今晚矣。"即使自家明天早上没得吃,韩贞依然把米借了出去。① 城里有位百姓叫孙本元,死不瞑目,其妻翁氏也殉夫而死,留下了仅仅七个月大的男婴,韩贞见孩子孤苦伶仃,于心不忍,将孩子抱回自己家中抚养,给孩子取名孙心,号双怀,即两个母亲抚养之意。孙心长大后,韩贞还将自己的女儿许配给了他。

韩贞"望烟送粮"的故事,也是世人传颂的重要事迹。某年寒冬,狂风暴雪大作,韩贞爬上窑顶,向远处望去,发现有户人家门紧关着,烟囱没有冒烟,烟囱旁的积雪也没有融化。韩贞见状,感觉不对劲,连忙捆了点稻草,带了家中仅有的一点糁子,急忙向这户人家奔去。到达后,他帮助这家人生了火,给他们煮了粥,把这家人从鬼门关救了回来。从此,韩贞继续"望烟送粮",帮助很多乡亲渡过了难关。

(二) 为民请命

为了更好地帮助百姓,韩贞还曾为民请命。

有年冬天,家乡遭遇三年连续灾害,乡民困苦不堪,韩贞想帮助乡亲但自身能力有限,便直奔县城衙门,求见知县,为民请命,"一求大人减免百姓所欠赋税,奏明皇上恩准。二求放赈,救活百姓,使百姓度过灾年大关!"还有一年,

---

① 韩德粹编著:《韩乐吾全集》,兴化市文化广电新闻出版局2013年版,第18—19页。

抚台听说兴化有位贤良方正之士,名曰韩贞,程县令便带抚台前去韩贞家走访。抚台一行人到了韩贞家门前,带路者喊:"韩先生,抚台大人到了,快出来迎接啊!"抚台摇摇头,自己站到了门前,侍从高喊:"请问韩贞先生在家吗?抚台大人前来拜访。"韩贞从屋内出来,招待抚台大人坐下,两人便交谈起来。韩贞介绍了韩家窑的由来、变迁,抚台也谈及他对韩贞贤能的仰慕,抚台询问了韩贞很多问题,韩贞也一一作答,同时谈到了乡亲们的衣食住行并希望皇上能够放赈减轻百姓的负担。不一会,吃饭的时间到了,韩贞吩咐杨妹做饭,杨妹将做好的葱汤和用糁子煮的粥端了上来,如此简单招待使抚台似有不满,韩贞见状,吟诗一首:"葱汤麦饭两相宜,葱补先天麦健脾。莫怪寒家滋味薄,前村尚有未曾炊。"抚台知晓韩贞之意,欲离开,但韩贞连忙再次向抚台大人介绍了附近民众生活的困苦,情真意切,请求抚台上奏增加赈赋,帮助百姓渡过难关。抚台走后,命小吏观察韩贞在做何事。小吏到门前一看,只见韩贞手捧燃烧的香,小吏问缘由,韩贞道:"我只是一个普通百姓,在为抚台大人私访赈灾送别。"小吏回去向抚台一一禀报,抚台赞韩贞为真贤人,准于奏本赈灾。[①]

韩贞助人救人的例子举不胜举,这些行为不仅仅感化了他帮助过的人,也感化了他未帮助过的人。韩贞的事迹像风一样传播开来,他也成了人们心目中的榜样。在韩贞的带领下,即便面临灾难,大家也能和衷共济、共克难关。

三、育人:丹心热血培沃新花

泰州学派是中国历史上第一个真正意义上的思想启蒙学派,重视平民教育是其特征之一。泰州学派主要以民众为讲学对象,讲学内容主要以百姓日用为主,围绕百姓感兴趣的问题,举现实的例子加以解释。这种讲学方式,一方面能激起百姓的学习兴趣,同时语言通俗易懂,易于理解接受。泰州学派的讲学活动对平民产生了很大的影响,促进了儒家思想在中下层人民中的传播,使得精英文化得以下移,同时也有利于提高民众的主体意识,激发平民的主体性。

韩贞是泰州学派著名的平民教育家之一,他对教育的重视,与老师王艮、

---

① 唐兴杰:《走近韩贞》,中国文联出版社2013年版,第35—37页。

王襞有很大关系。明中后期,世风日下,泰州学派的创始人王艮就认识到这种情况,认为要改变,就需"以德化民"。韩贞在《写怀》中写道:"囊中合得回生药,世上寻施惜命人。肯服一丸跻圣域,能超千古出凡尘。愿期天下归王化,尧舜为君尧舜民。"①表达了他教书育人的愿望。

(一) 树化俗之任,做安贫乐教的梁鸿孟光

韩贞以"化俗为己任",致力于对民众的教化。在跟随王艮、王襞学习两年后,回乡设坛讲学,决定办学堂,取名"三乐学堂"。"三乐"出自孟子之言,仰不愧于天,一乐;俯不怍于人,二乐;得天下英才而育之,三乐。这是韩贞的第一个老师朱恕对韩贞说的。当初韩贞为了学习,偷偷站在朱恕家门前旁听,这种求学精神深深感动了朱恕,认为能有如此英才实在是一大乐事,让韩贞"随到随学"。朱恕先生对韩贞的态度也使韩贞十分感动,他也立志从教,将孟子的"三乐"教给自己的学生。所以韩贞将学堂命名为"三乐学堂",自此开始了教育事业。从事教育的过程中,韩贞一直尽力帮助贫苦学子,使他们有学可上。韩贞从事教育,不为名利,只求能让受教育者学到知识。同时,韩贞奉行"有教无类"的思想,讲学对象"无问渔樵与工贾"。《乐吾韩先生遗事》中说:韩贞"倦倦以明道化人为己责,虽田夫、樵子,未尝不提命之"②。

韩贞38岁时(嘉靖二十五年,1546年),与杨南金的妹妹完婚,韩贞对杨妹说:"尔兄岂无富室可配,尔今归我贫土,盖谓我梁鸿耳。吾不鸿,非尔夫;尔不光,非吾妻也。"大意是,你哥哥不是找不到富贵人家可以将你许配,但将你许配给了我这个穷人,大概是将我视作梁鸿。如果我不想做梁鸿,就不是你的丈夫;如果你不想当孟光,就不是我的妻子。韩贞打开杨家为杨妹准备的嫁妆箱子,只留下了几件粗布衣裙,剩下的衣服都分给了邻居乡亲,还把胭脂香粉和头饰付之一炬,全部烧毁。从此韩贞教书,杨妹织蒲席,二人相敬如宾,安贫乐道。

(二) 持平等观念,树人无问渔樵抑或工贾

刘庄有户人家,父母不在,只剩孩子和奶奶。孩子姓陈,由于家庭贫困,十

---

① 黄宣民点校:《颜钧集·韩贞集》,中国社会科学出版社1996年版,第183页。
② 黄宣民点校:《颜钧集·韩贞集》,中国社会科学出版社1996年版,第191页。

几岁了还没有上学。韩贞听说后,便亲自登门拜访,表示愿意教孩子读书。陈娃跟随韩贞到学堂后,韩贞给他讲了很多历史人物勤学好学的故事。在韩贞的鼓励下,陈娃也立志好好读书。但陈奶奶却有些动摇,很多人劝陈奶奶别让孩子去读书,交不起学费,管不起饭,也买不起书。恰逢此时一位小有名气的算命先生路过,陈奶奶便给陈娃算了一下,算命先生说陈娃肚子里的墨水不超过六分,这话顿时让陈奶奶更加泄气,不让孙子再去读书。韩贞发现陈娃没来上学后,再次前往陈奶奶家,陈奶奶道出了算命先生的话,韩贞听后,用张士诚自强自立,学了学问,最终当上诚王、吴王的例子进行劝说。陈奶奶又说了家庭贫苦、上不起学的忧虑,韩贞听后,保证不收一分钱,只想让陈娃学点学问。陈奶奶终于放下心来,同意陈娃继续读书。这陈娃也很争气,据说后来还考上了举人,没有辜负韩贞和奶奶的一片苦心。[①]

随着韩贞贤名越来越大,跟随韩贞求学的人也越来越多,其中不乏"家贫无以致学者",对此,韩贞一概不收费,免费教学,正如《乐吾先生行略》中记述的那样:"凡来学者,不纳束脩。间有以诚奉先生者,暂封存之,后有不善,即还其人。"[②]很多人慕名前去跟随韩贞学习,也发生了百里求师的故事。

东海之滨有个陈姓人家的孩子孱弱多病,不堪劳力活的重负,便想读书学学问。他想去当地的私塾学习,但私塾先生知道其家庭贫困,交不起学费,借口为他算过命,称他不适合读书而拒绝了他。这个孩子并不服气,听奶奶说了韩贞先生的故事,当时韩贞先生已经从东海之滨回了韩家窑,孩子听完,偷偷出了家门,独自去寻韩贞,听说相距不到百里,便决心一定要到韩家窑。孩子一路栉沐风雨,遇到过河没有桥时,他便纵身游了两次,就这样走了近百里,终于到了韩贞先生的家。但恰逢先生出门不在家,饥肠辘辘的孩子虽着急,但无可奈何,悄悄睡在了韩贞学馆的大门旁,半夜韩贞回家后,看到了陈家小孩,问清楚情况后,立刻亲自煮饭招待了小孩,并且免费教他读书。几天后小孩请假回家,到家后告诉了奶奶韩贞先生免费教他读书之事,祖孙二人都激动不已,称韩贞为"大恩人"。

---

① 唐兴杰:《走近韩贞》,中国文联出版社 2013 年版,第 28—29 页。
② 黄宣民点校:《颜钧集·韩贞集》,中国社会科学出版社 1996 年版,第 203 页。

在半个世纪的执教生涯中,韩贞用独特的方式,教育了无数学子,让平民弟子也能拥有求知机会。他培养了一众贤才,宣扬了自己的思想,他的学生也承载着他的思想,继续传播感化更多的人。

万历十三年(1585年),77岁的韩贞与世长辞,远近的百姓自发前往吊丧,哭声遍野。众多官员、学人和民众为韩贞题匾额、题诗、举行祭祀。程县令旌表其门:敦行正俗。又赐匾:淮海高士。如今在泰州市兴化内仍保留着一座重檐攒尖顶的四方亭,名曰四牌楼,其上悬挂了诸多表彰本地历史上杰出人士的匾额,其中一块写有"东海贤人"的匾额,其所纪念的就是韩贞。

图三 "东海贤人"匾额

韩贞一生舍己为人、任劳任怨,他的善行不仅使自己受人敬仰,更感化了民众。时至今日,"东海贤人"韩贞的精神依旧在影响着一代又一代人。他的善就如同水一般,他用自己爱民为民的慈心"泽被"人民。

(李永玲 撰稿)

主要参考文献:

1. 黄宣民点校:《颜钧集·韩贞集》,中国社会科学出版社1996年版。
2. 韩德粹等:《韩乐吾先生遗集》,兴化市文化广电新闻出版局2013年版。
3. 唐兴杰:《走近韩贞》,中国文联出版社2013年版。
4. 张树俊:《韩贞的爱及万民与他的为民请命》,《济源职业技术学院学报》2010年第1期。
5. 张树俊:《简论韩贞的孝悌观》,《广西社会主义学院学报》2010年第2期。

周梦颜：著书劝行善，请愿免浮粮

明清时期，江南地区的民间慈善事业非常活跃，许多地方人士积极参与，周梦颜便是其中之一。周梦颜（1656—1739），一名思仁，字安士，别号怀西居士，昆山人。史载，周梦颜的父亲周胡晋，平素励学敦行，在乡间举乡饮酒礼。周梦颜一生秉承父亲的训导，勤学苦读，四十二岁时中秀才，但一生未尝登仕。周梦颜的次子周植，积学工文，五十八岁时中进士，而后赴福建担任德化县知县，在那里注重培育当地士人风气，警示刁民。退归本邑后，邑令邀请他担任玉山书院的主讲，一讲便是六年。由此可见，周

图一　周梦颜肖像

梦颜家庭注重文教，且在父亲影响下，读书富有原则，并不会盲从风尚。周梦颜深信佛教净土宗，博通经藏，推崇因果报应之说，更以因果观念导人向善。其人往往列于地方志人物篇的"好义"与"卓行"一类中，是清初的慈善家。其慈善思想主要体现在所著善书当中，慈善行为则表现为上书请愿减免苏松地区浮粮（朝廷在定额之外多征的钱税粮款）一事。虽请愿未遂，但周梦颜并没放弃，归家广泛收集资料，辑成《苏松财赋考图说》，希望以此让朝廷了解到苏松重赋的因由与沿革，进而影响苏松地区的赋税政策。

一、著书立说的劝善者

善书源起于宋元，明清两代发展日臻鼎盛，日本学者酒井忠夫更将这一时

期善书的著录与流传称之为"善书运动",善书在当时有着恢复和稳定社会秩序的作用。显然,周梦颜是善书运动的推动者。周梦颜是清代著名的参禅静修的四居士之一,其他三位是宋文森、毕破、彭绍升。他博通儒、释、道三教,三教中所倡导的善念成为其行善的重要缘由。周梦颜对儒、释、道三家的见解十分深刻。在他看来,三教相通,且三教的圣人都具有救世的观念。其次,他认为世人常说的三教不同是指三教救世的方法不同,这恰恰是三教共存的价值。世人不能只用一种方法教化,所以分为三种途径,正如良医需三,分别精通内科、外科与幼科。虽然途径不同,但是最终的导向都是教化与向善。正基于此,周梦颜合三教之要义,劝人为善,著有《文昌帝君阴骘文广义节录》《万善先资集》《欲海回狂》《西归直指》等文,后人将其集为《安士全书》。《文昌帝君阴骘文广义节录》表现其利济为怀之心,《万善先资集》为劝止杀戒之书,《欲海回狂》为戒淫戒欲之书,都表达出一定的劝善思想。

《安士全书》当中所体现出的"善书思想",是对当时整个社会现状的思考以及提出的改善措施。周梦颜对世人的苦难有着深刻理解,因而迫切地想要改变这一社会现状。在他看来,世人多被"急""难"二事所困,且二者并不相同,"难"主要表现于遭遇方面,"急"则体现在世人当作命一般的财富。生活急于衣食,疾病急于医药,有子女的人家急于婚嫁之事,遭遇生死之事则急于丧葬,因而从这些方面入手,根据自己的能力与时势予以周济才是真正的救济,这与今日所倡导的"精准脱贫"之内核有着相似之处。因而周梦颜劝世人将他人的急难看作自己的急难,如此一来,自身生生世世也不会再遇急难之事。正是周梦颜拥有对世人困苦的同理心,其书才得到后人多番复刻,在民间广泛流传。

周梦颜所著善书中,《文昌帝君阴骘文广义节录》体现其慈善理念最为深刻,因而下文以本书为例,对他的慈善观念加以介绍。该书是《文昌帝君阴骘文》的注释本,也是清代注释《文昌帝君阴骘文》最早的注本。《文昌帝君阴骘文》一书,被称为善书三圣经之一,作者不详,成书年代有"南宋说""元代说""明代说"等众多说法,具有较大争议。虽然如此,但作为善书,其产生的劝善作用较为显著。《文昌帝君阴骘文》与儒、道、佛三教都有分不开的关系。文昌帝君虽然是道教人物,但是这篇劝善文中却包含了"慈祥为国为民"等儒家思想,"持斋戒杀"等佛教观念。因而此书实是集合了三教的思想精华,劝世人为善。

  至于周梦颜劝善的核心观念,则可用"诸恶莫作,众善奉行"八字加以形容。这也是周梦颜对于《文昌帝君阴骘文》一文的总结。"诸恶莫作"是指禁止做淫杀破坏的事情,"众善奉行"则劝勉世人多做忠孝敬信之事。涉及具体的做法,周梦颜也为世人指明了方向:禁火保护山林、勿杀生、勿谋人财产、勿妒忌他人技能、勿因私仇小利使他人兄弟不和父子不睦、勿因权势而欺善良、勿仗富豪而欺贫困、矜孤恤寡、敬老怜贫、措衣食周济道路饥寒之人、施棺椁免去尸骸暴露、宽恕对待奴婢、舍药材拯救疾苦、施茶水解渴烦、买物放生、点夜灯照行人、造船渡人、修复崎岖之路、隐恶扬善、捐钱助人等。这些事情小到点灯施茶,大到捐钱修路,巨细靡遗,无不体现"善"字。

  在此书中,周梦颜将其劝善思想与具体事务相结合,进行了更加充分的阐述。宗族方面,他从个人角度出发,认为人富有之时,不能被当下的荣华迷惑,还应当考虑到后世的境遇,所以富有之后需要提携贫困的亲戚,不能只富一人一家。此外,从宗族发展角度来看,北宋范仲淹创办范氏义庄、设立义田后,家族世代绵延不绝,为后世树立了榜样。周梦颜同样强调在宗族内行慈善之事,倡导孝亲敬兄、团结亲族、大兴义庄等行为,以此救济困难之人、医治疾病之人、帮助族人完成嫁娶、读书这类人生大事。他认为这样的亲族善宗的行为经过推广,大家会纷纷效仿,如此一来义庄会慢慢增多,宗族也得以继续发展。不仅如此,周梦颜还劝导有能力之人将义田之举惠及同姓以外的人,曾在劝善文中举明朝顾正心买下四万八千亩义田赠给华亭、青浦两县作徭役费用的例子,这便是慈善思想的一种升华。财产方面,周梦颜认为民间富人通常会被称为财主,顾名思义,财主是主导财富的人。但现实是人往往被财富所主导。因而周梦颜从财富的爱惜和使用两个角度说明财主与守财奴的区别。那些能够爱惜财物并能在关键时刻周济他人,将财物用于应急之处之人称为财主。反之,只是一味地吝惜财物,不能将财物用到急需之处,则是守财奴。周梦颜财富观念中透露出救济他人之意,劝说世人莫一味守财而忽略他人急难之处。他强调贫者可富贵,富者也可贫困,并举例向世人说明此理:灾荒之年,富农罗密闭门不粜,而义士许荣则用尽家产赈济贫困。罗密虽富,但十分自私,最后自杀,文昌帝君将其家财尽散于邑人。相反,许荣在荒年,接济他人,因此善行而被蜀帝任命为邑佐。通过二人对比,形象说明贫富并无定势。因而即使富贵,凡人仍需常怀救济之心。这些事例将周梦颜的慈善观念很好地体现了出来。

另外,因为地方官又被称为"父母官",他们与民生息息相关,所以周梦颜对这一群体也比较关注。周梦颜劝导他们应宽厚仁慈、爱民恤民。周梦颜赞同孟子的观点,认为百姓是国家的根本,只有本固,国家才能安宁。所以救民便是爱国,爱国则是忠君。这便将民、国、君三者联系起来。因而身为官员,即百姓心中的官老爷,应当将百姓所关心的赋役繁重、盗贼滋多、水旱不时、豪强剥削、巧吏作奸等事置于心间,尽心竭力关心百姓疾苦。周梦颜以东汉于公为例,说明身为父母官,应当宽厚仁慈。于公本来是狱官,百姓却为他立祠,这一现象实为特殊。在周梦颜看来,治理刑狱一事,本是恶事,但是于公反而能够积累阴德,受人称赞与铭记,这其中大有缘由。原来,于公的职务是管理监狱,所掌管的狱词书写这类事务更是关乎人命,不容差错。于公良善公正,使得孝妇平冤昭雪,已经超越一般监狱管理者的应有心地。于公这种善念便是从心地而来,愿意为百姓发声,百姓因而铭记他。自然,于公的后代也得以兴旺发达,这便将官员的善行与其后代发展结合起来。同时可以鼓励官员宽仁待民,改善当时的官场风气。再者,他对狱官的劝善,更是体现其慈善理念:他劝导狱官不仅对于疑犯需要保留恻隐之心,对于关押的罪犯也要尽心对待,满足他们的需求,做到"宁于必死之中求其生,勿于可生之处任其死"。这种对待任何人都怀有悲悯之心的情怀,正是慈善精神的最好诠释。

总的来说,《文昌帝君阴骘文广义节录》以《阴骘文广义》原文为基础,对于原文未尽的经义,进行补充阐释,且在每条语录后附上相应主题的小故事。通俗易懂之余,增加了劝善观念的可信度,进一步强化教化的功能。内容上则以因果轮回之观念,劝世人为善。概言之,周梦颜强调前世积累善缘,后世会有相应的福报,将行善与积德相联系。文中处处强调帮助他人,同时也是庇护自己。同理,损害他人,也就是损害自己。并以此理,梦颜解释了世人常存的迷惑。其惑在于,虽都劝善,但众人常感世上还是"善人得祸恶人得福"的现象为多。周梦颜解释说今生的境遇实际是前世的行为所致,不能只看这一世的遭遇，福报是体现在来世或后世子孙身上的，因而不能用眼前的得失加以衡量，并以此鼓励和警示世人要时时为善。

二、心怀民众的请愿者

周梦颜被后人称之为慈善家，除了深刻的慈善观念与孜孜不倦的劝善苦心，最重要的一点还在于他能够知行合一。

同治《苏州府志》载，周梦颜念及吴中百姓为浮赋所累，便在康熙第三次巡行江南时，与陆淳风一起赶赴扬州行在，准备请愿。由于当时督臣张鹏翮不在，请愿一事未能成功。但是周梦颜并未放弃，回家后广收资料，辑成《苏松财赋考图说》一书。在《苏松财赋考图说》中，周梦颜将历史上不同朝代的苏郡粮额进行整理，力证苏松一带历来重赋，民生艰难，希望朝廷可以减免部分赋税。周梦颜又将其所作《苏松财赋考图说》，三易其板，寄数百本至京师地区，冀达宸聪。而后，果如梦颜所愿。到了雍正三年（1725），苏松地区得以奉特恩，共减免浮粮四十五万两。梦颜得知后，感激涕零，自谓"草莽书生，自今死骨不腐矣"[①]。从其书中也可感受到周梦颜对于减免苏松浮粮事情的关心，在其劝善书中多次提到地方官为百姓上疏减免浮粮、以自身吏能为百姓节省粮食的案例，而后这些地方官最终都获得加官晋爵、子孙显赫的福报，从中也可看出周梦颜将减免浮粮当作积善的一种方式。

此番过后，慈善家周梦颜的形象更为具体。此事是清初"浮粮之议"背景下的产物。清初，苏松之地延续了明代重赋的传统，当时老百姓面对的赋税压力较大，一些地方官曾多次上疏，表达民意。另一方面，江南地区的地方士绅，为了缓解百姓们的沉重负担，顾炎武、陆世仪、蒋伊、周象明等人均对苏州地区的重赋问题加以讨论，希望朝廷可以减赋。周梦颜作为自发的民间力量代表，更是带着请愿书赴扬州。请愿不果后，仍然著书宣传，借此希望朝廷可以看到民间的愿望。当时，周梦颜虽未在朝，但仍具有关怀民生的思想，与地方官和其他地方士人一起付诸行动，为苏松地区减免赋税做出自己的努力与贡献，可

[①] （清）金吴澜等修：《昆新两县续修合志》卷二六《卓行》，清光绪六年刊本。

见其慈善之心与慈善之行。

三、慈善事业的传承者

周梦颜是继明末袁黄之后江南地区又一位具有影响力的善人。

一方面,周梦颜继承了袁黄等前人的慈善思想,在"立命"之说影响下,融合自身经历与体会,进一步发展劝善观念,成为清初时期受人推崇的善人。他曾对袁黄有如下评价:"立命之说,发于孟子,而能身体力行,历历有验者,则了凡先生一人而已。"[1]其劝善书中也多次引用袁黄《功过格》里的故事,将袁黄的思想进一步传播。再者,周梦颜按照袁黄所倡导的积善标准要求自己。袁黄著作中,曾提及减粮一行可积万善的故事,而周梦颜恰组织过请愿活动,以求减免苏松地区十三州县的浮粮,这种积善追求明显受到了袁黄影响。

另一方面,周梦颜率先垂范,影响了许多人的慈善义举。其中,尤以彭绍升、印光法师、冯桂芬三人最为知名。彭绍升出身于苏州彭氏家族,该家族为科举世家,且在江南世代行善,被誉为吴中的积善之家。[2]彭绍升也致力于从事慈善事业,发扬了家族中的行善传统。彭绍升对周梦颜及其思想推崇备至,读过周梦颜的书后,便探访他生平的行事。之后,彭绍升为其立传,传记当中更是突出周梦颜的慈善形象。其实,二人经历也颇为相似,都兼具居士与士大夫身份。周梦颜曾立下誓言,二十四岁以后开始戒杀生。巧合的是,彭绍升从二十五岁开始持不杀戒,并且二十九岁之后终身吃素。同时他们二人在善书的编著方面都发挥了较大的推动作用。此外,民国时期的高僧印光法师也受周梦颜影响,阅读他的善书后赞叹不已,认为其书"大而治国安民,小而一言一念,咸备法戒,悉存龟鉴"。文辞方面,冠古超今,道理之处,饱含周梦颜的奇才妙悟,做到雅俗同观。后来印光法师便校订、刊刻《安士全书》,为这件事辗转奔波数年,终于在1928年将此书重新刊行,并先后三次为之作序,他还在序言中称此书为"善世第一奇书",寻常善书无法与之相提并论,由此可观,印光法

---

① (明)袁黄:《云谷大师传》,《了凡四训》附录,中州古籍出版社2010年版。
② 王卫平、马丽:《袁黄劝善思想与明清江南地区的慈善事业》,《安徽史学》2006年第5期。

师对《安士全书》的推崇程度。另外,周梦颜所著的《苏松财赋考图说》,于道光九年(1829)重新发行刻本,对于晚清思想家冯桂芬影响较大。冯桂芬对其书推崇万分,认为周梦颜所著的《苏松财赋考图说》在众多讨论苏松地区重赋之害的论著当中,质量较高,参考意义极大。同治初年,冯桂芬曾为李鸿章代拟奏疏,当中便参考了道光年间重刻的《苏松财赋考图说》。随后,由于李鸿章等人的奏请,直接促成清末江南百万石漕粮的减免。[①] 可见,周梦颜所作《苏松财赋考图说》一书,不仅在当时发挥了作用,在后世仍旧造福甚广。

  周梦颜以其自身卓越的见识与能力,一方面以居士身份参禅修行,撰写各类善书,以期改善社会风气。另一方面,请愿蠲免苏松地区赋税并辑书加以实证,力图让朝廷看到苏松百姓的境况。可见,周梦颜是兼具成熟的慈善观念与慈善行为的人士。其为善与劝善,都不断激励后来人行慈善之事。正是在此般人物的影响之下,明清时期江南地区的慈善事业才取得如此大的成就,慈善精神得以世代相承,成为中华民族精神与实践当中十分宝贵的财富。

(吴悠悠 撰稿)

主要参考文献:

1. (清)彭绍升撰,张培锋校注:《居士传校注》,中华书局2014年版。
2. (清)周安士撰,曾琦云译:《安士全书白话解》,内蒙古人民出版社2003年版。
3. 游子安:《劝化金箴:清代善书研究》,天津人民出版社1999年版。
4. 王卫平、马丽:《袁黄劝善思想与明清江南地区的慈善事业》,《安徽史学》2006年第5期。
5. 胡克诚、罗冬阳:《周梦颜与〈苏松历代财赋考〉》,《西南大学学报(社会科学版)》2001年第3期。
6. 王卫平、黄鸿山:《继承与创新:清代前期江南地区的慈善事业——以彭绍升为中心的考察》,《苏州大学学报(哲学社会科学版)》2011年第3期。

---

① 熊月之:《冯桂芬评传》,南京大学出版社2004年版。

彭绍升：士人的"佛系"慈善

一个动荡不安的社会既充斥着绝望与毁灭的气息，也孕育着希望与新生。明末以来，战火连天，生灵涂炭。在官方积极地倡导下，江南的地方士绅将注意力投向拯救黎民众生的慈善事业上，这一事业也因此获得迅猛发展。慈善事业不断上升的势头在清乾隆年间达到一个高峰，而彭绍升便是明清江南地区慈善家谱系中重要的一环。

彭绍升（1740—1796），字允初，号尺木，又号二林居士、知归子，又因其三十四岁时受戒，故有一法名为际清。他出生于清代苏州第一科宦世家——彭氏家族，这一家族共出了14名进士，可谓人才济济。

彭绍升的曾祖彭定求、父亲彭启丰均为状元出身，其同胞兄弟彭绍谦、彭绍观、彭绍济也分别获得科举功名。彭绍升年方十八便与其二兄彭绍观成为同榜进士，传为一时佳话。更难能可贵的是，彭氏家族并未因取得这样的成绩而将视野局限于"庙堂之上"，而是关注到更广泛的芸芸众生，累世行善，因而享有积善世家美誉。

图一　彭绍升画像

彭绍升出生在这样的家族中，耳濡目染之下，他从小便"考镜得失之故，陈治安之书，赫然著功名于当世"[①]，立志成为一名有所建树的人。同时彭绍升受

---

① （清）彭绍升：《居士传》卷五六《知归子传》，《续修四库全书》子部，第1286册，上海古籍出版社1995年版。

到佛教的影响很深，佛门普度众生的思想使他对民生倾注了极大的热情。他乐善好施，尤其注意周济贫困孤寡，大力倡导放生、惜字、刻经与施衣等善行，"造福桑梓二十年"，一步步地成长为江南地区著名的慈善家。

薪火相承：彭绍升心中的慈善火种

人之初，性本善，恻隐之心，人皆有之。恻隐之心是我们每个人实施善举最根本的、也是最朴实的出发点，是封存在心中的一颗向善火种。这颗火种自然也在彭绍升的心中，在天时地利与人和的滋养哺育下，燃成熊熊大火，发出夺目之光。

彭绍升优良的家庭氛围是保护这颗火种的屏障。

彭氏家族中乐善好施者颇众，这样的家族氛围潜移默化地影响着彭绍升，令其一生孜孜于慈善事业。彭绍升的曾祖彭定求（1645—1719）十分热心于善举，不但致力于劝善书的编撰，还曾手撰《惜字说》《爱物说》《济溺说》《窒欲三说》等七篇杂说，劝人行善。除了倡导惜字、放生、食素等善行之外，他还号召地方绅士建造育婴堂，代贫户抚养婴儿。彭绍升祖父彭正乾力行放生、惜字善举。彭绍升之父彭启丰亦颇留心于慈善事业，力行善举。彭氏家族中的女性也喜作善事，如彭正乾的妻子周氏亦乐于行善，"常制冬衣给邻里穷人"。清代文学家王芑孙评价彭氏家族，"在吴二百年，世世积德，内修其行，而外力于科举，以是为家法"。这样的家法通过一代代彭氏族人身体力行的传承，到彭绍升方集大成。

当然，明清时期江南地区良好的慈善氛围，是帮助火苗燃烧的大气候。

江南地区是当时全国最为发达的地区，伴随社会经济空前繁荣而来的是旧有秩序的破坏。贫富差距加大，奢靡之风盛行，丧葬婚嫁费水涨船高。贫苦者无力婚丧嫁娶，进而又引发了溺婴、抢婚、停棺不葬等诸多问题，人们迫切地希望找到解决之道。好在经济的大力发展，在引发这些问题的同时，也为慈善事业的开展提供了客观的物质基础，使得一些有识之士可以有心有力地去推动各项慈善事业的发展。他们教化民众，力图扭转整个社会风气，将日渐溃散的"民众的道德"进行加固。

清代中前期,江南地区的慈善事业一直处于不断发展的过程中,至乾隆朝进入高峰。据统计,康、雍、乾三朝,苏州地区总计新建善会、善堂37所,其中乾隆一朝便有27所,占总量的73%。由此可见,彭绍升出生时整个江南社会的慈善氛围浓厚。

在家族与社会的影响下,彭绍升心中的火苗有了最稳定的生存环境。而要燃成势不可挡的大火,还需要从明末传递下来的两把"火炬"的助力。

大明帝国大厦在内外交困、风雨飘摇中轰然倒塌。但是人们总能在烈火中点燃火炬,并薪火相传,保证思想的火种不会熄灭。生活在晚明时期的高攀龙和袁了凡的慈善思想,就是点燃彭绍升心中慈善火苗的火炬。

袁了凡(1533—1606),字庆远,号了凡,浙江嘉兴人。主张三教合一,强调积德行善,因果报应,热衷于劝善活动,身体力行。逐渐形成了"上自朝绅,下及士庶,尊信奉行,所在皆然"的影响力。

出生较袁了凡稍晚的高攀龙(1562—1626),字存之,江苏无锡人。明代政治家、思想家,东林党领袖,"东林八君子"之一。与袁了凡不同,他是一位正统的儒家士人,辟除异端邪说,维护儒学正统。以儒家的传统伦理道德思想指导慈善救助活动,并力图通过这些活动的举办实现改良社会的目的。

在彭绍升出生的公元1740年,二人皆已故去一百余年,可是二人的慈善思想却突破时空的限制流传下来。彭绍升在其著作《居士传》中极力表达了自己对袁了凡的仰慕与推崇之情,他在著作中深情地写道,袁了凡过世已百有余年,但是他创制的功过格还于世上流传、兴盛。世上想要从事慈善事业、施善行者,无不效法袁了凡,但是如袁了凡这般真诚勤恳,由浅入深推进慈善事业的人,真是寥寥无几。袁了凡以祸福因果理论逐步引导受众向善的做法,也为彭绍升所吸收发扬。

相较于袁了凡,理学名士高攀龙的慈善思想几乎影响了整个彭氏家族。从彭绍升的九世祖彭珑初到其曾祖彭定求,再到彭绍升,皆服膺高攀龙理学。彭绍升因仰慕高攀龙的为人,而将其居室题名"二林居",可见仰慕之深。他不仅对高攀龙理学成就极为推崇,深得理学精奥,对其慈善活动和劝善理念亦知之颇深。彭绍升逐渐将对高攀龙的仰慕与学习渗透进自己的慈善活动中,例证之一便是仿照同善会创建了近取堂。

内外结合：慈善事业的"家"与"乡"

彭绍升在自传中将他组织的慈善活动分为面向宗族内部的慈善活动，即在"家"，和面向社会的慈善活动，即在"乡"两种。在"家"以广置润族田为主，在"乡"则以近取堂的创建为主，这两项举措对整个彭氏家族和江南社会影响深远。

（一）家族中心：润族田的设立

彭氏家族仕宦虽盛，但经济上并不十分富裕，拙于治生。族人贫富不一，多寡不均。贫穷破败之家不在少数，除一二稍富之家外，其余家庭仅算得上有"中人之产"。面对族人这种情况，彭绍升想到了仿照北宋范仲淹设立义庄的做法，希望建立一个宗族救助机构，救助贫困族人。

这一想法首先得到其父彭启丰的支持与响应，彭启丰率先捐出田地十亩。随着彭氏族人捐资响应，积少成多，彭氏得以再购置三十余亩土地。这四十余亩地实为彭氏"润族田"之基。一直有心扩大规模的彭绍升，几经思索下终于想到了通过积累这些土地所收田租的余额，以田赋生田的办法。又经过十余年的经营积累，他才成功地将土地扩展至二百亩。彭启丰逝世后彭绍升利用这两百亩田地所得地租又购置一百余亩田地，合并入彭氏"润族田"，向官府报明，造册登记。至此，经过多年积累，彭氏润族田终于达到了三百余亩。

彭氏家族的润族田以保障彭氏族人的生活为目的，正如彭绍升的祖父所言："然葬父娶妻，皆族人金也。"润族田设立之初便提出为没有田地的、无力承担婚丧嫁娶之事的、老病不堪、鳏寡孤独无人赡养的族人提供粮食或银钱支持，帮助他们生存和生活的宗旨。这在客观上保证了彭氏家族老有所养、幼有所依，百年绵延不绝。

值得一提的是，彭氏的润族田以范氏义庄为典范，却没有沿用义庄、义田的名称，这与彭绍升独到的慈善观念有关。他认为所谓义田一般由一位个人能力极强的人物设立，"盖当权夫予受之分矣，彼群而矜之曰义"[1]，族人因而感

---

[1] （清）彭绍升：《二林居集》卷十《彭氏润族田记》，清嘉庆味初堂刻本。

图二　彭氏故居

念其人。但是彭氏设立润族田保障族人生活,是家庭骨肉间同心协力,互通有无,取有余而补不足才得以创立。他认为这是自己及族人的分内之事,谈不上一个"义"字,是不可"矜"之事,因而拒绝称之为"义田"。由此可见润族田的慈善性质,以及自范仲淹至彭绍升数百年间慈善思想的不断演进。

遗憾的是,由于族人众多而土地有限,经费常需精打细算,作量入为出之计。在此拮据状态下,彭绍升临终之时仍未能实现在宗族中设立义学,供族人子弟读书的愿望。他在遗嘱中特意嘱咐道,希望族人对于族田的捐助可以每岁递增。积累数年后如果仍有余资便可设立"宗学"教育宗族诸童,又或可酌量增加族中儿童的读书之费。

彭绍升去世后,彭氏家族的后人继续其先祖未竟事业,积德行善,造福乡梓。在经营了八十年后,直到光绪二年(1876)彭氏谊庄成立,彭氏后人才得以设一书斋,名曰庄塾,教育本族无力读书的子弟,了却彭绍升这一遗愿。

(二)地方慈善:创设近取堂

彭绍升经常从事修桥、筑路等公益活动,造福桑梓。无论是出于士人的良心与社会责任,还是出于一名佛教徒的慈悲之心,彭绍升都注定不可能只满足于救济彭氏一家一族。近取堂的设立,正是他关注地方慈善事业的重要举措。

近取堂成立于乾隆四十二年(1777),彭绍升与友人李禹定、吴崧蕃等商议,"集友十余人,续举一会",筹银 5000 两,在长洲县境内的文星阁正式设立了"近取堂"。其中施棺会、恤嫠会为彭绍升初创,而惜字会与放生会则是由其曾祖彭定求所创,由彭绍升整编。

在近取堂成立之前,彭绍升便早已开始组织施棺、恤嫠等活动。近取堂成立之后并入堂内活动。早期近取堂的功能较为单一,但随着彭绍升将先前的放生、惜字、施衣、施饭食、施医药、刊刻佛经等善举渐次并入,近取堂遂转变为一个职能十分广泛的综合性慈善组织。

图三 彭氏家族于长洲县境内创办的文星阁遗迹

施棺会成立于乾隆三十七年(1772),早于近取堂的成立。顾名思义,施棺会的职能就是为贫困百姓施舍棺木,使百姓皆可入土为安。在近取堂成立之前,彭绍升便于苏州葑门外的法云庵施舍棺木给周边不能举葬的贫户,施棺会成立后法云庵的施舍活动方才停止。

除为无力丧葬的贫苦百姓提供棺材,彭绍升还经常组织收埋无名尸骨。

乾隆四十年(1775),施棺会成立后的第三年,苏州齐门沙河塘一带村落中的贫苦百姓无力承担丧葬,仅以棺材收殓浅埋,年久棺木腐烂,尸骸露出被野狗捡食,出现"亘三四里,暴棺至数千"的惨相。彭绍升与友人黄林、李蕙纫、沈浴鲸等集四百金,于横山之麓买地,收葬骸骨,共收埋尸骨3000多具。彭绍升还"请僧诵佛经、施瑜伽法,食而遣之",给予亡者生而为人应有的尊重与体面。

乾隆三十九年(1774),稍晚成立的恤嫠会是专门救助嫠妇,即寡妇的慈善组织。事实上,救助嫠妇的活动在近取堂成立之前便有施行,恤嫠会的成立使得这一救助活动更具有规范性和系统性。恤嫠会将嫠妇分为"清门士族"和"寒微之家"两类,前者是重点救助的对象,列入正册,后者依据情况酌情接济,另立副册。

由于资金有限,恤嫠会能帮助的人数也有一定的限额,出缺后依次递补。嫠妇需要由亲友代为申请,登记姓氏、家口、住址、守节时间、亡夫职业等情况,经过恤嫠会的详查后方可得到救济,按月发放银钱。30岁以内守节者每月可得钱350文,40岁以内者可得280文,40以上者可得200文,未婚贞女每月得银1两;儿女尚幼的嫠妇另加发抚育费,每月每一子女100文;公、婆年迈又无人赡养者,另加发赡养费每月200文;孀妇身故由恤嫠会助葬,这些规定可谓巨细皆备。

惜字会主要职能在于劝人爱惜字纸,不可亵渎文字。在珍惜字纸的基础上,如有余力,则应广泛收取字纸、字板等有字之物,入夜焚化,用蒲包包好灰烬,送入江中,随水而去。彭绍升还特别提出严厉禁止"尤败风俗"的"下胎淫药"及"靴鞋、窗户、伞扇、茶食、蚕匾、烛心"等使用字纸之物。尤其是对"造还魂纸之人","不妨惩以重法,责一警百"以维持良好的社会风气。

彭绍升常结合佛教的"福报"劝导官民爱惜字纸。他曾列举了一则官员惜字得福报的例子。他说有一位名叫陈恂的学士,其父莅临江西景德镇,不许碗底描字,因而子孙科第不绝。这种结合了宗教色彩的"惜字"做法或许并不易为当代人所接受,但"惜字"背后真正的精神内核、惜字的本质以及"字"的分量与意义却是历久弥新。

彭绍升曾解释惜字的缘由道:"字之作以正德也,以达情也,以章往而察来也。故夫能以美利利天下而不言所利,莫字若矣。宝而惜之,天之心也,人之道也;毁而弃之,逆天心悖人道。"原来尊重每一"字"便是尊重知识,"字"的背后承载着璀璨的中华文明与厚重的中华历史。"惜字"是对于知识传承的一种尊重,这种主张实则是传统的士大夫们对文化传承的极具浪漫色彩的表达。

放生会与惜字会兼有放生等活动。彭绍升的曾祖彭定求是彭氏家族放生的首倡者。彭绍升曾自述,在接触佛学之前,他曾以儒生身份自解,并不认为有戒杀、断荤的必要,因此对于放生会不甚热心。随着对佛学研究的逐步深入,他忽然认识到杀害动物以足口腹之欲,无异于自食肢体,更不能借口自己不杀生而仍食荤腥,因为"饮食之欲"才是"造意之始",罪过更重。此后彭绍升逐渐糅合儒、释两家思想提出自己对于生命的思考,得出应当戒杀、断荤,并以此为指导积极投身于放生会的各项活动中。

乾隆三十九年(1774)彭绍升重新募集资金复创立放生会,购买一园,将园中水塘辟为放生池,放养鱼虾河蚌,在园中间隙圈养鸡鸭猪羊。彭绍升重整放生会后,使其更为制度化与规范化,建立了较为完备的制度,并请僧人看守放生场所,登记造册,实现放生护生的效果。

近取堂除组织常规的慈善活动外,在灾害突发之时还有临时救济灾民之举。乾隆五十八年(1793)春,江南淫雨连绵,粮食尽腐烂于田地之间,未能及时收取,一时间米价腾踊,一石粟米市价飙升到三千钱,彭绍升因此而举行平粜。针对救灾过程中出现的强者欺凌弱者、多拿多得、弱者空手而去的问题,制定了"划界给票"的办法。就是将灾民进行统计,统计出家口,每家一票,按票给米,日以三升为率,收到了很好的效果。至此,彭绍升所创立之法为彭氏后人所继承,"米贵之年,每岁行之",传承有序。

(三)创新筹资:可持续发展

资金不足是困扰当时很多慈善组织的最大问题。在近取堂成立之前,当时慈善组织的活动经费主要来自募捐,施行"按月轮值"的办法,每月分派一人募集资金。但是单纯依靠募捐筹集经费的方法根本无法持续,采用这一模式集资的恤嫠会在成立三年后,便出现资金枯竭的情况。放生会也频繁出现资金募集困难的问题,响应者寥寥无几,几乎陷入停滞的局面。为解决这一问题,彭绍升在近取堂成立后广泛推行施棺会的筹资办法。

施棺会的筹资方式十分有特色。彭绍升一方面用所集资金购置田地,依靠较为稳定的田租收入供日常开支,另一方面还每年返还出资者10%的本金。这样的筹资办法不但为施棺会筹得了较为充裕的资金,还减轻了捐资者的负担,一举两得,保障了近取堂的持续发展。

彭绍升在创办近取堂的过程中,通过自己的努力,创新了集资方式,变集资为生资,解决了机构资金紧缺、后继乏力的问题,实为其慈善事业中一创举。

三教合一:多重色彩的慈善思想

彭绍升出生于理学世家,年少时熟读儒家经典,颇有志于功名,他虽欲"著功名于世",却并不岌岌于科举,而是希望可以做些利国利民,实实在在的事情。在儒家经典之外,他又研习道教与佛教书籍,希望从中找到答案。他的一生由儒入道复归于释教,成为清代著名的佛教居士之一。儒、佛、道这三种思想皆以劝人向善为主旨,融会贯通于彭绍升的慈善思想中,是推动彭绍升开展慈善事业的潜在动力。客体与主体互相渗透升华,最终形成其独特的慈善思想体系。

儒家思想要求士人以天下为己任,士人的身份使他对于儒教的纲常伦理有天然的认同感,故彭绍升虽未出仕,居乡期间仍坚持教化乡里,身体力行推进慈善事业。兴办施棺会对无力丧葬的贫民进行救助,建义冢收殓浮尸暴骨。"国家风厉之权,尤在闺门之化",彭绍升因此而创建恤嫠会,对矢志守节的妇女,尤其是儒生遗孀进行救助。这种带有强烈儒家忠孝节义价值观的做法,不同于佛教的"众生平等",是为维护传统社会秩序而施行的。

但同时恤嫠会受到佛教思想影响亦极深,具有浓厚的佛教色彩。如彭氏恤嫠会在实施经济救助的同时,对救助对象宣扬佛教教义。他创办的近取堂,一大特色便是于其中"创佛宫,饭僧众,施冬衣,放生族,积二十余年而不懈"[①],

---

① (清)彭绍升:《一行居集》卷首《知归子传》,(清)彭祖贤编:《长洲彭氏家集》,清光绪七年刻本。

59

这是彭绍升将佛教信仰与慈善事业相结合的一次尝试。

彭绍升还极力推崇道教的劝善书《太上感应篇》，并重订和增修《活阎罗断案》《质神录》《关帝全书》三种善书。为《感应篇汇注》《阴骘文集注》等多部劝善书作序，儒、释、道三教的思想为其所用，皆倾注于其所热心的慈善事业之中。

彭绍升还通过融合三种思想解决了当时慈善活动中思想方面的难题。儒生对因果报应、"天人感应"学说并不陌生。但是中国传统思想强调"现世报"，无法解释现实生活中善人遭祸短命、恶人得福长寿的问题。彭绍升大力宣扬佛教轮回转世和三世报应说，明确提出报应不仅可能发生在行为者的今生，还可能发生在他的来生后世，这就有力地破解了当时的思想困境，推进了慈善事业的发展。

但儒、释、道三教并非在任何时候皆可统一。

清代江南地区经济发展，盛行厚葬，同时又受到宗教影响，富户为求风水宝地可以累世不葬，而贫民无力丧葬不得已采取佛教的火葬形式。这不但增加了公共卫生的压力，同时也冲击着儒家入土为安的传统价值观，是向传统礼教发出的挑战。虽然彭绍升未对代表着佛教文化的火葬提出过任何激烈的批评，但在面对几种价值观相违背的情况时，彭绍升选择成立施棺会，施棺代葬，帮助贫苦民众以儒家礼仪安葬亲人，正是他经过思考后对此矛盾的处理方式。

彭绍升既是儒家士大夫，又是佛教居士，还极力推崇道教劝善观念，是一位有着复杂身份的传统士人。在慈善事业中他坚持三教合一的慈善观念，取长补短。但是当三种理念发生冲突时，在潜意识里，儒家价值观长久浸润的效果便凸显出来，是其慈善活动中不可忽视的特点之一。

彭绍升在为友人撰写墓志铭时，曾经给"善人"下过这样的定义："夫善人者，天地之心，生民所藉以立命者也，其于天下盖未尝一日忘，然或不幸而无所试，即幸而有所试，试且效矣。"毫无疑问，彭绍升以自己倾注一生的慈善事业为这句话做出了最翔实的注脚。

（梁爽　撰稿）

主要参考文献：

1. （清）彭绍升：《居士传》，上海古籍出版社1995年版。

2. （清）彭绍升：《二林居集》，清嘉庆味初堂刻本。

3. （清）彭祖贤编：《长洲彭氏家集》，清光绪七年刻本。

4. 王卫平、黄鸿山：《继承与创新：清代前期江南地区的慈善事业——以彭绍升为中心的考察》，《苏州大学学报》2011年第3期。

5. 葛慧晔、王卫平：《清代文化世家从事慈善事业的原因——以苏州彭氏为例》，《苏州科技学院学报(社会科学版)》2007年8月第24卷第3期。

6. 葛慧烨、王卫平：《儒、佛、道思想与中国传统慈善事业》，《文化学刊》2007年第5期。

潘曾沂:"第一善人"的慈善路

清代著名书法家钱泳在《履园丛话》中曾记载了一则行善终得到善报的小故事:

明代,有一位游手好闲,不务正业的年轻人,因欠下大笔赌债为人所逼迫,不得已潜入邻居家中实施盗窃。然而,法网恢恢疏而不漏,在他潜入后不久,便被刚好在家的邻居抓获。就在他等待着被扭送官府之时,邻居却出人意料地主动给了他一笔银子,并对他好言相劝。原来邻居见他年纪尚轻,希望给他一个改过自新的机会,因而馈赠银子让他还清赌债,并嘱咐他做点小生意,走上正道。这位年轻人大受感动,挥泪告别邻居,并发誓自强。

若干年后,邻人进山为家族选择墓地,机缘巧合之下碰到了一位小酒店的老板,竟然就是十多年前那位偷盗的年轻人。此时他早已改邪归正,并娶妻生子。当得知邻人此行之意后,这位酒店老板便执意要将自家一块风水宝地免费赠送,以报当年之恩。邻人推辞不过,便出高价买下了这块"鼎元地"作为族坟。随后邻人这一家族文脉大盛,蒸蒸日上,以至于钱泳在书中一本正经地感慨此家族坟茔真是好。

"祖坟"之说,自然是无稽的,这个家族得以绵延,日渐繁盛实在于其与人为善的精神内核。这个故事中的家族便是苏州的潘氏家族,它是地灵人杰的苏州孕育出的最夺目的家族之一。这一家族以诗书传家,人称"贵潘",又被称为"大阜潘氏"。

潘曾沂的父亲正是"贵潘"一支最杰出的代表——潘世恩。潘世恩既是状元出身,又是乾、嘉、道、咸四朝元老,官至工部尚书,武英殿大学士,是位高权重的中央级别官员。按照当下的说法,潘曾沂便是一名不折不扣的"官二代"。以中国传统的家族宗法制度来看,潘曾沂作为潘世恩长子,无疑会被族中寄予厚望，地位更是非同一般。潘曾沂并未因这样高的起点而钟情于功名利禄，反而将大量的热情与精力投入慈善事业中。

潘曾沂原名遵沂，字功甫，自号小浮山人。他出生于乾隆五十七年(1792)，当时正值"康乾盛世"末期，也是大清王朝慈善事业上升到顶峰之时。潘曾沂的童年就浸润在这样一个热火朝天的慈善氛围中。整个江南地区，尤其是苏州，人们行善的热情高昂，不但在慈善活动中身体力行，还大力宣传慈善理念，广布善书导人向善。潘曾沂去世时是咸丰二年(1852)，此时距离第一次鸦片战争结束已有十年，他见证了清王朝由盛转衰。战火纷飞、生灵涂炭、山河失色的景象，激发了他慈善热情。

图一　潘曾沂画像

潘曾沂在嘉庆十七年(1812)考中秀才，二十一年(1816)又中举人。之后却屡试不第，频频受挫，潘世恩只得为其报捐内阁中书。潘曾沂于道光元年(1821)赴京就任，但因淡于仕宦，"居辇下三载，多交布衣而避津要"[①]。道光四年(1824)以替祖父祝寿为由乞假南归，从此绝意仕途。与汲汲功名相比，慈善事业显然更为潘曾沂所重视。他在道光年间就被郡中视为"吴门第一善人"，之后甚至被誉为"天下第一个大善人"，正是实至名归。

一、养生丧死，民生慈善路

潘曾沂虽然于功名利禄不甚在意，但骨子里却是一位实实在在的以天下为己任的传统士大夫。《孟子·梁惠王上》中曾提出几条清晰可行的"仁政""民本"思想，其中最重要的便是"养生丧死无憾，王道之始也"。"无憾"的标准则是黎民百姓丰衣足食，"七十者衣帛食肉，黎民不饥不寒"。这些要求虽然是

---

① （清）潘遵祁等：《大阜潘氏支谱》卷首，民国潘氏松麟庄增修本。

对梁惠王所言,但同时也是中国传统社会中最朴素、影响最深远的慈善思想,指导着天下有所追求的士人,潘曾沂自然也不例外。

  清代人口的激增使得土地压力成倍上涨,经济作物的种植占用着本就有限的土地。江南地区土地最紧张之时,人均仅有一二亩,远远低于人均4亩——保障人口最低温饱的"饥寒界限"。江南地区的粮食储备根本无力应对频发的自然灾害,粮食短缺的危机时刻存在。

  在这样的压力之下,富庶的人间天堂苏州也出现了粮食不足、饿殍遍野的情况。即使有政府和慈善家们及时的赈济,仍是杯水车薪,甚至出现了"左手持钱右手票",刚从官府领取赈济物资,便饿毙于归途的情况。

  这些灾民"生无一箪,死无一棺",十分悲惨,行人看到都为之鼻酸。当时出现了生者羡慕死者从此不识饥寒,感慨"生者何如死者乐"的情况,这些惨相在《收饿殍》《瘗浮棺》二诗中可见一斑。

  诗云:"五月六日水横流,野田历乱棺沉浮。有客冒雨身坐舟,募工捞集堆如邱。"死者甚多,尸骨堆积如山,一旦处理不及时,便会进一步引发疟疾等传染疾病,因而出现了"穷民日夜争摧烧,惨哉骨骴满地抛"的景象。这些景象刺激着信奉"入土为安"丧葬观的每一个人的神经!

  养生送死仍是此时慈善活动中最重要的一项内容。

  在这一思想的指导下,潘曾沂尤其重视人们的生存、生活情况。针对当时经常出现的弃婴和孤儿问题,潘曾沂于道光十年(1830)设立济育局,亲自收养弃婴,付钱雇乳母喂养,还努力寻找收养家庭安置,尽力保障婴孩的生存。在思想方面,潘曾沂撰写《劝济溺说》,奉劝世人停止溺婴之风,并呼吁民间广设收养弃婴的育婴堂。

  他还积极组织保障民生的慈善活动,在当地馈医药、凿义井,兴修水利造福桑梓。道光十年(1830)二月,在潘曾沂的主持下修浚兴福塘河十二里,开穿窿山下支河,为农业灌溉所用。咸丰元年(1851),潘曾沂在自家门外开凿"双井",名曰"双月泉",以便邻里汲水。次年又"浚凿义井四五十处",其中以旧子城龙王庙前的一井最为深大,名曰"万斛泉"。

  与当时其他的大族一样,潘氏家族也成立了保障家族繁衍发展的义庄。道光十一年(1831),潘曾沂的两位堂弟潘遵祈、潘希甫子承父志,建成潘氏宗族义庄——松鳞义庄。松鳞义庄"专祭祀而恤宗族"①,专门赈济潘氏族人。道光十二年(1832),为官在外的潘世恩听说这一创举后,便马上命潘曾沂捐田二百亩,"为贫族子弟读书公产,归入松鳞庄家祠",名曰"松鳞庄读书田"。"族中之贫无力者凡有所商,(曾沂)必竭心力以图之难,屡渎弗厌也,待亲友亦如之",可见潘曾沂对族中亲属在其他方面亦竭尽全力地照顾。②

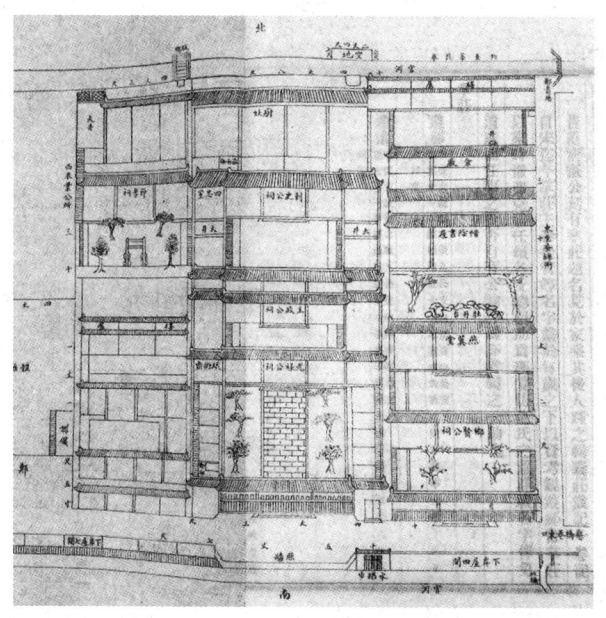

图二　松鳞义庄平面图

松鳞义庄的创立,了却了潘氏历代先人关照族人之心愿,却没有卸下潘曾沂肩头的"担子"。他从道光十四年(1834)"始闭门不见一客,屏迹不出门庭"。可即使闭门谢客,潘曾沂却始终"养疴一室之内,而举念动关民瘼","俯仰之间,时多感叹,每闻时事辄忽忽不乐"③。潘曾沂深居简出却心怀天下,当时国外在革命浪潮之下风起云涌、国内在清朝统治之中风雨飘摇的局势,让他无论如何都不可能将自己的慈善事业仅局限于宗族之内。

---

① (清)潘承谋等纂修:《大阜潘氏支谱》附编卷二,民国十六年潘氏松鳞庄铅印本。
② (清)潘曾沂自撰、潘仪凤续修:《小浮山人年谱》,吴门汤晋苑局刊本。
③ (清)潘曾沂自撰、潘仪凤续修:《小浮山人年谱》,吴门汤晋苑局刊本。

事实上，早在道光七年（1827）潘曾沂创建丰豫义庄，捐田 2500 亩之时，他便开始有计划地将慈善之路延伸到宗族之外。义庄本属宗族慈善组织，是宗族用于赈济族人的机构。相比传统的宗族义庄只对同一宗族的族人进行救助，丰豫义庄却是面向邻里的社会救济机构，将一定范围内的邻里、佃户都纳入救助范畴内，使得义庄的救助大大突破了旧有的血缘关系，而带有社区救助的性质。

在救济灾民时，丰豫义庄常通过免租，甚至"全免本年田租"的方式来减轻贫民压力。同时它还常有荒年平粜和赈济的活动。丰豫义庄规条中明确规定："本庄义田积谷，专为将来就近地方减粜而设"，即义庄的收成将主要用于荒年平粜。所谓平粜，指在荒年粮价高昂时平价售粮，可以起到救助贫民和平抑粮价的双重作用。

值得一提的是，除救助本地灾民外，潘曾沂对因灾流落苏州的外地灾民也颇为留意。如道光十一年（1831）他便独力留养灾民 4000 余口，并时有出资留养江北灾民之举。

二、技术改革，创新慈善路

"授人以鱼不如授人以渔"，针对清代中期人口增长，人地关系紧张的问题，仅靠灾年的救济、施粥、平粜等慈善活动是远远不够的，如何才能提高民众的抗灾能力呢？这成为潘曾沂新的关注点。

为增强抗灾能力，从源头减轻灾害的影响范围，他首先想到的办法便是改良并推广区种法，希望通过提高粮食产量，从根本上解决粮食问题。

区种法又称区田法，是我国古代流传的一种抗旱高产的水稻种植技术。最早见于西汉时期的《氾胜之书》，从《齐民要术》开始，历代农书中均有记载。潘曾沂在总结前人经验的基础上，结合当时苏州人多地少的实际情况，对这种方法进一步改进。

具体做法是在田中开"区"（音"欧"），也就是挖出一条沟，在区中播种，然后通过深耕、增肥、合理密植、勤于松土、锄草、适时灌溉等办法，增加单位面积的产量。其优点是可以在不增加土地面积的前提下，通过多施肥料和精耕细作的方式,提高土地的利用率,达到提高产量的目的。

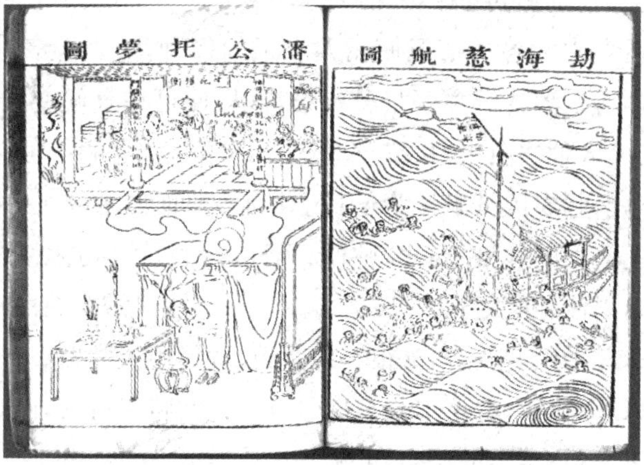

图三 《潘公托梦图》

　　道光八年(1828),在成立丰豫义庄的第二年,潘曾沂便于苏州附近试行区种法,并"大有成效";九年(1829),又在苏州葑门外"再试再验";道光二十八年(1848)夏,再行试种。他曾在《娄关小志序》中说自己尝试区种法,自春至秋,往返数十次,孜孜不倦,还"时时亲诣田间,指授方略,及秋而大获"。

　　同时潘曾沂还成立了区种法的改良团队,即道光十四年(1834)组织的"课耕会"。汇集志同道合的一批人集思广益,专门研究耕种之事,加强在民间的倡导工作,广泛宣传农业科技。经过反复的实践,潘曾沂将区种法的经验总结为"深耕、早植、稀种、垫底、按实、去草、壅根"七条,在一定程度上解决农民收成没有保障的问题,为后人所继承遵循。

　　在试验有效后,踌躇满志的潘曾沂开始在苏州大力推广区种法。为了更好地推广区种法,他从百姓的视角入手,用浅近易懂的语言撰写《直讲三十二条》和《丰豫庄诱种粮歌》,向农民宣扬区种法的益处,并请人绘成《区田观获图》,鼓励农民采用。他还积极寻求官府的支持,曾"叩宪示谕乡农"。功夫不负有心人,道光八年(1882)冬,苏州知府对首先实行区田法的四位佃农予以奖赏,并示谕推广。道光九年(1883),苏州知府又晓谕乡农,参照丰豫义庄的"简便规条"进行耕种。

　　潘曾沂推广的区种法有别于前人。一则在于,他根据苏州本地情况,因地制宜，施行早种。清代苏州一般实行稻麦轮作制，即利用作物成熟时间的不同，先播种小麦，收割后再播种水稻。但小麦本来就不太适合在苏州地区播种，而且收割后常常因各种情况而贻误水稻的播种，极大地影响了水稻的收成，得不偿失。所以潘曾沂主张早种水稻，这样便可在气候变化前早早收获。二则在于堆肥。区种法向来"以粪气为美"，即须多施肥料。但多施肥往往意味着多费开支，引起农民抵触。为增加土地肥力，他要求农民"将平日随意抛弃的灰土、场上簸下的糠秕、腐草、败叶、稻秆、谷壳及一切污秽之物都搬在沟里，日久浸烂"，以便施肥之用，化废为宝。这一方法只需要农民在空闲的时候随处收拾堆积，几乎没有花费，又很容易做到，省得用人粪费事。"用人粪须预先拌泥烧用，以解热毒"，费事不浅。这些绝非凭空臆想可得，而是潘曾沂通过长期的观察、思考，总结出的经验，可见其对慈善事业的热情与投入。

在推广更为科学的耕种方式的同时，潘曾沂还积极引进优良品种，以增加粮食产量。潘曾沂曾针对苏州西部山地多、易干旱的特点，主张沿山垦荒，种粟以抗旱。粟米秋种冬收，可接济救荒，而且"味美益人，远胜草根、榆皮"。在《诱种粮歌》中，潘曾沂又劝导农民多种杂粮，以备灾荒。他指出："杂粮如雨麦、高粱、小米之类，宜趁荒年多籴多粜，先令吃惯，渐有销路，则常年自能流通接济，以后设再遇荒歉，有备无患矣。"此外，他还曾在苏州试种原产山东的"马科豆"。

传统的"养生丧死"观念深入人心，各类慈善机构都强调对鳏寡孤独、贫病废疾者的直接救助与收养。但潘曾沂突破了对受助者只事"收养"的局限，认识到了教育对于慈善事业的重要性。

丰豫义庄成立后，除于灾荒时对贫民进行直接的赈济、救助外，潘曾沂还出资助学、兴办了义塾。道光二十三年（1843），第一次鸦片战争结束后的第一年，潘曾沂敏锐地认识到教育对于国人的重要性。他开始将教育融入慈善活动，办理助学事宜，选择乡里贫家子弟中可造之人予以资助，使其就近入塾读书。当年三月初，便已经招集十三岁以下的少年30余名。

潘曾沂每逢节日，还必亲自检查子弟的读书情况，"分给食物奖赏之，以为常"。至咸丰元年（1851）夏，他又修葺房屋，拟建义塾，名曰"西陀庵"。并设东津馆藏书楼，专为里中子弟读书之用。

著名的历史学家冯尔康先生曾说过,"义庄、宗祠办义塾,是所谓'养与教兼行',义庄赈济是养,义塾是教,即对青少年进行宗法伦理与文化教育"。由此可见,清代的潘曾沂已经初步建立起了"教养兼施"的慈善理念。将教育与慈善相结合无疑是具有远见的创造性的发展,也是潘曾沂对于慈善事业的又一重要贡献。

然而,受到当时种种条件的制约,潘曾沂苦心推行的这些慈善措施并非如预想中一般得以顺利实施。比如区种法的推行,虽然对当时苏州缙绅产生了"务本之家留心经济者,皆愿仿行此法",且"所种亦有成效"的影响。林则徐也评价此法"利远且大",并在《江南催耕课稻编序》中极力倡行。潘曾沂甚至欲将此法推行西北。但区种法最终却并未得到普遍推行,只因为农民"犹疑信参半",一部分农民认为损失的春麦十分可惜,而另一部分则"嫌工本费而用力烦","视为难事不甚踊跃"。

潘曾沂始终有着强烈的济世惠民的愿望,曾坦言道:"故虽寂居一室,而经纶斯世、利济生人之愿,实无日不切切于怀焉。"正是这种强烈的"济生"愿望,让他在慈善措施推进得不尽如人意,慈善事业道阻且长之时始终心怀热情。

三、积善成德,发展慈善路

苏州自古便有从事慈善活动的优良传统,慈善风气浓厚,时人曾描述道"富厚之家多乐于为善,冬则施衣被,夏则施帐扇,死而不能殓者施棺,病而无医者施药,岁荒则施粥米,近时又开乐善好施建坊之例,社仓、义仓给奖议叙,进身有阶,人心益踊跃矣",是全国慈善事业最为发达的地区。

潘曾沂从小生长在这样的环境中,耳濡目染下对慈善事业产生浓厚的兴趣。其生存的年代,国际时局动荡变换,充满机遇与挑战。清政府由盛转衰,政局动荡、民生日蹙,自然灾害频发。整个社会面临着前所未有的救助压力,社会救助的需求也越来越多。这些都要求他对于慈善事业的发展有更深层次的思考,提出更切实、更具有创新性的方案。

咸丰二年(1852)冬,潘曾沂去世,这一日注定是被宗族邻里所铭记的一日。

在潘曾沂去世后，宗党亲戚哭嚎哀叹：今后生活陷入困境，该向谁去求助呢？邻里父老子弟也痛哭道：今后邻里间生无人养，死无人埋葬，孤儿、贫弱的人又有谁为他们择师教育呢？即使与潘曾沂关系并不十分亲近，更未曾接受他救济之人听说其去世一事后，也不由得感慨世上又少了一位善人，"谁继起而为福于斯人也？"①

出现这样的感人场面，足见潘曾沂的慈善行为在人们心中的分量。

随后不久，江南地区甚至出现了假借潘曾沂的名义所撰写的《潘公免灾救难宝卷》。这一劝善宝卷流传甚广，影响深远。撰写的目的在于借助潘曾沂的慈善家形象，劝有力者广行善事，劝无力者常说好话，激励一般人去着力行善。

《潘公宝卷》兼融三教思想及民间信仰，包括儒家忠孝节义、道德内省和阴骘观念，佛家的因果报应及道教的积善销恶之说，其基本思想为劝善戒恶、因果报应与阴骘观念，刚问世便广为流行，可见潘曾沂慈善事业的成功及其影响力。

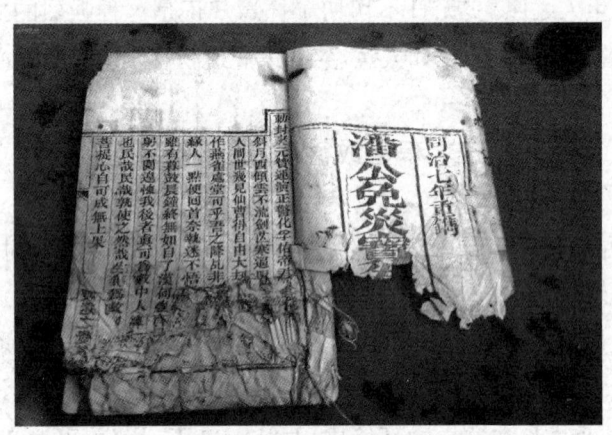

图四　同治七年重镌《潘公免灾救难宝卷》残本

作为清代中期最著名的慈善家之一，潘曾沂一生为善。不仅像中国传统社会中其他慈善家那样，"虑吴民之困于赋役也，时时遍灾有减粮之意"，关怀宗族成员，在乡里组织各种慈善活动，传播慈善思想，他还创建了社区性的综

---

① 吴嘉洤：《潘功甫舍人家传》，《大阜潘氏支谱·志铭传述》，谦益堂版。

合救助机构丰豫义庄,改良推广区种法,将生产力的发展作为慈善事业推进的着力点,变被动为主动。

潘曾沂与其他的慈善家积极配合、共同行善,使社会救助成为更加积极可控的行为。他大力兴办义学,资助贫困儿童入学,他的慈善思想已经达到"教养兼施"的境界。相对于传统的只事收养的单一救济模式,无疑更加进步。这些在江南慈善事业发展史,乃至中国慈善发展史上都具有重要意义。

以潘曾沂为代表的清朝江南一带的绅士、富商、官员家族创办了各类慈善组织,包括善会、善堂、书院、义庄、义仓、粥厂、济盲局、栖流所、借钱局、洗心局、济良所、普济堂、广仁堂等。这些广泛而多样的慈善活动,几乎可以涵盖民生的各个方面。虽然这些举措受制于时代的局限性,现在看来稍显不足。但以潘曾沂为代表的这些慈善家们兼济天下、行善爱民的精神,却如一座座纪念碑,唤起后人向善的精神,更好地促进现代公益事业的发展。

(梁爽　撰稿)

主要参考文献:

1. 王卫平:《清代江南地区的慈善家系谱——以潘曾沂为中心的考察》,《学习与探索》2009年第3期。

2. (清)潘遵祈等:《大阜潘氏支谱》,民国潘氏松麟庄增修本。

3. (清)潘曾沂自撰,潘仪凤续修:《小浮山人年谱》,吴门汤晋苑局刊。

4. 夫马进:《中国善会善堂史研究》,商务印书馆2005年版。

晚清江南慈善群体之核心

——余治的慈善活动及影响

余治是晚清江南地区的重要慈善家,早期主要在家乡无锡、江阴一带开展赈灾活动,并将赈灾中开设粥店的经验汇集成册,编著成《劝开粥店说》和《粥店十便说》。太平天国运动爆发后,余治继续开展救济活动,把行善区域拓展至苏州、上海、浙江等地,还将以往救灾劝善经验加以汇编,编纂《得一录》一书,并创作善书善剧,致力于劝人向善。其门人弟子对余治的慈善实践和精神多有继承,在晚清江南赈灾、保婴、慈善教育等活动中影响巨大。

一、余治生平与慈善活动

余治(1809—1874),字翼廷,号莲村,又号晦斋、寄云山人、庶几堂主人。常州府无锡县青城乡浮舟村人,因广泛主持或参与慈善活动,足迹遍及江南各地,逝世后被尊称为"孝惠先生"。余治的一生可以分为读书科考和慈善活动两个阶段,1809—1840年间,余治以科考为主业。其九岁入馆就读,十三岁时父亲过世,只能半耕半读。十五岁时,开始充当塾师,以教导幼童识字为业,并继续参加科举考试。道光十四年(1834),二十七岁的余治补金匮县学附生,但此后屡次乡试不利。一直到咸丰二年(1852),四十四岁的余治先后五次参加乡试未第,幡然醒悟,不再参加科举考试。至此,半生消耗在科举

图一 余治肖像

路途上的余治改为通过慈善事业援救人心,来实现人生价值[①]。

道光二十年(1840)夏,无锡遭遇大水灾,余治上书官员,请求赈济和抚恤灾民。次年(1841),余治倡议在灾区开设粥店,通过半价卖粥的办法赈济饥民。随后余治将设粥店的经验汇集成册,著《劝开粥店说》和《粥店十便说》,并同时刊刻林则徐的《担粥说》以协助募赈,劝人施济灾民。这次赈灾活动中,余治的能力得到时人充分肯定,声望日益提升。此后,余治与江南著名绅士接触日渐频繁,苏州善士潘曾沂、谢元庆,无锡杜绍祁、顾鸿逵等人在地方办赈之时,多次与其商讨策略,余治的活动范围也日渐扩大到苏州、江阴等地域。

道光二十三年(1843),余治在无锡设立保婴会。道光二十八年(1848),余治又创设恤产保婴会,通过直接给予待产家庭补恤的方式来提升婴儿的存活率。为推动慈善活动的开展,余治还办义学、编劝善剧,劝人为善。他一生著述颇丰,慈善事业外,在教育、戏曲等方面的也有着重要贡献。更为重要的是,余治注重梳理和总结育婴、恤嫠、救荒等方面的经验,这为其善书《得一录》的编撰刊行提供了坚实基础。余治初期主要在其家乡无锡、江阴一带活动,属于乡里善士。太平天国战争爆发后,江南成为主战场,余治积极投入战时的宣讲、团防以及战后善后工作。咸丰、同治年间,其活动范围扩展至苏州、上海、浙江等地。余治也从乡里善士转变为对整个江南地区都有巨大影响的重要慈善家。

作为晚清江南地区的重要慈善家,余治有着极高的声望。同治《苏州府志》称:"道光咸丰间,江浙有名余善人莲村者也。道光中以善人著声远近者,有吴县潘曾沂、谢元庆,(余)治起稍后"[②],将余治与潘曾沂、谢元庆等善士作比,给予其极高评价。而余治与潘曾沂、谢元庆、冯桂芬等人在慈善事业方面也有着密切的互动。余治与谢元庆的关系尤为密切,在其为谢元庆所作传中,曾谈及谢氏对自己的影响:"予生平无他嗜好,惟于四方真实好善之士,辄不禁饥渴慕之,以一见为快。向闻吴中多好善士,以谢蕙庭为首推,因走金阊、访桃坞,相见之下,朴诚恳至,穆然清真,言及一切善举,辄再三怂恿,义形于色。心

[①] 吴师澄:《余孝惠先生年谱》,凤凰出版社2012年版,第322页。
[②] (清)冯桂芬:同治《苏州府志》卷一百一十二《流寓·余治》,清光绪九年刊本。

益加敬,知名下果无虚也。"①余治与冯桂芬之间在慈善活动中也有所交集,同治元年,冯桂芬会集同人在上海创设保息局,余治也曾参与此事。同治八年,冯桂芬欣然为《得一录》作序,对余治的言行作为给予了高度评价,称其为当世善人。晚清时期,余治已然成为江南善士交往网络的核心人物。

二、余治与乡约宣讲、善戏创作

相比江南地区以往的慈善家人物,余治并没有显赫家世和财力资源,但其通过自身不断努力,在晚清慈善事业方面取得了突出成绩。余治的劝善活动尤为引人瞩目,重点是乡约宣讲与善戏创作。余治在乡约宣讲中,结合百姓身边的故事和善书理念,运用通俗易懂的方式来宣传积德行善的观念及实践。善戏创作和演出同样是其劝善活动的重要内容。余治一生创作戏曲四十余部,留存二十八部,善戏作品的内容也多立足社会现实。针对当时乡间社会的子媳不孝、盗贼蜂起、赌博讼风以及淫书淫画等弊病恶习,余治通过具体的戏曲作品将伦理仁义、善恶果报、劝诫淫秽等思想娓娓道出,劝人弃恶扬善。同时,余治还通过善戏与乡约和"圣谕"宣讲活动相结合,以百姓日常生活为戏曲题材,进行通俗的劝善活动,倡导戏曲通俗化,对地方戏曲的发展也有着重要影响。②

咸丰三年(1853),余治开始从事宣讲乡约活动。当时太平军占领南京,江南人心浮动。翌年,江阴各乡发生抗纳漕粮事件。余治奉郡守之命赴乡劝谕,行至杨厍镇时,得知以王锦标为首的武装盗匪集团盘踞、四处劫掠。福山镇总兵奉命调集军队,打算武力进剿。余治担心官府骤然武力镇压将给军、民各方带来极大伤亡,便继续入境,试图通过宣讲乡约来调查实情,以求采取相对缓和的方式协助官府抓捕盗匪。此前,余治曾为当地筑堤、赈灾,因而受到乡民的欢迎。宣讲乡约时,余治乘机表明来意,要求捉拿盗魁,从者皆免。次日,乡

---

① (清)余治:《尊小学斋集》文集五《谢惠庭传》,清光绪九年古吴得见斋刊本,上海图书馆藏。
② 陈才训:《余治的"善戏"创作与清代劝善运动》,《北京社会科学》2014年第10期,第57—66页。

民果然将王锦标绑缚以献,余党宣布解散。随后,余治还相继有"擒南岸盗首薛嘉禾"和"擒杨厍北诸盗首王和尚"等多起通过宣讲乡约妥善处置危机的案例。

咸丰五年(1855),余治向江苏学政呈书请设乡约局,得到官府支持。翌年,余治又赴各地宣讲乡约,编成《乡约新编》,并提出对乡约宣讲的组织、内容以及形式都进行调整。组织的调整是在各县设立乡约总局,选举公正诚笃之士二至四人为约正,由县令颁发聘书。约正巡行各乡,轮流宣讲,赴乡舟车供应,悉由总局开支。各乡公选老成敦品之人作为乡约长,平时就各村坊朔望轮流会讲,年终加以考核。总局对各乡约所发挥指导作用,建立起贯通上下、覆盖城乡的乡约劝善网络。内容上,余治一改过去对《圣谕十六条》和《圣谕广训》的照本宣科,而是使用当地百姓理解的语言,结合百姓身边的事情,多引用历代贤哲的言行以及本地人物的事迹,加上善书中积德报应的故事,对听众动之以情、晓之以理。余治在每月朔望乡约宣传劝善外,平时常举办劝善说书的活动。

善戏创作和演出也是余治劝善活动的重要内容和重大创新。晚清太平天国运动和各地出现的起义运动,让余治深刻感到社会的底层民众对于社会秩序的重大影响,随即将社会普通百姓作为劝善活动的主要对象。而普通百姓既不能读书明理,又看不懂善书,唯有借助其容易接受的说唱演戏办法进行劝善。余治在乡约宣讲时,也留意到戏曲在普通百姓的生活中所蕴含的巨大影响力,便将主要精力投入戏剧创作和演出之中。余治一生创作戏曲四十余部,留存二十八部收入《庶几堂今乐》之中。这些作品普遍强调故事情节,内容更加贴近人们的生活,与相对单调的乡约宣讲相比,戏剧演出的宣传方式,更易被普通人所接受,也对传播慈善理念和提升劝善效果有着显著作用。

图二 《庶几堂今乐》书影

余治创作、演出戏剧的最终目的是敦睦劝善、挽救人心风俗。所留存下戏剧作品大致有提倡父慈子孝、兄友弟恭、夫义妇顺、君仁臣忠等伦理道德的内容,例如《岳候训子》《义民记》《公平判》等。也有反映惜字纸、保婴、戒杀等善恶果报的作品,有《延寿录》《朱砂痣》《育怪图》《义犬记》《老年福》等。余治在推广劝善戏剧的演出方面也是尽心竭力,不但自养戏班,还聘请专人执教,习成后在江阴、常熟、嘉兴、桐乡、湖州、杭州等地演出。余治所进行的善戏创作与演出是其慈善事业的重要组成部分,不仅将乡约中忠孝节义的内容、精神贯穿其中,还试图借此改善晚清乡里淫戏盛行、人心浮躁的社会风气。

三、余治与善书编撰

余治对编刊善书的热衷是其慈善活动的又一重要特点,尤其在太平军占领南京后,余治看到烽火遍地、居民流徙,深感时局危殆,慨然以匡扶人心为己任。"往来江南北,足迹所至,辄举古今来福善祸淫之说,家喻而户晓之,思所励风俗,以挽回劫运。人或有讪笑之者,莲村不顾也。先后以正人心、刊刻各种劝善书,高已盈尺"[1],所编善书数量众多。咸丰三年(1853),余治著《劫海回澜启》;同治三年(1864),再著《劫海回澜再续启》,还著给乡塾蒙童看的善书《发蒙必读》,培养幼孩童善良意识[2]。余氏所著绘图善书和《得一录》尤其值得关注。

道光二十九年(1849),江南大水,圩田被淹,哀鸿遍野,呼号日闻,余治考虑到社会上有很多人并不识字习文的状况,便以图为主,辅以文字解说的方式来筹集赈款。他创作《水淹铁泪图》二十四帧,每日印发数十函,呼吁远近富人施财救灾,图像直观反映灾情的画面,使筹款取得较好效果。随后,以图画的形式撰写善书便成为余治劝善活动的一大特色。太平天国战争结束后,江南地急需善后重建工作。为筹集经费,他又于同治三年(1864)著《江南铁泪图》四十二帧,赴江北劝捐。这种图文并茂的善书类型还见于《学堂日记故事图说》《孝女图说》等书籍之中。这种以图代字的方法,后来还被江南士绅在光绪

---

[1] (清)余治:《学堂日记》,苏州大学图书馆藏刻本。
[2] 吴师澄:《余孝惠先生年谱》,凤凰出版社2012年版,第320页。

年华北义赈的过程中使用,例如谢家福所作《河南奇荒铁泪图》,所产生的影响甚至经上海扩展到海外各国。

《得一录》更是余治所撰善书的集大成之作,其书编纂刊印,历时四十余年,初编成于道光五年(1825),在刊刻过程中遭战火烧毁。后于同治七年(1868)时,再得吴紫石、蔡桂培、唐景星等人的资助鼓励,最终于同治八年(1869)正式刊刻。余治于书跋中写道:"余于道光乙酉,曾采取古令各种善举章程足资仿办著,汇成一书,名曰《得一录》。盖取得一善,则拳拳服膺之意,将以资观感,利推行也。"①《得一录》的编撰、刊行虽颇经波折,但为各类善举施行方法和后世善书研究提供了重要资料,价值极大。该书最有特色的是其内容在大量汇集古今善举章程的同时,也将自己的作品和心得汇入其中,合为一编,相比以往善书多是讲劝人为善道理,《得一录》所录的各种善举的章程、条约,基本是在郡县地方施行已久且富有成效的可行案例,因此更侧重教人行善的方法,其对于后世在赈灾、救济方面都有直接的指导、借鉴作用。

《得一录》初刻为十六卷,可能因成书仓促,在后世流传过程中,再经人重新整理编排,汇编为八卷。所以流传至今,存有十六卷本与八卷本两种版本。现存十六卷本中,前八卷收录义庄、同善会、育婴堂、恤嫠会、救生局、义仓、救荒等章程,注重在各个方面的救济方法,后八卷收录家族规约、书院义学章程、劝善提纲、乡约、训俗条约等,重在各种形式的教化措施。八卷本与十六卷本相比,内容上虽然相差不大,却重新进行精心编排,整体更加有条理,逻辑更加清晰。因此,八卷本的流传更为广泛,影响也更大。民国二十三年(1934),无锡蔡文鑫、杨钟钰重刊《得一录》。此书实际是在继承余治慈善精神的又一大作。相比余治所编《得一录》,民国重刊《得一录》与前者仅有一半重复,其余是结合民国时期社会情形汇编的大量新论,比如对欧美外国的慈善、刑狱、司法等方面的介绍,成为反映民国时期社会现象和国外慈善事迹传播的重要文献②。余治与江南以往的慈善家相比,并没有显赫的家世、耀眼的功名、丰富的资源,但其通过自身的不断努力,在施粥、保婴、劝善戏曲创作与演出及汇编善

---

① (清)余治:《尊小学斋集》文集四《得一录拔后》,清光绪九年古吴得见斋刊本,上海图书馆藏。
② 惠清楼:《〈得一录〉版本考论》,《南开学报(哲学社会版)》2006年第6期。

书等慈善事业方面取得了重大成就,在晚清江南慈善事业中特点鲜明。灾荒时期,余治开设粥店,量入为出、分散各处,避免了过去粥厂杂乱拥挤和难以为继的困境。粥店在教济贫民的同时以半价卖粥,可以照顾部分受灾人群的颜面和自尊,既可体恤灾民,又可维持经营。而日常间,余治创设保婴会,采取给予产子家庭物质补贴、让生身父母自养婴儿的办法。这不仅改变了以往地方育婴堂建设成本大、乳妇难觅和婴儿高死亡率的情况,还有效提升了婴儿的实际存活率。

余治所进行的乡约宣讲改良、善戏创作演出以及善书汇编刊行等活动是其慈善事业中最具特色的实践,也承载着余治个人的慈善观念和理想愿景。最后值得一提的是余治对于晚清江南慈善群体的团结作用。晚清时,余治以亲友师徒关系为纽带,主动将潘曾沂、谢元庆、李金镛、严佑之、顾仪卿、冯桂芬、郑观应、严辰、谢家福等多位慈善人物团结起来,共同结成江南地区的慈善家群体的圈子。这些慈善人物在余治逝世后,对余治的慈善实践经验和慈善精神多有继承,对晚清时期的赈灾、保婴、教育等各个方面影响巨大。

(唐浩　撰稿)

主要参考文献：

1. (清)余治:《第一录》,清同治八年得见斋刻本。
2. (清)余治:《庶几堂今乐》,清光绪庚辰年元妙观得见斋书坊藏版。
3. 吴师澄:《余孝惠先生年谱》,凤凰出版社2012年版。
4. 王卫平:《清代江南地区慈善事业系谱研究》,中国社会科学出版社2017年版。
5. 刘昶:《晚清江南慈善人物群体研究——以余治为中心》,苏州大学硕士学位论文,2009年。

传统与近代慈善思想的交织

——冯桂芬的慈善思想与实践

冯桂芬(1809—1874),苏州人,不仅是晚清时期的思想家,也是江南地区的慈善家,他不仅积极参与慈善活动、亲自创办或主持慈善组织,还在借鉴西方经验的基础上,首倡洗心局、迁善局等以收容、改造不肖子弟为职能的新型慈善组织。这些新兴的慈善机构对慈善事业的近代转型有着重要影响。

一、冯桂芬与慈善事业的渊源

冯桂芬(1809—1874)生于嘉庆十四年(1809),道光十二年(1832)中举,道光十八年(1838)高中一甲二名进士,此后历任翰林院编修、顺天府乡试同考官、广西乡试正考官等职务。冯桂芬的慈善事业起源于道光十三年(1833),其任江阴知县陈希敬幕僚之年秋冬季,江阴一带发生严重水灾。江苏巡抚林则徐及时将灾情上报,得允暂缓钱粮征收。这期间,江苏学政、常州知府、江阴知县等官员号召地方绅富捐款赈灾,共募集制钱八万余串,帮助灾民度过灾荒。江阴知县陈希敬在灾后,镌刻《捐赈录》,以为征信。冯桂芬代为作序,可以将之视为其慈善事业之始。道光十八年(1838),冯桂芬赴

图一 冯桂芬肖像

京任官,其间又与苏籍官员在北京永定门外捐资创办"苏太义园",救助死后无力举葬的同乡。

自道光三十年(1850),冯桂芬丁父忧回乡时起,其便逐渐淡出仕途,以地方绅士的身份活动于苏州、上海两地。此后他积极参与、主持各种慈善事业,成为晚清江南地区著名的慈善家。咸丰六年(1856),冯桂芬在吴县光福镇设立一仁堂和种树局。一仁堂的职能是施药施棺,即为穷人提供免费医药,为死亡贫民提供棺木。咸丰十年(1860),太平军攻占苏州后,冯桂芬辗转逃往上海。避居上海期间,冯桂芬的慈善活动更为频繁,在沪不仅"请设抚恤局,专办掩埋、栖流"[①],还与王亨谦、潘曾玮、潘祖谦、彭慰高、彭福保、顾文彬、李金镛、余治等人共同创办保息局和安节局,救助流亡上海的难民。同治《苏州府志》载:保息局位于苏州齐门新桥巷,初由冯桂芬创建于上海广福寺,进行养老、恤嫠、施棺、埋葬和义塾等善举。同治四年(1865),保息局移建苏州卫道观,其后又移至齐门。[②] 安节局起初是保息局的附属机构,后来独立成局,专门收养士绅家庭的寡妇。

同治四年(1865),清军收复苏州,冯桂芬等人将保息局迁回苏州开办,同时上海保息、安节局也得以续办。冯桂芬在战后不仅重新拟定苏州各善堂章程、主持清查各善堂产业,还亲自兴复苏州女普济堂、锡类堂和丰备义仓三个慈善组织。冯桂芬的各项善举得到江苏巡抚郭柏荫、士绅潘遵祁等人的支持。同治三年(1864),冯桂芬与薛书常受李鸿章嘱托,兴修苏州督学试院,其"相地得定慧寺东废址,旧为民居,广袤二百余椽,计椽值凡白金四百两有奇,以三年秋七月兴工,冬十月落成"。同治三年(1864)至七年(1868),冯桂芬与潘曾玮、顾文彬、汪锡珪、潘遵祁等人共同修复苏州府学。与此同时,冯桂芬还受江苏布政使丁日昌所托,兴修苏州省城长洲、元和、吴三县的县学。同治十二年(1873),冯桂芬主持重修吴县横金镇塘河,逾两月而成。冯氏在苏州、上海等地的慈善公益事业对战后重建发挥了重大作用。

二、冯桂芬的慈善思想及原因

冯桂芬的慈善思想既有对传统慈善因果报应观的继承,也有对西方慈善

---

① (清)冯桂芬:《显志堂稿》卷首《崇祀乡贤录》,清光绪二年校邠庐刊本。
② (清)冯桂芬:同治《苏州府志》卷二四《公署四》,清光绪九年刊本。

观念的吸收。晚清太平天国运动时，冯桂芬被迫避居上海。在沪旅居期间，频频与外国书籍和外人接触，其慈善思想也因此发生重大变化，不仅突破了以往以道德作为施救判断的标准，将诸多道德不良人群纳入救济范围，他还提出全国性的养教机构方案，并设立洗心局、济良所等机构，践行其慈善理念。

因果报应学说作为传统慈善事业的重要思想基础，对受助者的道德操守有着明确要求，认为恶人陷于贫困，乃是其行恶的报应，并不值得救济。冯桂芬早期有意识地宣扬报应学说，鼓励人们从事善举。当他在咸丰年间为友人谢蕙庭《良方集腋合璧》作序时，就提到："吾吴自贼窜白门以来，濒于危者数矣，卒以无事，固师武臣力使然，顾亦有天幸焉，说者遂谓吴人乐善好施之报，虽大吏如许信臣侍郎诸公金有斯论，殆非虚语矣。"[1] 传统慈善事业对他人的救助多是为了获得自身的福报，救助办法也多以消极救助为主。冯桂芬本人主持的保息局在办理施棺善举时，将"倡优隶卒""忤逆不孝"及"奸淫造孽"等道德不良者排除在外。而其前期主持或参与的慈善活动，如救灾备荒、施棺代葬、施药送诊、恤嫠养老、施衣施粥、开设义塾以至收养难民，除针对儿童设立的义塾外，也均采取的是消极救助的办法。

但在太平军攻占苏州以后，冯桂芬辗转逃亡上海，被迫留居使其得以注意到西学中有关慈善救助的内容。其认为西方国家有两件事情非常值得学习。其一是荷兰国有养贫、教贫二局。若道途有乞人，地方官绅则负责将其收聚，把其中老幼残疾之人送入养局救济，把青壮年则送入教局，并聘请教师根据其才能施展教育。荷兰家族中有不肖子弟的话，就将其送入教贫局进行严格教育，以端正品行。荷兰国内因此没有游民，也没有乞丐。其二是瑞典国的书院。瑞典国书院遍地开设，且国家实行强制性的义务教育，若家庭亲属阻挠子弟入学将会被判刑入狱，因此国民文化程度较高。这里提到的荷兰和瑞典的事例，所体现的都是西方国家对民众的养、教举措，而其所展现的救济功能十分切合晚清社会的实际需求。冯桂芬于是借鉴西方做法，对传统慈善事业提出了改革方案。

首先是广设义庄、善堂、严教室等养教机构。冯桂芬认为虽然江苏、浙江

---

[1] （清）冯桂芬:《〈良方集腋合璧〉序》,《显志堂稿》卷一。

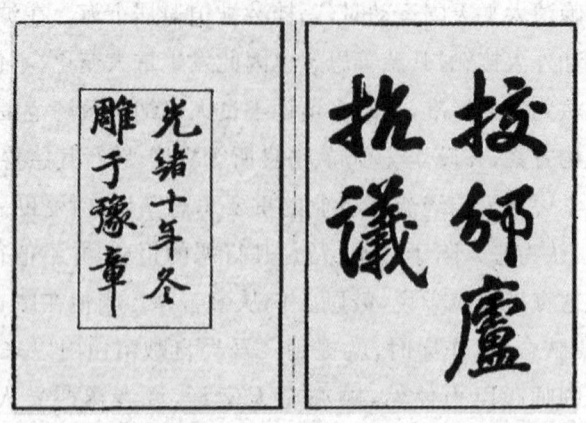

图二 《校邠庐抗议》书影

二省自古善堂不少,但是各善堂的制度规章不完善,而且教育性质的义学、义庄并不多。晚清时期其他省份,善堂、义庄数量更少。所以应该在全国各地广建善堂、义庄,两者相辅而行,并在体制上不断完善。各地应该选择能力出众的绅士来领导此事。所建之善堂可以有养老室、恤嫠室、育婴堂、读书室、严教室等。而在严教室之中,可以收聚民间家族中的不孝子弟和赌博窃贼等罪犯,教授其耕田治圃及凡技艺,严扑作教刑之法,以制其顽梗。学习三年后,如果入局之人可以学有所成,而族长愿意保领者可以出局。全国各地还需要再设化良局,专收妓女,选择诚恳朴实之妇人教其纺织,学习时间也是三年。三年后,可以将其释放。通过这些举措,可以使得各地境内无游民、无饥民、无妓女,从而促使社会安定。

再者是复兴宗法,冯桂芬在《复宗法议》中指出:"宗法者,佐国家养民教民之原本也。天下之乱民,非生而为乱民也,不养不教,有以致之。"[①]而在养、教民众方面,宗法制度无疑要比官府和家庭更为有效。他认为义庄的设置应该有一姓即立一庄,使义庄成为同姓合食治事之地。义庄里也应分立养老室、恤嫠室、育婴室等机构。凡族内孤寡之人都可在内得到救济,贫困无法就学之人可以进入读书室学习,族中有病之人可以进入养疴室得到照料,而族内的不肖

---

① (清)冯桂芬:《校邠庐抗议》,上海书店出版社 2002 年版,第 83 页。

子弟则需进入严教室进行管理。为了使养、教更为有效和普遍,冯桂芬指出:义庄应以千人为限,超过千人就应分一支庄,增一族约。属"单门稀姓"或"流寓"外地者,若有力设庄可以自设,无力设庄之人则可依附他处。各地义庄设立时并不一定要严格奉行同姓同宗才能成族的规矩,也可不论姓氏,其目的在于使绝大多数社会成员都能够为义庄所统辖,受到义庄的养教。

冯桂芬提出的慈善事业改革方案,虽然仍打着恢复、振兴宗法制的旗号,通过推行善堂、义庄的办法,达到普遍养、教民众的目的。但值得注意的是,他所设计的义庄和善堂,无论是救助对象,还是救助办法,都与传统慈善事业存在显著差异。首先,救助对象的范围大幅扩展。在冯桂芬设计的方案中,已将道德不良者视为应予救助的对象。如严教室专门收容富家不孝子弟、"赌博斗殴窃贼""初犯未入罪者"和"入罪不遇赦若期满回籍者"。化良局则专门救助妓女。严教室和化良局的构想表明冯桂芬已经开始突破报应学说的局限,努力扩大慈善事业的救助范围。其次,救助办法更加积极。与传统慈善组织重养轻教的做法不同,严教室、化良局等均属教养兼施的慈善组织。其中,严教室须"教之耕田治圃及凡技艺",化良局则"择老妇诚朴者教之纺织",目的在于使受助对象改邪归正,并习得谋生技艺,以便日后自立。

冯桂芬慈善思想显然受到了西方慈善理念的影响,如他设计的"严教室",则明显受到荷兰"教贫局"的影响。从晚清时期的社会背景方面进行考察,也可以发现冯桂芬慈善思想与当时频频出现的社会危机密不可分。太平天国进军江南时,冯桂芬目睹了战争给民众带来的巨大苦难,自己也被迫逃亡上海,受尽颠沛流离之苦。而旅沪期间,又目睹外国势力入侵所带来的隐患。内忧外患下,江南地方的社会危机十分严峻。冯桂芬开始深刻反思社会动乱产生的根源和消弭动乱的良方。正是由于社会危机和西学传播这两方面的合力,冯桂芬才得以提出多项善堂机构的改良设想,并在地方积极践行慈善活动。

三、冯桂芬慈善思想的实践和影响

冯桂芬对慈善事业提出改革设想后,曾在力所能及的范围内付诸实践。苏州洗心局便是其中的典型事例。据同治《苏州府志》载:"洗心局,在鬻金桥巷,国朝同治十年(1871)郡人冯芳植创建,旧家子弟不肖者送局管束,共建号舍若干间,严行禁锢。"①这种管束"旧家不肖子弟"的慈善组织,与冯桂芬设想的"严教室"极为相似。冯芳植即为冯桂芬的次子,曾长期协助冯桂芬办理各项善举。民国初年调查指出,洗心局实系冯绅桂芬与城绅数人会商后,从冯桂芬主持的女普济堂名下拨出房屋开办,由冯桂芬"复向官署请拨充公罚款二千金作为基本金,此处另有小市房七所,内充公者居多数,间向有城绅捐助者"②。可以说,苏州洗心居的创办就是冯桂芬慈善理念的重要实践。晚清时期著名的善书《得一录》中,完整收录《苏郡洗心局章程》,可借此翔实了解洗心局的运营办法。

《苏郡洗心局章程》规定:"此举专为兵燹后名门旧族子弟失教废学、误入下流者而设,年岁以二十左右为度。"若非旧家子弟,或年纪过大、劣迹过多者概不收留。愿送子弟入局教养的家庭需预先申请,由洗心局派人访明底细后方可收容。由于房屋有限,所以收容人数暂以40名为限,如经费充足,再议增建补收。子弟入局之时,需家属将其以往的性情举止、所犯过错及读书习业等情况一一说明,以便管理者对症下药、因材施教。局中设立有"司友"和"教习"等职,负责管理局中事务和管教子弟。被改造者教育与生活规定严格。入局子弟一概不准外出,每日清晨起身,上午学习书算,下午"就性所近,各习一技",每月朔、望日集会于厅堂,聆听教习宣讲《圣谕》。生活上,每人独居一室,膳食每日一粥两饭,饭菜上"司友"和"教习"无异。平时入局子弟不得私吃零食,不得吸水旱烟,子弟家属不得私送钱物,替换衣物由管理人员转交。

为保证教育和改造措施的贯彻实行,洗心局规定有周密的考核和奖惩制度。局中设有"功过簿",由教习将子弟的日常表现分别功过,按日填注。若能恪守局规,数月无过失者,可迁入较为轩敞的号舍居住,以示奖励。经过一段时间的教养以后,确能改过自新者,将提拔为号长,协助教习管理号舍,并不时以身说法,劝导入局子弟。如子弟确已尽除旧习,可由家人领回,读书习业。如果子弟不知改悔,则由教习严加管教,必要时予以惩罚,如宣讲《圣谕》时罚

---

① (清)冯桂芬:同治《苏州府志》卷二四《公署四》,清光绪九年刊本。
② 吴县议事会第二届常会:《议县知事交议洗心局辨别性质案》,苏州档案馆藏商会档案,1913年11月4日,档案号:I14-01-0452-053。

令其跪听,实在顽劣者则交原保送人领回。而"野性难驯、私自逃归"的子弟,可以准许亲族重新送入,但需从严责罚。① 洗心局的制度比较完备。

从章程内容看,洗心局还带有传统慈善组织的一些特征。但若从收容对象的性质和救助办法上看,洗心局已经与传统慈善组织大为不同。如果将其运营办法与冯桂芬设想的"严教室"略加对比,我们不难看出二者之间的渊源关系。所以,苏州洗心局的设立,意味着冯桂芬开始将自己在慈善事业方面的改革构想付诸实践。洗心局收容改造不肖子弟的做法,在江南地区产生过相当大的影响。在同治年间,苏州及周边地区就曾经出现过三所功能类似的组织:城中的兴仁局、归善局以及设于城外甪直镇的迁善局。它们都以教养不肖子弟为职能,应是洗心局及其章程直接影响的产物。至光绪年间时,苏州洗心局及其章程的影响已经超越苏州地区,开始频繁在江浙其他城镇出现。

各地在推行此类机构时,也进行了一些变通和改革,使其收容办法更趋完备。杭州在光绪五年(1879)时便设立了由"地方董事总其大纲"的迁善所,"其意以地方匪人著名凶恶为害市井者,则指拿入局而收养之,有悔改者凭的实保人具保释放,否则禁锢勿得出,或放出之后仍然行凶或犯案,亦如之,其非著名棍徒曾经屡行窃盗,经人捆获送局,亦予收养,俟其改过而出之"②。光绪十五年(1889),杭州另设专收"旧家子弟"的洗心所。上海有人在光绪十年时提议仿行迁善所,光绪十二年,浙江湖州府南浔镇设立名为"洗心迁善局"的慈善组织。无论是洗心所还是迁善所,这类组织的出现和普及,明显受到苏州洗心局的影响。

此外,洗心局、迁善局之类的机构还曾对清末刑狱制度的改革产生影响。光绪二十七年(1901),清末新政开始后,刘坤一、张之洞在著名的《江楚会奏变法三折》中提出中国刑狱制度改革方案时,曾借鉴各地设立迁善所的做法。其文言:"近年各省多有设立迁善所、改过所者,亦间教以工艺等事,然行之不广,教之亦不认真。应令天下各州县有狱地方均于内监外监中必留一宽大空院,修工艺房一区,令其学习,将来释放者可以谋生改行,禁系者亦可自给衣履。"③

---

① (清)余治:《得一录》卷一六《苏郡洗心局章程》,台湾华文书局1969年版,第1117—1124页。
② 《论迁善局立法之善》,《申报》光绪六年正月二十一日(1880年3月1日),第16册217页。
③ (清)朱寿朋:《光绪朝东华录》光绪二十七年八月,第4册,总4746页。

刘坤一、张之洞期望将迁善所的做法移植到监狱改革举措之中，借此在狱中对罪犯进行改造，使其习得谋生技能，在出狱后得以在社会自立。

晚清中国社会变动剧烈，冯桂芬作为引领思潮的思想家和慈善家对近代以来的国家社会有着重要影响。江苏巡抚吴元炳对其一生从事的善举做过扼要总结："故宦于善举尤尽心力。咸丰三年，收养江南北流亡，全活无数；同治初，在上海请设抚恤局，专办掩埋、栖流，又创立保息、安节等局；郡城复后，故宦经理女普济、锡类两堂，樽节经费，营建堂屋，规制因以大备焉。"（《显志堂稿·崇祀乡贤录》）冯桂芬在倡办各类慈善组织时，主动汲取西方慈善理念，并通过创办苏州洗心局来践行。冯桂芬及其慈善活动，在中国近代慈善事业发展史上有着承前启后的意义，对近代江浙乃至全国慈善事业的近代转型有着极大促进作用。

（唐浩　撰稿）

主要参考文献：

1.（清）冯桂芬：《显志堂稿》，朝华出版社 2018 年版。

2.（清）冯桂芬：《校邠庐抗议》，上海书店出版社 2002 年版。

3. 黄鸿山、王卫平：《晚清思想家冯桂芬近代慈善理念的确立及其实践》，《江海学刊》2009 年第 1 期。

4. 黄鸿山：《"拯救灵魂"的努力：晚清洗心局、迁善局的出现与演变》，《史林》2009 年第 4 期。

5. 王卫平：《清代江南地区慈善事业系谱研究》，中国社会科学出版社 2017 年版。

李金镛：首倡义赈、名满天下的慈善家

李金镛(1835—1890)，字秋亭，号丽卿，江苏无锡人，清末著名慈善家。李金镛出身商人家庭，起初靠捐纳①得到同知衔。光绪初年，李金镛因在丁戊奇荒中办理义赈有功，为晚清重臣李鸿章所赏识，后被升为直隶知府。此后，李金镛辗转天津、珲春、长春、漠河多地为官。光绪十六年(1890)，李金镛因积劳成疾病故于漠河。李金镛在慈善事业上的突出贡献主要集中在办理义赈方面，其一是李金镛在丁戊奇荒中首先办理义赈，并创造出《海州查赈章程》之类义赈方法，因而被誉为"义赈第一人"。其二是在北方办理义赈时创建综合善堂广仁堂，推动

图一　李金镛像

北方慈善事业的发展。除此之外，李金镛还有诸多济贫救困的善举，即便后来步入仕途，仍坚持兴办慈善事业。李金镛一生乐善好施，急公好义，是清末时期名满天下的慈善家。

一、年少萌发慈善之志

李金镛成为名满天下的慈善家，离不开年少时成长环境的影响。明清时期

---

① "捐纳"指中国旧时授予官爵（虚衔或实职）取得捐款的办法。鸦片战争后，捐纳现象越来越多，官职遂变成商品。参考夏征农主编：《辞海(1999年版普及本)》，上海辞书出版社2002年版。

的江南地区不光商业兴盛,慈善事业也比较发达。受江南良好慈善风气的影响,李金镛的父亲李廷发虽然以经商为业,但一直致力于兴办慈善事业,在家乡名噪一时。因为李廷发一直兴办慈善事业,所以他也特别注重从小培养李金镛学善行善。李廷发在李金镛很小的时候就十分注重教他慈善助人的道理,要求李金镛多读善书,以培养他的善心。不仅如此,李廷发还鼓励年少的李金镛积极参与行善济困的事业,引导李金镛走上慈善之路。李廷发带领李金镛在家乡兴办育婴堂收养弃婴,创办清节堂接收贫穷节妇,此外还鼓励李金镛捐资抚养贫穷孤寡老人,兴建公共墓地,捐资修桥等。李廷发与素有"江南第一大善人"称号的职业慈善家余治为好友,和苏州著名慈善家谢元庆更是至交。为了培养历练李金镛,李廷发令李金镛拜余治为师,专门学习行善,让李金镛跟随谢元庆一起办理慈善事业。余治带领李金镛一起江南创办惜字会,修建河堤,造福百姓。咸丰年间,太平天国军队与清军激战于江南,兵灾致使生灵涂炭、尸横遍野,众多百姓流离失所,大批难民难以生存。闻知灾情,谢元庆带领年仅二十岁的李金镛奔赴金陵,全力救济收养难民。事后谢元庆对李金镛的表现赞不绝口,曾夸李金镛为"帅才"。经过这样长期参与办理慈善事业的锻炼,李金镛不仅养成与人为善的品质,更培养出办事果断、心思细密、考虑周全的行善风格。在这样善风氤氲的环境下一步步成长起来的李金镛将慈善作为人生底色和最重要的追求。年少时期参与慈善活动的经历为李金镛后来成为名满天下、彪炳史册的慈善家打下坚实的基础。

二、首倡义赈,辗转多地赈济灾民

(一)义赈起点:苏北赈灾

光绪二年(1876),中国北方大旱,与北方相连的苏北淮、徐地区发生严重的旱灾与蝗灾,政府组织的官赈积弊已久,救济灾民成效甚微,致使大批嗷嗷待哺、生活无依的灾民得不到救济。大批苏北灾民因灾荒流离失所,为了活下去不得不拖家带口、扶老携幼跨越长江到苏南觅食求生。据资料记载,当时苏北因灾荒南下南京、常州、苏州、上海等地觅食求生的灾民约有二十万人,苏北到苏南的道路上挤满了流亡乞食的饥民,许多人因为实在坚持不下去,饿死在道路两旁,场面十分凄惨。当时大批灾民涌至江南地区,官府和许多江南绅商对流落街头的灾民进行接济,李金镛当时也在家乡常州全力赈济灾民。李金镛在家乡赈济灾民的过程中发现,能够从苏北逃荒到苏南来的灾民绝大多数是身体还算强壮的成年人,苏北受灾的老人和孩子因为行动不便,大多只能困在苏北灾区,无人接济。李金镛一想到这些困在苏北灾区的老人和小孩寒冬时节缺衣少食、孤立无援、生活没有着落,只能活活地被冻死、饿死,便心存不忍、难以释怀。有感于此,李金镛决定奔赴苏北,携款到灾区赈济这些可怜的老人和小孩。

出发之前,李金镛为了汇聚力量救济更多的灾民,先到上海募集善款,争取上海绅商的支持。李金镛来到上海后,与相识的胡雪岩、江云泉、周味六、顾容斋等人会面商议救灾事宜。大家十分支持李金镛到苏北赈灾的想法,并设法筹集十多万两赈银委托李金镛赶往苏北灾区赈济灾民。李金镛除自己捐出善款外,还寄信给苏州、常州等地人士,请他们帮忙募集赈灾善款。最终,李金镛和金少愚、袁子鹏等一行十余人打算从上海径直赶往苏北赈济灾民。李金镛在出发前与其他人商定此次行动所有成员务必全身心投入到赈灾活动中,抛开杂务,以救灾为专业,所有成员均没有报酬。

李金镛等人首先抵达灾情严重的苏北沭阳,之后按照受灾的严重程度从沭阳到往宿迁,再到海州,最后到赣榆。李金镛在苏北赈济灾民的过程中,越发感到官赈弊端太大,效率低下。于是,李金镛没有选择沿用官赈的办法,而是结合实际情况,将放赈成员分派到各乡,深入灾民家中察看受灾人数和受灾情况,然后按照实际需求亲自将赈款发放给灾民,以避免官赈中赈款的浪费和官员容易中饱私囊、贪污赈款的弊端。经过苏北赈灾的不断实践摸索,李金镛将这种效果良好的赈灾方法加以总结,写成著名的《海州查赈章程》(见图2)。《海州查赈章程》对义赈的各环节做出详细规定和说明,其中所提出的方法可操作性强,具备科学性,成为后来各地人士办理义赈模仿学习的范本。除了直接给灾民发放赈款,李金镛还在灾区推广"以工代赈",通过修建水利设施来抵御旱灾。经过李金镛等人持续五个多月的赈济和奔波努力,苏北灾区约计有数十万灾民得以死里逃生、保全性命。

与以往的官赈不同，李金镛此次赈济苏北的行动可谓开创了民间救灾的新方式——义赈，由此引领了近代慈善救助事业的新潮流，李金镛也因此被载入史册，获得“义赈第一人”的美名。

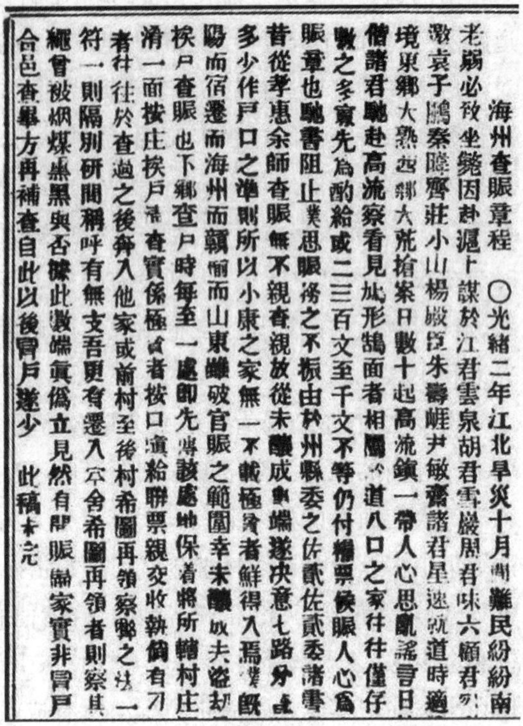
海州查賑章程 ○光緒二年江北旱災十月間難民紛紛南
老弱必致坐斃因赴滬上謀於江君雲泉胡君雪巖閔君味六顧君
徵袁子鵬秦瞻齊莊小山楊殿臣朱壽峰尹敏齋諸君星速就道時適
境東鄉大熟西鄉大荒搶案日數十起高流鎮一帶人心思亂謠言日
偕諸君馳赴高流察看見尪形鵠面者相屬於道八口之家往往僅存
數之多寡先爲酌給或二三百文至千文不等仍付賑票俟賑人心爲
賑章也馳書阻止吳思賑務之不振由於州縣委之佐貳佐貳委諸書
昔從孝惠余師查賑無不親查親放從未釀成事端遂決意七路分查
多少作戶口之準則所以小康之家無一不載極貧者鮮得入焉吳既
賜而宿遷而海州而贛榆而山東蘭山破官賑之範圍幸未釀成夫盜劫
挨戶查賑也下鄉查戶時每至一處即先傳該處地保着將所轄村庄
清一面按庄挨戶丞查實係極貧者按口塡給聯票親交收執倘有刁
者往往於查過之後奔入他家或前村至後村希圖再領察弊之法一
符一則隔別研問稱呼有無支吾更有遷入空舍希圖再領者則察其
竈曾被烟煤燻黑與否據此數端眞僞立見然自即賑局家實非冒戶
合邑查畢方再補查自此以後冒戶遂少 此稿未完

图二 《海州查赈章程》①

（二）青州赈灾

历时五个多月的苏北赈灾结束后，李金镛本打算返回苏南，就此结束这次赈灾活动。但是在苏北赈灾过程中，李金镛发现有许多山东饥民逃荒至苏北，后从多个渠道了解到北方数省的旱灾相比苏北而言更为严重。当时北方直隶、河南、陕西、山西、山东等地遭受罕见的特大旱灾，大旱使得田园荒芜、寸草不生，由此引发的饥荒使得整个北方哀鸿遍野，随处可见饥民的尸体和白骨，场面十分惨烈。这次特大旱灾数百年罕见，时间持续达四年之久，因为丁丑(1877)、戊寅(1878)两年最为严重，所以历史上称为“丁戊奇荒”。看到源源不断从山东逃至苏北求生的饥民队伍，李金镛心里十分痛苦。为了挽救灾民生命，李金镛下定决心继续北上，赶赴山东青州赈济灾民。为了筹措更多的赈灾银两，李金镛致信胡雪岩等江南绅商，将决心继续到青州赈灾的想法告知他们，希望他们能够继续组织募集赈灾银两。同时，李金镛设法联系到当时影响力最大的媒体《申报》，希望《申报》可以持续报道灾情，呼唤更多的人奉献爱心，捐助赈灾活动。

光绪三年四月(1877 年 5 月)，李金镛带领办赈人员雇马车从苏北赶到山

① 李金镛：《海州查赈章程》，《申报》1878 年 3 月 28 日。

东青州。当时青州的灾情远超"寻常",青州下属的各县不仅遭受严重旱灾的侵袭,还遇上严重的雹灾,这样的双重打击使得青州灾民的境遇更是雪上加霜。为了更好地赈济灾民,李金镛迅速在青州城内建立江广助赈局,并且将随行的办赈人员分别派往青州下面的临朐、寿光、益都、昌乐、乐安五县组建助赈分局,以总局领导各分局,统一安排部署赈灾活动。为了保证赈灾的效果和救活更多的灾民,李金镛沿用了之前《海州查赈章程》中总结出来的办赈方法。李金镛和随行的办赈人员提前分工,不畏辛苦,分别深入到上述五个县的乡村,与当地的士绅和村里的地保合作,挨家挨户地清查灾民的受灾情况,根据受灾情况向灾民发放赈银。为了赈济灾民,李金镛和其他办赈人员在酷暑天气里早上鸡鸣即起,晚上月明尚返,有的办赈人员实在感到劳累,便在路旁的草堆和土堆上将就休息。他们每天都奔波在赈济救灾的路上,通宵达旦地进行救灾工作。

为了赈济收养因灾荒而生活无依的孩童,李金镛特别在江广助赈局下面设立了抚教局和留养局。抚教局主要收入身体健康的受灾孩童,按照每个儿童的资质情况,分别请人教授他们读书或者学艺,使他们能够掌握一定的技能。留养局主要收养身有残疾或者患有疾病的受灾儿童,请医生为患病儿童进行诊治,保证这些儿童吃饱穿暖,等到他们慢慢痊愈恢复健康以后,再送到抚教局读书学艺。灾荒使得许多家庭家破人亡,许多灾区的孩子成为孤儿。为了使这些受灾的孤儿都能够得到及时的收养救济,李金镛想方设法扩大抚教局和留养局的收养规模。据资料记载,自设立抚教局和留养局两三个月以来,一共救济收养有一千四百余名孩童。然而,抚教局和留养局这两个救济收养受灾孩童的机构都属于临时机构性质,待到赈灾结束以后就会撤销,到时这些受灾孩童可能因无处可去而重新流落街头,再次受冻挨饿,很可能性命难保。李金镛不忍看到这样的情况发生,为了保证这些受灾儿童将来能够活下来,他在青州城内设立了同善堂,将这些受灾儿童收入同善堂进行救济。

除此之外,李金镛还对灾区的善后事宜提出许多建议。当时旱灾十分严重,许多穷人为了活命纷纷将自己的田产卖给富人。而富人则趁着饥荒以低价大肆收购穷人的田地,当时有富户甚至以平时价格的十分之三买下穷人的田产。受到灾荒的影响,穷人的生活本就难以为继,而失去田地无异于断掉活路。李金镛深知这一点，于是向官府建议允许受灾严重地区的灾民赎回自己的田地，同时表态愿同绅商一起以赈捐银两补贴贫民，帮助贫民赎回田产。这一建议得到了直隶总督李鸿章、山东巡抚李元华等地方官员的赞同，但是遭到两江总督沈葆桢的反对。李金镛将赎田的办法稍加变通重新上报官府，但最后因种种原因官府并未同意施行。李金镛还建议官府重修小清河水利，对寿昌、乐安两县的灾民进行以工代赈。小清河水利重修后，不仅可以解决青州干旱的问题，而且可使商船能够由此通航，可以说是一件利国利民的大好事。但是官府认为这项工程耗资巨大，没有同意实施。

李金镛在青州的赈济活动取得了非常好的成效，在这期间向青州五县共散发赈款达十五万串，赈济灾民约二十六万人。另外，李金镛在放赈的过程中得知附近武定府的青城、博兴、滨州地区的灾荒情况十分严重，便将之前在青州设立的江广助赈局转移到武定，在武定和青州同时展开赈济活动。一直到光绪四年（1878），李金镛在山东的赈济活动才宣告结束。

（三）直隶赈灾，创设广仁堂

在李金镛山东赈灾结束的同时，华北地区的灾情愈演愈烈，河南、山西、直隶地区的情况最为严重。华北数省本就是此次特大灾荒的重灾区，不仅旱灾持续的时间长，而且官方对上述地区开展的救济活动效果不好，所以这些地方的灾民仍处于水深火热之中。李金镛因为在此前办理苏北和山东赈灾过程中方法得当，赈灾效果突出，取得的成绩有目共睹，所以在义赈同人中名望较高。因此，北方河南、直隶、山西等省纷纷邀请李金镛过去主持赈务，以解燃眉之急。早在光绪三年（1877）年底，李鸿章就向李金镛发布札令，想要调李金镛来直隶主持赈务。当时李金镛因山东赈灾还未结束，无法脱身。之前也有江南办赈人士邀请李金镛到山西办赈。另外曾同办青州赈务的袁子鹏已赶赴河南赈济灾民，也希望李金镛能够前来主持河南赈务。此时李金镛可谓分身乏术，难以抉择。事实上当时已有多支江南义赈团队赶赴河南赈济，山西赈务也有潘振声、严佑之、金苕人带队办理，但直隶地区仍急需办赈人才。当时河间、保定等地有十三名官员因办赈不尽责被李鸿章上奏裁撤，直隶地区不断有重大事故发生：天津两处粥厂接连发生火灾，其中妇女粥厂火灾导致收养其中的两千多名妇女和儿童被活活烧死。因此,李鸿章迫切需要调一批精明能干的人才来主持直隶赈务。经过通盘考虑,李金镛最终选择到情况最危急的直隶办理赈务。李金镛带领十多人经海路抵达天津,按照李鸿章的命令与吴大澂、盛宣怀一同赶往灾区。经过分工安排,李金镛负责带队办理河间景州的赈务。李金镛及其办赈成员全都自己准备路费开支,将所募集到的赈灾银两全都用于赈济灾民,在灾区一边联系协调募集善款,一边深入民户赈济灾民,就这样辛苦奔波十多个月才结束在直隶的赈济活动。李金镛在直隶的赈灾活动共募集赈银六万多两,在直隶共赈济九个县的灾民,取得不错的成效。

在办理直隶赈务过程中,李金镛曾向身边人透露过想利用直隶办赈余款在天津创设善堂的想法。等到直隶赈灾活动基本结束以后,李金镛便着手筹备此事,他仿照如果育堂、辅元堂、仁济堂等上海善堂的章程,在天津设立广仁堂。天津广仁堂最初建在天津城东门之外的南斜街,后来改建到西门之外的太平庄,共计有房屋二百八十多间。广仁堂依照江南善堂而创建,在许多方面是之前北方善堂所不及的。天津广仁堂下设有敬节所、慈幼所、工艺所、力田所、戒烟所等机构,专门收养天津、河间地区的贫穷孤寡之人,并另外收养灾区的受灾妇女。天津广仁堂工艺所的设立可以说是慈善事业的一大创举,当时其他地方还没有这种专门教授儿童谋生技能的慈善机构。工艺所将收养的儿童按情况分为三类:第一类是资质较好的男孩,设立义学专门请老师教他们读书写字;第二类是资质中等的孩子,专门雇工匠教他们分别学习刊印书籍、修理头发、制作衣服等手艺。第三类是资质较差的孩子,专门找浙江精于种田的老农民教他们种植桑树、棉花、蔬菜、水稻以及其他耕作技术。总之,广仁堂工艺所在救济教养儿童时讲求因材施教的原则,务必使每个孩子能够学习一项适合自己的技能,要求他们平时勤加练习,将来可以作为他们谋生的本领。李金镛在天津创办的广仁堂很快取得成效,《申报》为此还专门进行了报道,对李金镛的表现赞赏有加。天津广仁堂的创办也推动了北方慈善事业的发展,盛宣怀后来将广仁堂的模式进行推广,此后先后在北京、山东、上海等地建立京都广仁堂、烟台广仁堂、莱郡广仁堂、青郡广仁堂等善堂,造福地方社会。

义赈基本结束以后,民间百姓感念李金镛在苏北、青州、直隶的义赈善行,称李金镛为"李善人""李慈父"。为了感谢李金镛的恩德,老百姓提出要为李金镛建造生祠。李金镛听到消息以后赶忙阻止,但百姓执意要建,最终直隶百姓于光绪四年(1878)在河间景州修建"秋亭公景州生祠",以纪念李金镛的义赈善举。生祠外的石碑上刻有一段话:"李公秋亭亲莅灾区,赈济灾民,公正勤劳,布宣周详,能宣实惠,实心救灾。"①上面这段话生动刻画了李金镛在赈灾中的义赈壮举,表现出李金镛不辞辛苦、一心救人的慈善家品质。

三、为官不忘行善事

光绪七年(1881),李金镛奉命来到吉林珲春办理农垦和边政。当时边地居民屡受俄国人的抢掠和侵扰,李金镛多次与俄国官员交涉,要求俄方严惩凶手。李金镛在当地为官时注重保护边地居民利益,赢得当地居民的拥护和爱戴。同年,李金镛从东北回乡探望时,还捐出自己多年薪俸为家乡无锡建造洛社大桥,造福乡里。

光绪八年(1882),李金镛就任吉林知府,不久又调任长春厅通判。李金镛在长春为官期间体恤民间疾苦,除暴安良,为民做主。当时蒙古王公招徕民户租地垦田,并订立信碑约定不再勘测丈量土地,维持原有的地租。后来蒙古王公为了达到强行加租、压榨租户的目的,不顾之前与租地民户的约定,上奏朝廷要求重新丈量土地。李金镛为了保护民众利益,坚决反对重新丈量土地。为此,李金镛两次前往蒙古王公府,要求其遵守之前的约定。同时李金镛上书吉林将军,为民请命。在李金镛的努力抗争下,官府停止丈量土地,民众因此免受加租的剥削。吉林为清朝的"龙兴之地",向来重武轻文。当时长春文化落后,一家书院都没有,藏书也几乎没有。李金镛认为教育对培养人才、促进地方兴盛有很大作用,于是他带头捐出自己的俸银一千余两,同时号召地方士绅捐银响应,创建养正书院。养正书院设有讲堂、考棚、号舍、藏书房等,书院藏书达数千卷,高薪聘请塾师,招收学生读书学习。李金镛创建的养正书院对长春的文化发展、风气改良和人才培养都起到了重要作用。李金镛还在长春仿造江南善堂建立同善会,救助贫民和孤寡老人,开展行善济困的慈善活动。

---

① 李广平:《锡商善举 首倡义赈》,《档案与建设》2018 年第 12 期。

李金镛在长春为官期间为民办实事、劝民和睦、扶贫济困,当地百姓称他为"李青天"。

光绪十四年(1888),李金镛主持办理漠河矿务局。光绪十六年(1890),李金镛因积劳成疾在漠河不幸逝世。李金镛一生行善,对近代慈善事业发展做出突出贡献。特别是李金镛首倡义赈,在晚清义赈中发挥重要作用,引领了晚清义赈潮流的兴起。他制定的《海州查赈章程》,奠定了义赈的基本办理原则和方法,对后世兴办义赈具有重要影响。李金镛还在北方建立广仁堂等慈善机构,有力推动北方慈善事业的发展。总之,李金镛是清末名满天下的慈善家,他在慈善方面的创举和事迹足以彪炳史册,为后世所景仰。

(龚希政 撰稿)

主要参考文献:

1. 周秋光、贺永田:《李金镛与晚清义赈》,《湖南师范大学社会科学学报》2012年第3期。
2. 李广平:《锡商善举 首倡义赈》,《档案与建设》2018年第12期。
3. 朱浒:《地方性流动及其超越:晚清义赈与近代中国的新陈代谢》,中国人民大学出版社2006年版。
4. 王庚唐主编:《无锡历史名人传 第2辑》,政协无锡市委员会文史资料研究委员会1989年版。
5. 侯曙光主编:《古今人物》,长春出版社2000年版。
6. 夏征农主编:《辞海(1999年版普及本)》,上海辞书出版社2002年版。

谢家福：知民族大义，存赈济之心

谢家福故居位于姑苏区桃花坞大街264号，光绪年间此处曾一度成为全国义赈的领导中心，从中国近代慈善事业的发展历程来看，这里也是中国慈善史上举足轻重的地理坐标。

谢家福故居原为明沈均之废园，清代为谢氏所有。明清时期，谢氏一族家世显赫，在地方多有善行。至谢家福时，善名大著，将区域性慈善事业扩展至全国。谢家福字绥之，一字锐止，号望炊，晚又号锐庵，江苏吴县人。其一生经历丰富，见识广博，曾分校各国舆图，入广

图一　谢家福故居

方言馆从德人金楷理学习其语言文字，留心海防，搜集西人著述以裨时务，督理电报学堂培养人才，设中西分等学堂，从事慈善赈济事业。李鸿章识其才略，举荐道："一介书生，而有民胞物与之量，体国经野之才，实为难得。该生识略闳通，办事干练，讲求吏治，熟悉洋情，若畀以牧令之任，出居民上，臣敢保其必为地方造福。"[①]在谢家福的诸多事业中，慈善事业是极其显著的，经各督抚奏闻朝廷后，嘉奖达七次之多，并恩准建坊，赐予"乐善好施"的字样。谢家福是晚清义赈中主要的领导者之一，对晚清义赈及慈善事业的发展做出了突出贡献。

---

①　（清）李鸿章：《奏保谢家福片》，顾廷龙、戴逸主编：《李鸿章全集》第11册，安徽教育出版社2008年版，第194页。

一、义赈活动

谢家福赈灾活动分为三个阶段：光绪二年（1876），在苏州留养江北灾民，此为第一阶段；光绪三年（1877），往山东青州收养受灾孩童，此为第二阶段；之后便是主持参与遍及全国的慈善活动，此为第三阶段。谢家福的慈善活动由苏州而遍及全国，慈善事业空间的扩大，牵扯出诸如慈善经费筹集、调度、人员分派、区域官民协调等一系列问题，谢家福对此都做了妥善处理。

（一）在苏州留养江北灾民

自光绪二年（1876）始，苏北清、徐一带出现严重的旱蝗灾害，大量民众流移外地，被灾程度超出人们的预料。当时清江一带饥民至淮安者已有六七万人，每日仍有数千人陆续而来，赈济难办。江北灾民扶老携幼被迫出境求食者不下二十万人，主要流向了金陵、苏州、上海、杭州等地，其中就食苏州者有二万多人，主要由官府在葑、胥二门外搭建棚厂留养。在灾民留养赈济工作中，许多苏州士绅尽心尽力参与，谢家福即为其中之一。

谢家福一直关注各地灾害问题，从光绪二年十月（1876 年 11 月）开始，谢家福更多地参与到了苏州灾民赈济工作中。"帮同端整灾民牌照"，"拟《灾民产婴给药给棺筹捐章程》"，处理赈济事宜成了其日常生活的一部分。赴厂差点灾民，造灾民册，发放赈济物资，处理灾民滋事问题，家福多有出力。至光绪三年二月（1877 年 3 月），同潘醴如等人"至盘门外验放灾民出厂"，初十日同黄梅先、周恂卿等押送江北灾民回籍。这期间，谢家福曾作《拟上当事筹恤淮灾书》，主张"寓工于赈"，在参与赈济事务的同时，他强调要从根本上解决灾荒问题，就不能单纯采用设厂赈济这样临时性的被动措施，而要尽可能创造条件安排其自力更生，丁壮可参与水利工程，老弱妇女可事桑。[①] 苏州的赈济活动主要是官办，当时无锡士绅李金镛前往苏北海州、沭阳一带赈灾，开近代义赈之先，而谢家福的义赈活动要从其慈善事业的第二阶段，即往山东青州收养受灾

[①] （清）谢家福：《拟上当事筹恤淮灾疏》，《申报》光绪二年十二月十二日（1877 年 1 月 25 日），第 1 版。

孩童说起。

(二) 往山东青州收养受灾孩童

光绪初年华北地区发生的大灾荒,史称"丁戊奇荒",世所罕见,涉及的山东、河南、山西、陕西、直隶等五省灾情严重,波及苏北、皖北、陇东和川北等地。当时,青州、莱州所属县份民众卖妻鬻子,流离载道,苦不堪言。《申报》光绪三年正月二十五日(1877年3月9日)载,"详述青州教士书致西字报论饥民情形"条,记青州教士李佳(即李提摩太)述及青州灾情,"该处一带高粱都已罄尽,民所食者,麸皮及番茄皮,并可食之树皮、高粱根、草子等项。各户所住之房屋,拆毁卖木,并将屋顶所盖之高粱根、树叶均取下充饥,大半皆霉烂不堪",令人不忍卒读。

谢家福在光绪三年二月(1877年3月)完成遣送江北灾民回籍的工作后,自泰州返回苏州途中,闻知耶稣教之洋人慕惟廉、李提摩太等在东齐赈给灾民,出于民族大义,为固中国之藩篱,维护国家之主权,呼吁友人积极踊跃投入山东赈济事业。其间得袁敬孙书谈道:"山东灾民中之婴孩,前阅《申报》,西人欲领养,华官不可。因思彼处婴孩无以存活者不知凡几,倘能收养一名,即免饥死一名,即少入教一名。功德既大,关系亦不小。"中国传统社会中,灾荒年月,弱势群体往往是最大的受害者,孩童便是其中之一。晚清时期,中国的育婴堂等机构大多已荒废,外国传教士所设育婴堂便成了灾荒中收养孩童的重要场所,袁敬孙建议赴山东收养孩童正是与传教士抗衡之举。谢家福收信当天便与各友相商,往青州收养孩童的计划由此开始。

五月初九日(6月19日),谢家福同袁子鹏从苏州登舟前往山东,五月二十八日(7月8日)抵达青州。谢家福在青州的主要工作便是收养当地受灾孩童。出发之前,谢家福与施百咏曾拟章程四则,因经费有限,计划只收十四岁以内被弃养的孩子,并将他们就地暂行安顿,其中无家可归者,分送江浙,照育堂例准令江浙土著居民领作子媳,避免其流入青楼、异教之中。抵达青州,了解当地实际情况后,谢家福制定了更为详细的《收养弃孩章程》。其中一则为:"此举专为无家幼孩流离道路或遭拐出境起见,特设留养局暂为安顿,以便招属认领。凡有家可归及年逾十四、已有知识业经受赈可以自赡者,一概不收",而实际运作中,虽有父母但仍为饥荒所迫的孩童也予以收养。另外,原定送一部分受灾孩童前往江浙抚养,考虑到当地人安土重迁,且青州知府富文甫曾对谢家福说:"小孩运南,事则甚好,但兄弟脸上太下不去,须请大哥在此地想一法儿,总要长养在青州才好。"又认为运小孩往江浙,恐开教堂效尤之门,最终决定将受灾孩童就地留养,不作南运之想。在留养受灾孩童时,谢家福注意吸收传教堂"教养兼施""教养并重"的方式,"男孩入局养息一月后,即可分别知愚送塾读书、习艺。其有不可教诲者,令其学念浅近劝善诗词,俾知为人大义。十日察课一次,酌予奖罚"①。相对于只提供衣食而言,"教养兼施"是更为积极的赈济方式,更有利于孩童的成长。谢家福在青州赈济事务中善于据地方情况随机应变,这在临时性的赈济事务中尤为重要,处理不当,对于协调当地相关人员、资源都将产生消极影响。

十月初三(11月7日),谢家福返苏。在青州的四个多月中,除主要筹划设留养局收留孩童外,谢家福还参与了临近地方的赈济工作,做了许多赈局诸如解银、发放钱粮赈票、誊账等细碎的工作,拟《青州同善堂章程》八则。在监收粮食过程中,与韩仲万商定照贡院点名之法来进行分发,甚为便利。另外,他还注意到为灾民赎田之事,因地方富户恃灾荒之急,贱价购买小民田产,致使即遇小稔年份,小民仍将衣食无着。在考虑多重利害关系后,谢家福建议,"请自二年七月始,三年七月止,被灾各省所售田产,各令新主归其半于原主,肥瘠必均,以诸君代赎之资,摊给工本,则讼似稍减,弊似稍轻"②。谢家福并不只关注赈济事务的浅层工作,更注意思考其中存在的多种问题,探究如何从根本

图二 《齐东日记》誊清本

---

① (清)谢家福著,苏州博物馆编:《谢家福日记(外一种)》,文物出版社2013年版,第102页。
② 《谢家福日记(外一种)》,第184页。

上避免或减轻受灾程度,其洞察世事的能力是有目共睹的,这一方面的才能在之后的全国慈善事业中更加凸显出来。

（三）遍及全国的慈善活动

自青州返回苏州后,谢家福随即投入河南赈灾的相关事务中。当时山西、河南皆需赈济,江南办赈同人选择以河南赈济为主,这很大程度上受到了谢家福对两地灾情及赈灾情况判断的影响。谢家福认为山西官方对灾情响应较为及时,处理得当,相较于河南而言,所发赈款及捐助钱粮更多。另外,山西地区主要为官赈,江南同人去后可能多受牵制,因而主办河南赈务更为合适。在筹划豫赈的过程中,谢家福是居于中心地位的。

在回苏后的第二天,谢家福即与好友酌商豫赈相关事宜,二十四日便寄河南赈事灾启刻《申报》,后刻双塔图为河南筹捐,著《小启》叙述河南灾情,呼吁救济,又致信镇江同人对河南灾情多加关注,并积极为豫赈多方筹款。[①] 筹款是豫赈事务中的首要问题,谢家福为此也是想尽办法。除劝说友朋积极参与外,谢家福还代宋珊宝等拟《上府宪求请船捐分归河南禀》,又致信袁忆江、袁敬孙等请为代投。另外,与姚凤生、吴清卿商刻《河南铁泪图》,至当年除夕,《铁泪图》刻成,分送各处。《河南铁泪图》能让更多人知悉河南灾情,尤其是不识字者也能够通过图画了解,扩大了宣传对象的范围。据称当时浙江一九岁孩子见图也不觉泪下。《铁泪图》在随后筹资的过程中发挥了相当大的作用,使得"谢家福、桃花坞乃至苏州义赈活动的影响已经远远超越了苏州的范围",也成了上海办

图三 《河南铁泪图》第二图

---

① 《谢家福日记(外一种)》,第63页。

赈同人所倚靠的宣传资料。①

除了筹资及协调相应赈济事务外,在豫赈过程中,谢家福也非常关注被灾妇女的救助事宜。早在青州赈灾时,谢家福对此已有关注。面对河南灾荒中妇女被拐贩的严重情况,谢家福拟写了十分详细的《豫省代赎妇女章程》②。该章程中对经办代赎妇女之事的人选、设局之处、对拐贩妇女之人的惩处、代赎方式及妇女暂收局中后的善后问题一一做出解答。此章程为金砎人等办赈同人救助受难妇女提供了方法依据,后金砎人等即以"豫赈代赎局"的名义赴河南,主要办理被灾妇女相关事务。

经苏州绅士谢家福等人串联江南办赈同人,苏州在山东赈济后很快成为义赈的中心,苏州义赈的领导机构也转移到了谢家福所居之桃花坞,因而桃花坞成为知名一时的赈所。豫赈、晋赈、皖赈等都是在谢家福等人的领导下进行的。自光绪七年(1881)起,谢家福投入了电报事业的建设中,本人也去了上海,苏州赈所的活动也随之停止,但是谢家福的赈济事业并没有中断,他以电报局为依托进一步开展全国性义赈活动。由于谢家福离苏赴沪,江南地区原来互不统属的赈所以电报局为依托,进一步融合为统一调度的整体,上海也因之成为取代苏州的新的义赈中心,各处设立的电报局成了当地的筹资机构,计有天津、烟台、牛庄、济宁、清江、扬州、苏州、南浔、杭州、绍兴、宁波、福州、镇江等13处,覆盖直隶、山东、奉天、江苏、浙江和福建等6省,慈善事业遍及全国。尽管谢家福在随后义赈中的主导地位遭受同为办赈者的施善昌等人的冲击,但谢家福一直活动在义赈的第一线,直到光绪十四年(1888)因丁艰返苏。

二、热衷慈善事业的缘由

谢家福热衷于慈善事业的缘由是多方面的,中国传统的慈善思想、江南地区乐善好施的慈善传统都对其产生了一定的影响。比较而言,谢家的慈善传

---

① 朱浒:《地方性流及其超越:晚清义赈与近代中国的新陈代谢》,中国人民大学出版社2006年版,第196页。

② (清)谢家福:《酌拟豫省代赎妇女章程并请速筹福幼图捐启》,《申报》光绪四年六月十一日(1878年7月10日),第3版。

统与教育、自身的民族情怀是谢家福投身慈善事业主要原因。

(一) 慈善世家的熏陶

谢家先世为陈留阳夏(今河南太康)人,晋太康间南迁至会稽(今浙江绍兴)之东山,明洪武间再迁会稽孟家葑。崇祯间,避寇迁吴。吴县谢氏自清中期起渐以行善声誉邻里,至谢家福父谢元庆时,善名更著。谢元庆,字肇亨,号蕙庭,苏州有名的慈善家,以乐善好施声著远近,与潘曾沂、彭绍升并称为"吴中三大善人"。谢家世以"丹丸财粟"救济孤寡贫乏受灾之人,人称"谢善人家"。谢元庆承先世遗绪,"日裹药囊钱行委巷中,见贫病者辄予之",寒暑风雨不辍。道光十一年(1831)江北水灾、道光十五年(1835)城北低洼区水灾、道光二十八年(1848)、二十九年(1849)江南北水灾,谢元庆都积极参与查勘救助。

咸丰二年(1852),郡城万年桥坍圮,商旅艰于通行,但因工费巨大,无人敢骤然任其事。谢元庆乃著《造桥徵信录》,以此来进行募捐,鸠工修造,亲督其役。之后在发赈的过程中,因为赈资不继,谢元庆还著《救命浮屠》和《作善降祥图》诸捐册,"以五十文为一愿,人称轻易,相率解囊"[①]。另外对于火葬溺女之俗,谢元庆刊条例及《果报图说》以劝惩,并与余治创行恤产保婴之法。谢元庆对地方救济事业的身体力行对谢家福产生了很大的影响。同治四年(1863),官军克复苏州,谢家福受命董理阊门善后事宜,"秉先大父成规,综合内外庶务,修废举坠,逾年而渐见安集"。谢家福后来采取的赈款募集方式及关注的赈济对象,也多受到父亲的影响。生于这样的慈善世家,遭遇当时的天灾人祸,谢家福继父亲之志,悉心于慈善事业是一种自然的传承过程。

另外,谢家福于髫龄时便问业于余治。余治,字翼廷,号莲村,又号晦斋、庶几堂主人,无锡人。相较于潘曾沂、谢元庆,余治的慈善之声稍后起。不过在道光二十一年(1841)无锡的赈济活动中,余治将其开粥厂赈济饥民的经验加以总结,著成《劝开粥店说》《粥店十便说》,又刊刻林则徐《担粥说》劝人助赈。在此次赈济活动中,余治的协调组织能力得到肯定,谢元庆等人在办赈事

[①] 《谢家福日记(外一种)》,第468页。

务中也常与余治商理,因而相互交好。谢家福对余治办理赈务的方式应当是非常熟悉的。在余治的慈善活动中,保婴是很重要的一个方面。道光二十三年(1843),余治在无锡创设保婴会,因其成效显著,江苏、浙江、安徽、福建等地也多有效仿,后来谢家福在青州留养孩童之举也必然受此影响。余治还注重慈善教育,设立义塾,招贫家子弟无力读书者入塾。后谢家福在苏州创立儒孤学堂,在青州留养孩童时采取"教养兼施"的方式,也在一定程度上受到余治慈善教育的影响。余治为劝赈还绘制了《水淹铁泪图》《江南铁泪图》,谢家福的《河南铁泪图》显然受到了余治的启发。

（二）民族情怀的表达

谢家福热衷于慈善活动,与当时的社会背景有很大的关系。晚清"丁戊奇荒"、多地大水灾及社会动乱等导致大面积灾荒,受灾民众迁移流徙,加之官方赈济有限,为义赈的兴起提供了空间。在赈济活动中,西方传教士的赈济以及当时《申报》对教堂救济事宜多有刊登,对国内办赈同人产生了很大的刺激作用。以教堂为依托,西方在中国多地展开了赈济活动,江南绅商采取"跟踪赈济"的方式与其相抗衡,体现了赈济事业中的民族性。

谢家福在遣送难民至江北后,归途听闻传教士慕惟廉、倪惟思等在山东赈济灾民,谢家福担心敌国沽恩,异端借肆,便与友人相商山东赈济事宜。在给友人的书信中,谢家福表露了更多对西人在中国赈济的忧虑,认为西人"阳居救灾恤邻之名,阴售收拾人心之术",如若任其发展,恐有民心外属、异教横恣之患。谢家福确定赴青州主要留养受灾孩童便是针对传教士的直接行动。前往青州前,高龚甫曾致信表表示担忧,谢家福回复道:"弟之此行,为敌夷不为赈济。赈济则以仁存心,当念亲亲仁民之意。敌夷则惟知大义,虽捐糜踵顶,有所不辞。惟于拼命之中,时加珍摄而已。"黄梅仙也表达了同样的担忧,并劝其"决不可去",谢家福坚称"生平灭夷之志,刻不能忘"。在出发抵达上海后,曾对同人说道:"某之所办者,不第在教门之良莠,尤重在中外之界线。山左灾民受洋人赈恤三月有余,几几乎知有洋人不知有中国矣。诸君好善乐施,下以回已去之人心,上以培国家之元气,即此便是忠臣,便是义士。若不能权自我操,反为教堂筹费,如国计何!"谢家福心怀浓烈的民族情感,面对当时西方列强在华种种行为,谢家福是颇为不满的,往青州留养受灾孩童只是其力所能及范围内的一种民族情感的表达。

三、谢家福对慈善事业的贡献

谢家福生于道光二十七年七月初九日(1847年8月19日)辰时,卒于光绪二十二年十一月初八日(1896年12月12日)寅时,享年五十岁。谢家福临终口授遗嘱,"语不涉私",将所办儒孤学堂事务托之王昌福,将中西学堂的相关安排请盛宣怀酌量,将电报学堂托于俞书祥,又以义庄及公塾一应事宜嘱其子谢庭芝办理。遗嘱所托之事即为谢家福一生两个主要事业:慈善事业和电报事业。谢家福是义赈事业的先行者,参与慈善事业并协调多方关系,不畏繁难艰苦,其过程中又充分体现出民族情怀,这都是后来者重要的思想与精神资源。不过他对中国慈善事业的最大贡献是在其影响参与下所创设的慈善管理制度,这一制度使得中国传统慈善事业有了新的面貌。

谢家福由青州返苏后,声望及影响力较之前更著,苏州逐渐成为江南地区义赈的中心。苏州义赈同人另设筹赈公局于谢家福桃花坞居所,这样,苏州义赈的中心便由原来的安节堂转为桃花坞。正是在谢家福的影响之下,江南义赈同人才将赈济中心放在河南,而非上海义赈同人原来主张的山西。为筹划豫赈,谢家福曾与镇江靳春阳,泰州赵嵩甫,扬州尹厚庵、严佑之,上海李金镛、瞿绍依等联系,希望各位同人参与豫赈并筹措资金。因而谢家福是当时统合江南各地慈善力量的中心,在慈善事务中地位举足轻重。江南义赈群体在义赈事务中表现出的多方面才能及任劳任怨、不畏繁难的品质,受到当时经办洋务的李鸿章的青睐,这为江南办赈同人更多地参与洋务创造了条件。其中,电报行业是江南义赈群体参与人数最多、用力最深的行业,谢家福在其中也发挥了关键作用。光绪七年(1881),谢家福被委派筹办上海电报分局。十年(1884),任上海电报总局提调。随着谢家福离苏赴沪,江南义赈中心也由苏州转移到了上海。谢家福等人进一步整合义赈事业,并创立了新的管理模式,这一模式在《申报》中刊登的《上海陈家木桥电报总局内豫赈办事处事略》中有着清晰的呈现。①

为使得此次豫赈公事公办,有始有终,谢家福等义赈同人设立上海陈家木桥电报总局内豫赈办事处为公同办事之处。"凡公信公牍,由陈、施、葛、李、王、经、福七人署名,小事由福拟稿呈商,大事奉邀惠临",即所选七人为董事,统领上海丝业、文报、兴昌、高易各公所,由其将各省各处之电报局、善堂、赈所所募豫赈资金,每逢十日尽数交出汇总,并请诸公惠临,核给总账登报,同时由豫赈办事处组织人员有序前往。此时义赈组织呈现出一元化科层式管理体制。相较于分散募捐散赈的方式,"在这种义赈组织管理体制之下,就会出现有计划、有指导的专门性救赈分工,通过各司其职、分工协作,一方为主、多方为辅等的工作方式,就会使上海的义赈组织同时应对全国不同地区的灾害救赈"②。上海电报赈所裁撤后,赈济活动仍然沿用这一模式。这种现代化的管理模式对当时的义赈活动有着相当大的促进作用,使义赈的各个环节都更加简明有序。另外,这套义赈模式与清末民初现代化的慈善组织的组织方式、管理模式多有相似之处。可见,谢家福以兴办电报事业为契机,依托电报局,利用电报传递信息的便捷性,整合统理各地义赈组织,最终创立的相对成熟的一元化科层制义赈组织管理模式,为后来现代化慈善组织的管理、组织模式提供了经验与模板,为促进慈善组织的现代化发挥了很大作用。

谢家福是一位坚持理论与实践并重的慈善家。他既能因地制宜,依据实际情况制定相应的办法,又能在制度与理论的高度思考慈善事业的推进。谢家福为中国慈善事业的现代转型做出了重要贡献,是中国近代慈善事业的先行者。

(李兵兵　撰稿)

主要参考文献:

1. 苏州博物馆编:《谢家福日记(外一种)》,文物出版社2013年版。

---

① 《上海陈家木桥电报总局内豫赈办事处事略》,《申报》光绪十三年九月初一日(1887年10月17日),第3版。

② 靳环宇:《晚清义赈组织(1876—1895年)研究》,博士学位论文,湖南师范大学,2004年。

2. 靳环宇:《晚清义赈组织(1876—1895 年)研究》,博士学位论文,湖南师范大学,2004 年。

3. 朱浒:《地方性流及其超越:晚清义赈与近代中国的新陈代谢》,中国人民大学出版社 2006 年版,第 196 页。

4. 王溶丽:《谢家福与晚清义赈》,硕士学位论文,湖南师范大学,2013 年。

"非常之人"的非常善举

——盛宣怀的慈善人生

在中国近代史上,盛宣怀是一个极具传奇色彩的人物。他的一生中,创造了11项"中国第一":1872年参与创办中国第一个民用洋务企业——轮船招商局;1894年创办最大的纺织厂——华盛纺织厂;1880年创办中国第一个电报局——天津电报局;1886年创办中国第一个山东内河小火轮公司;1895年办成中国第一所正规大学——北洋大学堂;1896年接办汉阳铁厂,逐步打造成真正的钢铁联合企业——汉冶萍煤铁厂矿公司;1896年督办中国第一条铁路干线——卢汉铁路(卢沟桥至汉口,后称平汉铁路、京汉铁路,1906年全线通车);1897年创建中国第一家银行——中国通商银行;1897年在南洋公学(上海交大的前身)首开师范班,这是中国第一所正规的高等师范学堂;1902年创办中国勘矿总公司。他被誉为"中国实业之父""中国商父"。此外,这位"非常之人",还参与创建红十字会,并担任中国红十字会首任会长,这也成就了他第11项"中国第一"的美誉。他与中国公益慈善结缘之深,超乎想象。

一、从洋务干将到慈善先锋

盛宣怀(1844—1916),字杏荪,又字幼勖,号愚斋、止叟,江苏常州武进人,出身于一个官宦之家。虽然"幼慧,有深沉之思",聪明过人,但科举之路颇不平坦,"弱冠补县学生,屡试秋闱不第"[①],没有取得功名。1870年,经杨宗濂推荐成为李鸿章的幕僚。盛宣怀之父盛康与李鸿章有交情,加上盛宣怀精明能

---

① (清)陈夔龙:《皇清诰授光禄大夫太子少保邮传大臣盛公神道碑》,(清)盛宣怀:《愚斋存稿》卷首,台北文海出版社1963年版。

干,盛宣怀深得李鸿章赏识,受到重用,1873年任轮船招商局会办(后升任督办);1880年筹办中国电报局,任总办;1893年筹办华盛纺织总厂,任督办;1896年从湖广总督张之洞处接办汉阳铁厂、大冶铁矿,经办卢汉铁路;1897年在上海成立中国铁路总公司,开设中国通商银行。他一跃成为当时屈指可数的洋务企业家。

盛宣怀的才干不仅仅表现在经商办企业上,在慈善领域,同样出类拔萃,连孙中山也对他赞不绝口,说他"热心公益"。

图一 盛宣怀肖像

早在1871年,盛宣怀就开始涉足慈善救济事业,当年他28岁。这年夏、秋之交,直隶(河北)发生特大水灾,永定河、海河、南北运河、拒马河先后决堤漫溢,天子脚下,一片汪洋,生命财产损失惨重,成千上万的百姓陷入水深火热之中。面对数十年未遇的大饥荒,盛宣怀之父盛康心急如焚,一口气捐出棉衣2万件,并且命盛宣怀到上海、苏州、扬州、镇江等地劝捐,集资购粮,由上海雇轮船去天津放粮,不少灾民获得救助。慈善赈灾有功,盛康被李鸿章奏请朝廷赏给布政使衔。盛宣怀也从初次的救灾实践中获得了宝贵的经验。

五年后,一场更大的灾难降临,这就是发生在1875年至1878年之间的一场罕见的特大旱灾。受灾地区有山西、河南、陕西、直隶、山东等北方五省。大旱不仅使农产绝收,田园荒芜,而且饿殍遍地,白骨盈野,饿死的人竟达千万以上! 由于这次大旱以1877年、1878年为特别严重,而这两年的阴历干支纪年属丁丑、戊寅,所以人们称之为"丁戊奇荒";又因河南、山西旱情最重,又称"晋豫奇荒""晋豫大饥"。

旱魃(中国古代汉族神话传说中引起旱灾的怪物)肆虐,大地龟裂,寸草不生,饥民流离,人吃人的惨剧,时有发生。李鸿章当时在直隶总督任上,直隶是重灾区,救灾任务繁重。1878年他在天津设立了直隶筹赈局,特派盛宣怀处理赈务。盛宣怀不负所望,前往献县等地调查灾情。史书上说他走村串户,徒步而行,有一次在东光县某乡竟露宿一夜,回来后生了一场大病。这年夫人董氏去世,继室刁夫人知道盛宣怀要筹集巨款救济灾民,她典卖值钱的珍贵之物,把自己的积蓄都拿了出来,交与盛宣怀,支持他的善举。

1879年,饥荒缓解,沉灾过后,劫后余生的孤儿寡母众多,无依无靠,抚养成了一大问题。出任署理天津河间兵备道(通称"天津道")的盛宣怀秉承李鸿章的旨意,在天津设立了"广仁堂"的慈善机构(新中国建立后改为天津儿童福利院),加以留养。

1886年,盛宣怀出任山东登莱青兵备道兼烟台东海关监督,于1892年调任天津海关道。这期间,除了轮船招商局的经营、电话电报线路的铺设、烟台工业的发展之外,慈善事业也是他倾注很多心血的"要务"。1891年春他在烟台建成广仁堂,这是胶东地区最大的慈善机构,里面设置慈幼所、施医所、庇寒所、养病所、备棺会等慈善场所,有房舍数百间,众多贫病之人得到救助。此外,他还致力于小清河的治理。

小清河,黄河流域山东中部渤海水系河流,源自济南,流经历城、章丘、邹平、高青、桓台、博兴、广饶、寿光8县,于羊角沟东注入渤海,全长237公里,流域面积万余平方公里。自明代以来,河道失修,屡屡酿成水灾。1889年,盛宣怀受山东巡抚张曜之命,负责小清河治理。盛宣怀亲自到沿河村镇,详细调查,筹划治理方案,采用裁弯取直、疏浚旧河、开挖新河等几种办法进行整治。

面对工程浩大、经费不足等问题,盛宣怀创造性地采取了"劝捐筹款,以工代赈"的策略。所谓"劝捐筹款",就是由盛宣怀在江南发动募捐,筹集治河经费;所谓"以工代赈",就是让灾民参加治河工程,拿到工钱,既救济灾民又兴修水利,一举两得。

小清河治理历时三年,征调民工数十万人,开支白银70多万两,疏通河道400多里,使长期淤废的小清河摇身一变成为黄金水道,不仅消除了水患,使两岸农田受益,而且借水行舟,航运发展起来了,促进沿河城乡经济的发展。

盛宣怀办慈善是经常性的。从1871年至1896年,盛宣怀参与的慈善赈灾活动达27次之多。慈善家的身份以及他在工商界、政界的影响力,使他顺理成章成为中国红十字会创建之人并最终成为中国红十字会首任会长。

图二　盛宣怀《修濬小清河记》碑

二、创建中国红十字会

　　盛宣怀对红十字会并不陌生。上海是盛宣怀的大本营和活动舞台,同时也是红十字会登陆中国的桥头堡,尤其是甲午战争后,红十字启蒙运动在上海兴起,各大报刊宣传介绍红十字会,盛宣怀不可能充耳不闻。不过,盛宣怀与红十字会的接触,则是在 1900 年。

　　1900 年义和团反帝爱国运动在北方兴起,波澜壮阔。八国联军以此为借口,发动侵华战争,攻占北京,慈禧太后带着光绪皇帝出逃。战争期间,盛宣怀主导"东南互保",鼓动两江总督刘坤一、湖广总督张之洞与驻沪各国领事订立《东南互保章程》,规定上海租界归各国共同保护,长江及苏杭内地均归各督抚保护,避免与八国联军发生正面冲突。"东南互保"虽然与清政府向八国联军开战的旨意相违背,但的确使长三角地区没有陷入战争的混乱状态。事后盛宣怀受到慈禧太后的称赞,说他是"不可缺少"的栋梁之材。1901 年清政府任命他为会办商约大臣、办理商税事务大臣,协助吕海寰在上海与各国进行增加关税、改订商约的谈判,盛宣怀也由此与红十字会结缘。

也是在1900年,为了救助北方难民,在盛宣怀领导下,在李鸿章支持下,上海慈善家发起成立了东南济急善会、中国救济善会,开展了大规模的救助行动。尤其是浙江湖州著名绅商陆树藩联络江浙人士在上海发起成立的中国救济善会,虽然还不是真正意义上的红十字会组织,但遵照国际红十字会的基本精神,救护伤兵难民。这是国人自办红十字会的开端。不仅如此,陆树藩高举红十字旗帜,亲自前往京津地区救援,把绅商难民通过海路载回上海,所用爱仁、安平、公平、协和、泰顺、新裕、普济、泰顺等号轮船,都是盛宣怀轮船招商局免费派出的。在盛宣怀看来,这是人道盛举,他义不容辞。正是有盛宣怀的支持,中国救济善会救回落难同胞5000余人。

1904年2月8日,日俄战争爆发。东北大地,炮声隆隆,狼烟四起。懦弱无能的清政府不仅无力阻止在中国领土上展开的这场帝国大战,还在日、俄和西方列强的蛮横干涉下,宣布"局外中立",并将辽河以东划为交战区,放任两军蹂躏践踏。

日、俄两军对垒厮杀,无辜同胞惨遭荼毒,走死逃亡,流离失所。

清政府宣布"局外中立"不能直接插手,中国传统的慈善组织如善会善堂能力弱小,有心无力,也没有资格进入战地。因为,在战争状态下,只有红十字会这一中立性人道救援组织才能得到交战双方的认可、尊重与保护,而中国没有红十字会,如何是好?

图三 日俄战争漫画

情急之下，以沈敦和为首的上海慈善家登上了历史舞台，把创建红十字会提上了日程。在沈敦和以及英国传教士李提摩太的奔走联络下，1904年3月10日，中、英、法、德、美五国人士会集于上海英租界公共工部局，发起成立上海万国（"万国"就是"国际"的意思）红十字会。她的成立标志着中国红十字会的诞生。这是中国慈善界"第一伟举"①。

不过，细心的人会发现，上海万国红十字会组建的时候，官方没有"出场"。所谓中英法德美五国"合办"，中国方面，沈敦和等纵有豪气，未经清政府授权，也无法代表"中国"。难怪德国商人禅臣行总理在成立大会上发出疑问："中国政府亦将合力办理否？"说白了，中国政府是否参加？李提摩太马上做了解释，说："中国政府未便与闻，盖恐违犯局外之义也。"②意思是说，中国政府不方便出面，因为宣布了"局外中立"，不能说话不算话。

虽说清政府不好公开参与上海万国红十字会的发起，但绝不会袖手旁观，谁都明白，再腐败的政府也不会任凭国土惨遭蹂躏、子民肝脑涂地而无动于衷。清政府有难言之隐，只能采取灵活变通的策略，充当"幕后英雄"。史书记载说，"钦差"（皇帝亲自派遣，代表皇帝出外办理重大事件的官员）驻沪商约大臣吕海寰、盛宣怀和会办电政大臣吴重熹，遵照清政府的指示，与沈敦和、施则敬、任锡汾等上海绅商保持"热线"联系，鼓动沈敦和等与在沪英、法、德、美官商合力组建红十字会。上海万国红十字会的发起成立，有清政府的"幕后"指挥。上海万国红十字会迈出的每一步，都在朝廷的"掌握"之中。显然，吕海寰、盛宣怀、吴重熹"三大臣"就是清政府的代表。

上海万国红十字会及其分会，救助日俄战灾，历时三载，救护出险、收治伤病、赈济安置，总人数达46.7万人，谱写了一曲感天动地的人道主义赞歌。作为上海万国红十字会的领袖人物之一，盛宣怀付出了巨大的心血。

三、华洋义赈会开山"鼻祖"

1905年9月5日日俄在美国朴茨茅斯签订《朴茨茅斯条约》，日俄战争结

---

① 《普济群生》，《申报》1904年3月11日。
② 《施君肇基笔译上海创设万国红十字支会会议大旨》，《申报》1904年3月14日。

束。但战后赈济工作还在继续,祸不单行,新的灾难再次降临,盛宣怀不得不有所兼顾。

1906年夏,江苏发生严重水灾,其中苏北徐州、淮安、海州地区受灾最重,房倒屋塌,庄稼颗粒无收,上百万灾民流离失所,处境凄惨。

灾情发生后,清政府拨银十万两用于赈灾,但这远远不够。饥荒在持续,江苏各地官绅纷纷向盛宣怀乞援,还派出代表到上海拜见盛宣怀,希望他发动赈灾,拯救饥民于水深火热之中。英国商人、卜内门洋碱公司总经理李德立也游说盛宣怀"出山",合力救助灾民。作为实业家的盛宣怀,虽然事务缠身,虽然还有上海万国红十字会的东北救援,但灾难就在眼前,他不能坐视不管。

如何救济饥民?上海万国红十字会就是现成的样板——中外联手,共襄盛举。

1906年12月3日,经过多方联络,一个名叫"华洋义赈会"的慈善组织在上海横空出世了,发起人不是别人,正是盛宣怀和李德立。为了壮大声势,盛宣怀恳请钦差大臣吕海寰担任会长,他本人和江海关总税务司的英国人好博逊担任副会长,李德立任干事部长。中英法德美日合办。上海万国红十字会发起人沈敦和、施则敬和任锡汾,都是其中的核心成员。1920年为赈济华北5省大旱灾组织的中国华洋义赈救灾总会直到1949年才解散,是那个年代中国最大的民间慈善组织,它的直接源头就是盛宣怀创建的华洋义赈会。从这个意义上说,盛宣怀该是华洋义赈会的开山"鼻祖"了。

华洋义赈会成立后,中外人士广泛发动募捐,组织赈济,热火朝天。盛宣怀在上海设立的广仁堂,是这次慈善赈灾的主赈机构,刊印启事、发布广告、寄发捐册、派员巡视调查、收取善款、开具收据、编制账册、散放赈款赈衣、编印征信录、义赈事务总汇,都由广仁堂经手办理,在义赈事务上发挥了"首脑"作用。

这次水灾的慈善救济工作持续半年,募集善款银160万两,救助了无数的饥民。虽然赈灾行动是在"华洋义赈会"旗帜下展开的,但谁也不会否认盛宣怀的"头功"。他是灾民心目中的"救星"。

四、"二次革命"救护慷慨解囊

1910年2月27日清政府发布上谕,"著派盛宣怀充红十字会会长"。盛宣怀因此成为清廷"钦命"的第一任会长。作为慈善界的领袖人物和中国红十字会创始人之一的他,可谓当之无愧。可是,1911年10月辛亥革命爆发,他受牵联被罢免包括会长在内的一切职务,"永不叙用"[1]。成为众矢之的盛宣怀,不得不走上逃亡之路,从北京经由济南、青岛、大连,出逃日本,直到1912年10月才回到上海。

在盛宣怀逃亡期间,1912年中华民国建立,中国历史翻开新的一页。中国红十字会也华丽转身,迈向新时代。1月12日,中国红十字会得到红十字国际委员会的正式承认,成为国际红十字大家庭中的一员。2月28日,内政部为中国红十字会正式"立案",确立了它的合法地位。5月7日至17日,第九届红十字国际大会在华盛顿举行,中国红十字会代表团首次"亮相"国际舞台。9月29日、10月30日,中国红十字会先后在上海召开首届会员大会、统一大会,通过了章程,公举吕海寰为会长、沈敦和为副会长兼常议会议长。红十字事业出现了新的局面,虽然盛宣怀没有机会经历,但他一定乐观其成。毕竟他是开创者之一。

不久"二次革命"爆发,盛宣怀再次与中国红十字会"建立联系"。

原来,袁世凯自从接替孙中山出任临时大总统后,很快把发扬共和精神的誓言抛到九霄云外,走上专制独裁的道路。1913年3月20日,在上海火车站刺杀国民党代理事长宋教仁,接着在6月9日、14日、30日相继免除江西都督李烈钧、广东都督胡汉民、安徽都督柏文蔚的职务,公开向革命党人宣战。在袁世凯步步紧逼之下,孙中山决定发动"二次革命",捍卫共和。

"二次革命"以江苏战场争战最为惨烈。从7月15日到8月11日不到一个月的时间里,南京经历了三次独立起义,讨袁军与张勋、冯国璋部北军展开激战。成千上万的民众被困城中,饱受战火的灼烤,逃生无路。8月21日,如

---

[1] 《宣统政纪》第62卷,辽海书社1928年版。

皋、镇江绅士杨鸿发、李耆卿、焦霭堂等也向沈敦和副会长发出乞援电报。"乞速借轮船"①，驶往南京，救护无助的难民脱离险境。

正是在南京之战的难民救助中，盛宣怀"出场"了。8月23日，沈敦和副会长打算租用英国太古洋行商轮"大通"号作为红十字救护医船，不过租船费用很高，每天750银两，经沈敦和反复沟通，最后减价为500两，租用9天，租费仍多达4500两。红十字会一时拿不出这么多钱，沈敦和只好请盛宣怀解囊相助。一个月前的7月23日，盛宣怀应沈敦和之请，捐款洋银500元，用于"二次革命"战事救护。现在红十字会又遇到新的困难，盛宣怀二话不说，租船费用全部由他包下，并分两次将银票转交。

前会长盛宣怀的慷慨支持，解了红十字会的燃眉之急。8月24日、29日"大通"号两度开赴南京，救护难民出险3000余人，伤兵伤民160余人。9月2日后，南京的炮声终于停了下来。

五、"身后"的慈善情怀

"二次革命"的救护刚刚告一段落，"狼"烟又起——白朗起义引发豫皖兵灾。1914年1月11日、15日、16日白朗军连克光山、光州、商城三县城，接着兵进安徽，24日克六安，2月6日攻进霍山，鄂豫皖三省震动。

战火蔓延，生灵涂炭。盛宣怀特向中国红十字会捐银一万两救急。这是一笔巨款，他写信给沈敦和副会长，请他安排专人前往六安、霍山等地救济难民。沈敦和与安徽旅沪同乡会联系，委托同乡会张瑞臣、朱星五、周谷生携带善款、药物、食品等奔赴六安、霍山，在分会和地方官绅协助下，散放急赈。

"狼"烟散去，而不久之后日德青岛之战的救护、水旱灾害的赈济，盛宣怀都很关注，但心力不济。经过罢官之后的流亡、家产充公等一系列变故的打击，他已身心俱疲。1914年随着第一次世界大战的爆发，全球经济危机加重，连带他经营的工商企业受到冲击。为此，他总觉得愧对红十字会。他在给任

---

① 《如皋、镇江绅士杨鸿发等来电》，见中国红十字会总会编：《中国红十字会历史资料选编（1904—1949）》，南京大学出版社1993年版，第68页。

锡汾的信中倾诉衷肠,说对红十字事业,他"自问热心何减昔日?"虽然不再是红十字会的领导人,但作为"老红会",他与红十字会有未了之情,热心红十字事业,并没有因为被罢免会长而画上休止符,他仍尽力而为。

1916年4月27日,73岁的盛宣怀病逝于上海,走完了他跌宕起伏的人生之路。

斯人已去,留下偌大的财产,如何处置?

盛宣怀是红极一时的中国"首富",虽然在辛亥革命后家产"流失"很多,但他还是大富豪。盛宣怀同时也称得上中国"首善",一生都在从事慈善公益,包括矢志不渝支持红十字事业。考虑再三,盛宣怀生前立下遗嘱,在他百年之

图四　盛宣怀暮年

后,遗产的一半由子女继承,一半设立"愚斋义庄"。"愚斋"是盛宣怀的号。"义庄"是过去救济族人的田庄,还做一些公益慈善。换句话说,设立"愚斋义庄"的目的,就是救助盛氏族人、贫苦人家及支持慈善公益事业。

盛宣怀去世后,李鸿章之子李经方受托开始执行盛宣怀遗嘱,为此专门成立了一个盛氏财产清理处,清理盛宣怀名下的所有财产。1917年6月1日,他主持召开盛氏家人参加的亲族会,宣布成立"愚斋义庄"。又经过两年半的努力,财产总算清理完毕,确认盛宣怀遗产总额为白银1160多万两。1920年,依据盛宣怀遗嘱,由盛氏亲族会议做出议决,一半分给5个儿子,一半捐入愚斋义庄,各得580多万两。盛氏五房子孙将580多万两银子平分,每房各得遗产116万两。

愚斋义庄的财产管理是一件大事。作为财产监督人,李经方召集盛氏五房及亲族会议,商定成立董事会,订立章程,要求董事会遵照章程办事,只准动用利息(本金不动),不得变卖义庄财产,以其中四成作为慈善基金,四成作为盛氏公积金,二成作为盛氏家族公用。这样的安排,兼顾到盛氏家族利益和社会公益慈善的需要,得到盛氏亲族和社会各界的好评,1921年10月31日,北京政府还颁发了嘉奖令。

1924年9月、1925年1月,接连爆发两次江浙战争,长三角地区深受其害。中国红十字会总会总办事处及各分会竭力救护。盛宣怀遗孀庄德华夫人继承盛宣怀遗志,给予红十字会力所能及的支持。

1925年2月1日,中国红十字会常州分会会长伍玑(字琢初)致信庄夫人,告知常州地方兵灾严重,常州分会不遗余力进行救助,只是经费困难,恳请庄夫人解囊相助。2月17日,庄夫人回信,捐助3000元,并在上海开办一个收容所,尽绵薄之力。

遗憾的是,盛宣怀遗产没能发挥更大的作用。1927年庄夫人离世后,盛氏子孙无视盛宣怀遗嘱,为瓜分"愚斋义庄"六成的慈善基金遗产,闹上法庭。江苏省政府趁机插手,命令把愚斋义庄财产的四成上缴国库,充作军需。"愚斋义庄"至此夭折,也断送了盛宣怀的慈善之路。为了慈善事业,盛宣怀煞费苦心,精心勾画"愚斋义庄"蓝图,可是竟成泡影,令人惋惜。

盛宣怀是一个不折不扣的"传奇"。著名史学家、《盛宣怀传》的作者夏东元先生说他是"处非常之世,走非常之路,做非常之事的非常之人"。他所创造的11项"中国第一",就是"非常之人"的最好说明。而死不忘慈善公益的精神,令人感佩,也告诉人们,为官之道,为商之道,不能没有博爱胸怀,不能不尽一份社会责任。

(池子华 撰稿)

主要参考文献:

1. (清)盛宣怀:《愚斋存稿》,台北文海出版社1963年版。
2. 中国红十字会总会编:《中国红十字会历史资料选编(1904—1949)》,南京大学出版社1993年版。
3. 夏东元:《盛宣怀传》,上海交通大学出版社2007年版。
4. 易惠莉:《盛宣怀评传》,江苏人民出版社2012年版。
5. 池子华:《晚清时期中国红十字运动研究》,科学出版社2019年版。

"民营企业家的先贤和楷模"

——张謇改良社会的慈善实践

张謇(1853—1926),号啬翁,江苏南通人,近代著名实业家、教育家、慈善家,其早年以"读书—科举"为业,并在1894年的恩科考试中一举夺魁,状元及第。不久,甲午战争爆发,清政府在内忧外患中摇摇欲坠。张謇目睹清政府之腐败与民众之悲惨,遂弃官从商,创办南通大生纱厂。其后半生致力于南通地方自治,大兴实业、教育与慈善,并将慈善事业看作实业救国、教育救国理想的重要补充,纳入改良社会的系统工程。作为中国近代史上声名远播的状元慈善家,张謇一生心系贫苦民众与国家前途命运,以敢为人先的精神,改良、创办大量慈善机构,

图一 张謇肖像

使当时的南通县"以地方自治实业、教育、慈善、公益各种事业之发达,部省调查之员,中外考察之士,目为模范县"①。

救国图存,弥缝实业、教育之不及

光绪二十年(1894),中日甲午战争爆发。翌年,清政府签订丧权辱国的《马关条约》。一时间,朝野上下,无不震动,新科状元张謇亦在其列。甲午那年,恰逢慈禧六十大寿,举行恩科会试,41岁的张謇一举夺魁。然而,朝廷内部

---

① 李明勋、尤世玮主编:《张謇全集·函电》,上海辞书出版社2012年版。

"民营企业家的先贤和楷模"

的帝后之争和紧接而来的甲午战败,令张謇愈发感到国家忧患之深重,对于官运仕途的态度也越发淡薄。如何救国于危难,救民于水火?经过一番深思熟虑,张謇决意弃官从商,兴办实业。

考虑到国家的现实情况及个人能力,张謇决定在家乡南通①试行实业救国的道路。南通有着深厚的植棉传统,至清代前期已经发展为国内重要的棉花生产地和集散地,非常适合办纱厂。因此,自光绪二十一年(1895)开始,张謇到处奔走筹资,虽然多次碰壁,仍不改初心。经过多年筹划布局,最终创成南通大生纱厂。之后,为解决纱厂原料不足的问题,又陆续创办了全国首家通海垦牧公司及广生油厂、大隆皂厂、大生纸张印刷公司等,形成了覆盖金融业、食品业、日用品、造纸印刷、建筑业等多个领域的实业系统。

图二　早期的南通大生纱厂

大生纱厂的成功,为张謇积累了大量财富。对于普通人而言,财富或许只是享乐的资本,但在张謇这里,它却是改良社会的重要支柱。在张謇的构想中,实业只能达到富国的目标,真正要改变社会现状,关键还在育人。因此,抱着"开民智"的想法,张謇开始在南通兴办教育事业。但是,"欲教育普及国民而不求师,则无导。故立学须从小学始,尤须从师范始"②,因此,张謇在光绪二

---

① 1912年5月,通州改称南通县。因此,本文提到的南通,1912年5月之前指通州,1912年5月后则指南通县。

② (清)张謇:《南通师范学校始建记》,程国政编:《中国古代建筑文献集要·清代》下册,同济大学出版社2013年版。

十八年(1902)创办了我国近代第一所民立师范学校——通州师范学校(今南通师范学校)来培育优秀的师资力量。之后,又陆续创办了通州女子师范学校、南通医学专门学校、盲哑学校师范科、女工传习所等。据统计,从光绪二十八年(1902)创办通州师范学校起,在短短的20多年中,张謇创办和参与建设的各级各类学校及教育机构多达370所。① 可以说,张謇凭一己之力,构建了南通从幼儿园到大学的完整教育体系。

但仅凭借实业与教育,仍不足以实现救国之理想。宣统元年(1909),清政府发布《城镇乡地方自治章程》,要求各地遴选绅士,依章程筹办城镇乡自治事宜。清政府所倡"地方自治"与张謇历来主张的"村落主义"不谋而合,其特别列出的传统善举诸端,更加深了张謇经营地方的慈善底色。但是,在这一时期,张謇对于慈善与地方社会间的关系定位并不明确,其兴办慈善,更多的还是源于地方士绅的一种责任感,具有一定的盲目性。

民国元年(1912),张謇与英国浸礼会传教士李提摩太进行了一次会晤,谈到中国的未来时,李提摩太指出,除非中国能够真正普及教育与公共卫生,大兴实业,推广慈善,否则,必然难以实现共和。若能够在国内择一两处推广试点,发挥模范作用,带动其他地区,中国的富强也就指日可待了。张謇为此深深触动,第二天就写出了《感言之设计》,对在南通兴办实业、教育、公共卫生、慈善四类事业的规模及经费进行了初步构想。这一举动也意味着,张謇正式将慈善与实业、教育并举,共同纳入社会改良的系统工程之中。其后来论及三者关系时即称,"謇窃以国家之强,本于自治,自治之本,在实业教育,而弥缝之不及者,惟赖慈善"②。

幼人之幼,承前制而成新育婴堂

尽管张謇慈善救国的观念正式形成于民国元年,其慈善实践却早在19世纪末就开始了。只是早期的慈善活动多以传统的慈善方式展开。

---

① 崔新进:《开启民智 教育救国》,《学习时报》2020年11月20日。
② 李明勋、尤世玮主编:《张謇全集·公文》,上海辞书出版社2012年版。

19世纪80年代初,通海一带常发生水灾,一些不法粮贩往往趁机抬高粮价,百姓苦不堪言。张謇目睹民生疾苦,有了办社仓的想法,但由于各种原因,直到光绪二十四年(1898),"才营所居常乐镇二十八圩社仓"。社仓在收获季节按土地面积,照市价征收粮食。青黄不接的时候,再以平价出售或者借出,夏收后归还。但是,由于这一创举损害了粮贩的利益,常乐社仓在建设不久后就遭到毁坏,令张謇颇为无奈。直到两年后,张謇才重修常乐二十八圩社仓,并制定"社仓约"进行规范。除了社仓外,张謇还拿出私资,在常乐镇社仓沟北买了五亩左右的土地办公厝堂,为贫苦死者及客死常乐的流浪者提供停尸之地。

20世纪以后,随着大生纱厂的成功,张謇经办慈善的条件也愈发充分。戊戌至辛亥年间,由于经办实业的需要,张謇常往来于通州、上海两地之间。上海因开埠较早,慈善发展得风气之先,不少教会人士在上海开办了西式慈善机构。旅沪期间,张謇除为大生纱厂事奔走外,借机参观了不少上海教会的慈善机构,如基督教会在上海徐家汇创办的育婴堂、安老会,对近代西方社会慈善事业及理念有了初步了解。在这一时期,张謇自己的慈善事业也得到进一步拓展,新育婴堂即为重要一例。

南通旧有育婴堂建于乾隆三十九年(1774),及至清末,年久失修,管理混乱。光绪二十九年(1903),张謇、张詧(张謇之兄,生于1851年,卒于1939年)二人受邀去旧育婴堂视察。只见几间又小又破的房屋紧紧挨在一起,屋内低洼不平。由于屋子都是东西向,若遇阴雨天,则屋内泥泞不堪、湿气久久不散;若遇烈日,则屋内炎热难耐、暑气纵横。堂内乳妇,蠢懒不堪,一进屋子,污秽处处,臭气熏人。见此情景,三人便商量着重建育婴堂,救助贫弱婴孩。

新育婴堂建成于光绪三十二年(1906),地址由张謇择定于唐闸镇鱼池港口北面,占地约15亩。该处三面环流活水,屋舍宽阔整洁,空气清新自然。购地、造屋等各项费用加起来有23400多元,由张謇兄弟和大生纱厂主事人捐四分之三,官府赞助四分之一。新育婴堂仿照上海徐家汇教会婴堂建设布局,分为内外堂乳养。张詧、张謇为义务正副院长,下设女主任1名,乳母10多人。育婴堂开办一年,成效显著,婴孩成活率大幅度提高。其后,随着收纳婴孩数量的上升,经费开支越来越大。加上南通师范等学校的支出消耗,育婴经费颇为紧张。张謇自感责任重大，遂重拾旧业，于宣统元年（1909）发表《鬻字字婴后启》，卖字筹款。所得钱款，一律捐给新育婴堂。

对原有慈善机构在继承前制的基础上进行改建，是张謇所办慈善事业的特征之一。在新育婴堂之外，其兴建的义园（1914）、栖流所（1916）、旅殡所（1920）也都属于这一类。

教养并重，创国人首所盲哑学校

清末民初的中国，正处于"千年未有之变局"。受这一变动时期的影响，张謇的慈善事业也表现出新旧交错的特性。在改建传统慈善机构之外，张謇还吸收西方慈善的有益元素，创办了一批近代慈善机构，贫民工场（1914）、济良所（1915）、残废院（1916）、盲哑学校（1916）均属于此类。这些机构以"教养并重"为培育方针，与中国传统慈善组织"重养轻教"相区别。其中，这一特点表现尤为突出的当属南通狼山盲哑学校。

光绪二十九年（1903），张謇应日本驻江宁领事天野恭太郎的邀请，赴日本参观其国内第五次劝业博览会。张謇在日本前后停留两月有余，其间，除参观博览会之外，还考察了日本的工厂、农场、学校、公共设施及慈善机构等。其中，日本的盲哑教育给他留下了尤为深刻的印象。

5月20日，张謇跟随引导员参观了京都盲哑院。在那里，他看到"一哑生藤元画楚楚可见"，"一盲生能于小长方铜范中针刺字母"，当时就惊叹道："彼无用之民，犹养且教之使用乎！"在京都盲哑院，盲哑人不仅有机会接受良好的教育，还能学习到许多有用的生存技能，这种教养并重的慈善方式，令张謇印象深刻。在中国封建社会，人们往往认为，盲哑儿童的诞生，是前世做了太多坏事的结果。这种迷信的盛行，也是中国迟迟没有建立自己的盲哑教育事业的原因之一。日本之行，给张謇带来极大的震撼，可是，由于种种事务缠身，盲哑学校的相关工作迟迟未能推行。光绪三十三年（1907），张謇撰写《致署江苏朱按察使劝兴盲哑学堂函》。函件中，张謇列举了数位中外人士，讲述他们因捐款兴学受到时人赞誉的事迹，劝对方捐家资十分之一二，兴办盲哑学堂。但这封信函寄出后，便如石沉大海，再无回应。于是，张謇决心依靠自己的力量兴办盲哑学校。

宣统三年(1911),张謇乘海轮赴烟台,特意参观了外国教会创办的盲哑学校,重点考察了其教学设施和办学师资。翌年,兴起筹建盲哑学校募捐义举,同乡瞿仰之捐银 6000 元,南通女善士顾淑基①赠长阴沙圩田百亩(市值万余元),成为兴办盲哑学校的重要经费。

在筹办盲哑学校的过程中,张謇进一步认识到,中国的盲哑教育,仅有学校而无师资,是无法推进下去的。因此,在开办盲哑学校之前,应先建立一所盲哑师范传习所,培养专门教师,从中挑选出有慈爱心和忍耐心的人,担任盲哑学校的授课教师。但是,由于经费不足,传习所的设想最终未能实现。后来张謇采取变通方法,于民国四年(1915)在南通博物苑内开办狼山盲哑学校师范科,聘请烟台聋校、北京盲校老师各一位,担任师范科教师,首期招收师范生9人,学制一年,为次年开办学校培育师资力量。

民国五年(1916)初,眼看学校招生开办在即,资金仍有较大缺口,已逾六十的张謇,不顾年老体迈,在《通海新报》上发表《为残废院盲哑学校鬻字启》,卖字筹款。11月25日,狼山盲哑学校终于顺利开校,张謇担任校长一职。学校以"培育盲哑师资,造就盲哑使其有独立自存之能力"为办学宗旨,教以各种工艺技能,教养兼施。在学校课程设置、教学方法、教学理念等诸方面,张謇充分吸收借鉴了国外先进经验,注重养教结合,在社会上掀起一股慈善新风。

作为我国历史上第一所由中国人自主创办、自主管理、独立教学的盲哑学校,狼山盲哑学校的创办,无论在传播新的教育理念,还是造福盲哑人方面,都具有了重要的社会价值。据悉,经盲哑学校培育出来的具有一定生产技能的学生,多服务于邻近地区,并以"勤勉任事"而受到社会人士的好评。

博爱济人,融慈善于社会改良事业

自上文提及的民国元年(1912)"张李会晤"后,张謇便正式将慈善事业纳

---

① 顾淑基,女,南通长阴沙人。终身未嫁,于1915年病逝。张謇曾亲自为之书写挽联:"嘉惠及喑哑痴聋,乐善好施,踵吾家邵夫人徐夫人而起;散财与邻里乡党,绝志述事,为古代曹孝女姚孝女所难。"见李明勋、尤世玮主编:《张謇全集·联语》,上海辞书出版社 2012 年版。

入改良社会的系统工程之中,其慈善事业也自此进入鼎盛时期。

民国元年五月二十五日,是张謇六十大寿的日子。念及乡里因无子女奉养而孤寡的老人,张謇发出了创办养老院的倡议,并将宴客费3000元与亲友捐助所得,作为办理经费。养老院的院址选在南通城南白衣庵旁边,占地17.5亩,院内建筑设备及常年费用均由张謇承担。院内其他经费,除社会各慈善家的馈赠及基本产外,主要源于来参观的宾客。院中设有募捐册,如果来参观的宾客慷慨捐助金钱及一切日常用品,就登记下来,按月登报并记入年册。对于工厂、钱庄、商号以及米行、粮店、饭馆捐赠的米、麦、面、饼、粮食、菜等实物,无论多少,也一律登报致谢。这种号召全社会参与的养老方法,不仅缓解了慈善经费紧张的情况,也传播了慈善养老的新理念。

在院内设置上,张謇将养老院分为男女两院,先于白衣庵左侧设男院24间,后在其右侧设女院16间。两院都单独设立了食堂、厕所、储物室、洗衣室,而厨房、医务、储藏、接待、管理、看守等室则共用。养老院设有院长、主管、帮管等,并择精力充沛的老人充当院门看守、传信者。第一养老院于民国二年(1913)开院,共养男性80人,女性40人。后来,张謇的哥哥张詧照其设计,在海门常乐镇建立了第二养老院。七十岁时(1922),张謇又用私资在第一养老院前面购地建造了可同时收养146位老人的第三养老院。

张謇创办养老院,既不是沽名钓誉,也不是像迷信者那样追求"阴功"。他曾在1922年第三养老院开幕式上自述心迹:"夫养老,慈善事业。……不过自己安乐,便想人家困苦;虽个人力量有限,不能普济,然救得一人,总觉心安一点。"[①]张謇希望通过自己创办的养老院,带动社会好善之士推广设立,从而营造出爱老、敬老的社会风气,达到"不使一老人流离失所"的目标。这种博爱济人的情怀,不可谓不令人感动。

相较于养老院,南通济良所及野犬栏的设立,更进一步表现出张謇"博爱"的慈善理念。中国传统社会的慈善救助机构,往往对救助对象有较高的道德要求,不符合主流道德规范的人,如妓女之属,一般得不到应有的救助。但张謇所建的济良所,却是一种专为不良妇女和娼妓而设的收容机构。1914年,张

---

① 李明勋、尤世玮主编:《张謇全集·论说 演说》,上海辞书出版社2012年版。

謇等人利用南通城内南街已废税务署之旧址，并收购部分民房，改建为济良所。济良所内的女子，每天上课4小时，学习国文、伦理、算学、缝纫、手工、洗濯、烹饪等课目，六个月毕业。①南通济良所设立后，累计有近千名妇女得到收容，在改良社会风气方面起到了积极的作用。

至1920年，南通有恶犬妨碍交通，警察建议按照西洋人的办法，直接枪杀。张謇则认为，这种直接毙命的方法无异于诛杀不服管教的百姓，倒不如将野犬分为公母两类，中间用围栏隔开，减少其繁殖。并在不久之后于南通城南郊和西南郊设立了野犬栏，遮藩加树，将野犬圈在其中，并募集糠秕碎米，无论冬夏，都予以食物喂养。野犬栏的设立，彰显出了张謇普适于整个自然界的博爱理念，也成为中国特殊慈善机构设立的开始。

可以看到，张謇以一人之发达造福了一方百姓。他改建、创办诸多慈善机构，使社会弃儿、盲哑儿童、孤寡老人、残疾人士、流民乞丐、娼妓妇女，甚至野犬之类，都得到了妥善照顾。曾就读于南通大学农科的陈翰珍回忆南通，称"工业发达，佣于工厂者亦有数万。又因有养老院、残废院、贫民工厂及育婴堂等，故余来通两年余，窃盗之事少闻，乞食之事鲜见。虽不敢说夜不闭户，道不拾遗，然索诸千七百余县中，亦独一无二仅有绝无之桃源地也"。②南通从长江北岸的一隅小城一跃成为各地模范，甚至收获了"中国近代第一城"的美誉，张謇则成为无可訾议的"近代南通之父"。

兴办公益，创国人首所公共博物馆

在上述慈善实践外，张謇还于二十世纪初期在南通创设了博物苑、图书馆、公园、公共体育场、气象台等一批新型公益设施，大大拓宽了传统善举的范围。其中，南通博物苑的成功创立，更是令南通跃居为中国博物馆事业的发祥地。

1903年的日本之旅，大大加深了张謇对近代西方文明的认识。光绪三十

---

① 《通通日报》馆编辑部编：《二十年来之南通》，(伪)南通县自治会1938年印。
② 《通通日报》馆编辑部编：《二十年来之南通》，(伪)南通县自治会1938年印。

一年(1905),张謇根据在日本考察所得,先后上书学部和张之洞,建议仿照日本,于北京设立帝室博览馆。张謇认为,博览馆合博物苑、图书馆二者优势,可弥补学校教育的不足,"使承学之彦,有所参考,有所实验,得以综合古今,搜讨而研论之耳"[①],故建议先于京师设博览馆作为模范,之后再推行于各行省、府、州县,令各地学子都能够有机会学习观摩。此举不仅能够保存国学,还能帮助士林学子增长见识,有益于开化社会风气。此外,张謇还提出将展览内容划分为自然物品、历史物品和美术作品三大类,"以所造时代"对之进行划分的想法。其中的许多论述,成为中国博物馆学的理论基石。

然而,这番热忱建言,并未被没落的清政府采纳。但张謇没有就此放弃。就在上书同年,张謇回到家乡南通,在通州师范以西,购民房29家,迁移荒冢三千余座,平土筑垣,创建博物苑,开始了其博物馆事业的实践。[②] 翌年,张謇将兴建中的公共植物园规划为博物苑,占地23300平方米,分中馆、南馆、北楼和东楼。苑内设有4个陈列馆,分列自然、历史、美术、教育四部分文物与标本,主要来源于各地人士和寺院的捐赠、授予。据1914年编印的《南通博物苑品目》,苑内共收录文物、标本2973号,每号一件至数件不等。[③]

博物苑遵循"设为庠序学校以教,多识鸟兽草木之名"的办馆理念,苑内种植树木花草,饲养鸟兽,并有亭榭、假山、荷池等园林建筑。环境优美,藏品丰富,对公众教育的开展大有助益。1912年,博物苑正式更名为"南通博物苑"。据闻,为方便公众参观、保护博物苑,张謇不仅亲自拟定《博物苑观览简章》提供指导,还专门聘请了通晓外国语言的引导员,负责导览工作。如此诸端,可见其于博物馆建设所付出的心血。张謇认为,"自欧人导公益于文明,广知识于世界,上自皇家,下迄县郡地方,学校咸有博物馆之设"[④]。既然博物馆是慈善公益事业的一部分,而慈善又是地方自治的重要一端,张謇自然不会掉以轻心。

---

① 李明勋、尤世玮主编:《张謇全集·公文》,上海辞书出版社2012年版。
② 《张謇与博物馆事业》,载南通博物苑网,见 http://www.ntmuseum.com/colunm6/col4/cbr/90.html。
③ 《南通博物苑》,载张謇网,http://www.zhangjianchina.com/view.asp? keyno=2407。
④ 李明勋、尤世玮主编:《张謇全集·章程 规约 告启》,上海辞书出版社2012年版。

南通博物苑自建设以来,就成了地方教育的重要一环,后来虽在日军铁蹄下惨遭破坏,幸而在新中国成立后得以恢复重建,至今仍发挥着教育公众的作用。张謇本人也因创办了国人的第一所公共博物馆而被誉为"中国博物馆之父"。

图三　南通博物苑中馆

2020年11月12日下午,时在江苏考察调研的习近平总书记专程来到南通博物苑,参观张謇生平介绍展陈。对于张謇兴办实业、教育与社会公益慈善事业的事迹,总书记给予了充分肯定,并称赞其为"民营企业家的先贤和楷模"。这已经不是总书记第一次在公开场合为张謇"点赞",早在三个多月前的企业家座谈会上,总书记就曾公开称赞张謇为"爱国企业家的典范"。回溯历史,张謇以状元之身兴办实业,但"言商仍向儒",心怀天下苍生;待实业有所成,又将一腔热血投入教育、公益慈善,并将之作为一生事业,孜孜追求。在其多年的苦心经营之下,南通一改落后之貌,顺利实现近代化转型,一跃成为全国"模范县"。张謇一生所获财富无数,却都被投入改良社会、救国济民的实践之中。

作为近代史上颇具名气的实业家、慈善家,张謇真挚的爱国情怀、高度的社会责任感以及兴办实业的大无畏精神,使之无愧于总书记所予"民营企业家的先贤和楷模"的称号。而张謇在慈善实践中的一系列创举,也使他获得了诸多美誉。南通慈善总会副会长叶沈良就撰专文指出,"中国历史上行善之事、之人、之论,可追溯者众多,但在中国近代史上,兼具慈善理念、慈善影响、慈善留存于一身者,张謇当属第一人"。如今,斯人已逝,而遗风长存。张謇当年兴办的一系列事业,有许多至今仍泽被一方。让我们追随这位先贤楷模的慈善脚步,共同学习发扬其仁爱济民的精神。

(商东惠、潘伟峰　撰稿)

主要参考文献:

1. 李明勋、尤世玮主编:《张謇全集》,上海辞书出版社2012年版。
2. 《通通日报》馆编辑部编:《二十年来之南通》,(伪)南通县自治会1938年印。
3. 周秋光、李华文:《达则兼济天下:试论张謇慈善公益事业》,《史学月刊》2016年第11期。
4. 孙艳:《张謇的慈善思想研究》,《开封教育学院学报》2016年第11期。
5. 周秋光主编:《中国近代慈善事业研究》,天津古籍出版社2013年版。
6. 赵有梅:《张謇慈善事业研究》,硕士学位论文,河北大学,2006年。

"义声闻天下"的慈善家

——施则敬的善行懿德

1929年7月8日出版的《申报》上,"红会为创始者建塔记功"标题非常抢眼。消息称,为了弘扬人道,"昌大会务",红十字会准备为"四公"建立纪念塔,立碑纪念他们的创始之功。"四公"就是已故"红人"前副会长沈敦和、首席常议员施则敬、常议会银钱董事朱佩珍、常议员汪龙标,他们"皆披荆斩棘,筚路蓝缕,支持会务,始终如一,至今十数年而永不能忘者也"。施则敬就是"四公"之一。

一、投身慈善事业"义声"远播

施则敬(1855—1924),字临元,号子英,1855年11月6日出生于江苏震泽县(1724年设县,与吴江共用县城,属苏州府管辖。1912年震泽撤县并入吴江县),后随父迁居上海,经营商业,为上海丝业董事,赫赫有名的慈善家。

施氏祖籍浙江泾溪,清初迁居震泽,繁衍生息200余年,枝繁叶茂,成为当地望族。施则敬就出生在这样一个书香门第,在"积学好德,急公好义"的大家族、"敦行积学,勤于施济"的家风沐浴下成长起来。施则敬好学上进,1875年中举,初任知县,后因赈灾有功升任知州、知府、道员。在他的慈善生涯中,其父施善昌对他的影响巨大。

图一 施则敬肖像

施善昌(1828—1896),又名邦庆,字少钦,好行善事。1849年苏南水灾,震泽、吴江饥民遍地，嗷嗷待哺，惨不忍睹，此情此景，使施善昌寝食难安，于是他慷慨解囊，尽其所能救济饥民。1876年至1879年华北地区发生一场罕见的特大旱灾。1877年干支纪年为丁丑年，1878年为戊寅年，史称"丁戊奇荒"。这场被称为"古所未见"的大饥荒，波及山西、直隶（河北）、陕西、河南、山东等省，死亡人数多达千万。面对如此奇灾，施善昌联络江南绅商，筹集款物，全力赈灾。施善昌的义举，深深感染着施则敬。施善昌举办的各种义赈活动，施则敬均积极参与，有资料说，直隶、山东、山西、河南、安徽等省水灾旱灾，他无不全力以赴，"父子躬其役，不惮劳勤，所募金以数十百万计，义声闻天下"[①]，受到李鸿章的赏识。1890年直隶暴雨连绵，永定河决口，一千数百里间一片汪洋。灾情发生后，李鸿章急请施则敬北上办理赈务。施则敬不辞劳苦，千里奔驰，到了灾区后不分昼夜救济灾民，尽心尽力。

值得注意的是，施则敬的仕途与他热心慈善公益事业有着密切关系，这在《笠泽施氏支谱》对他履历的记述中清晰可见："在国难民灾之际，赴山东堵筑黄河漫口出力，保升知州加四品衔；又筹办顺直工赈出力，特旨以知州留于直隶补用，堵筑永定河南七工漫口出力，保俟补缺，以知府用加三品衔；又助办晋边义赈出力，保俟补缺，以道员用；为劝办江南海防捐输出力，保俟归道员，后加二品顶戴。历办山东、顺直、江苏、河南、安徽等地抗洪劝捐义赈，并修筑房山县煤道工程出力有功，先后九次奉旨嘉奖。"这段话并不难懂，先后"九次奉旨嘉奖"，说明他的善行得到了朝廷的肯定。而这些慈善活动，同时使他赢得了巨大的社会声望，成为上海滩慈善界领军人物之一。他能参与中国红十字会的创建，绝非无根之木。

二、合力同心创红会

施则敬的事业"根据地"在红十字启蒙运动的中心上海。在这里，他把父亲的事业发扬光大，如其父有仁济善堂之设，他则开办了普善山庄的慈善机

[①] 《施氏义庄子英公长生建龛记》，载《笠泽施氏支谱》，见 http://yhml.gol.icpcn.com/00jp04.htm。

构。同样在这里,他领略到红十字的魅力,并积极将红十字理念付诸人道实践。1900年为救援庚子之役(八国联军侵华战争),他参与发起了"中国济急善局"慈善组织并按红十字会规则行事,救助落难同胞。

历史往往有惊人的相似之处。国际红十字的诞生得自于战争的强力推动,那场战争就是众所周知的1859年发生在意大利的索尔弗利诺之战,瑞士人亨利·杜南途经此地,立即组织救护,拉开国际红十字运动的序幕。中国红十字会的诞生,同样得自战争的强力推动,这场战争就是发生在中国领土上的日俄战争。

日俄战争是一场"奇怪"的战争,说它奇怪,是因为日本和俄国之间的战争,战场既不在日本,也不在俄国,而是在中国。原因很简单,日俄都是侵略中国的急先锋,但欲壑难填,沙俄有"黄俄罗斯计划",日本制定"大陆政策",双方都想独占东北,进一步扩大在华侵略利益,为此明争暗斗,剑拔弩张。1904年2月8日,日军突袭旅顺,日俄战争爆发。更奇怪的是,懦弱无能的清政府不能阻止战火在自己国土上燃烧,竟然将辽东划为交战区,任凭两国在那里厮杀,不仅如此,清政府竟然宣布"局外中立",意思是说这场战争与其无关。这简直就是世界战争史上的奇闻。

图二　漫画中的日俄战争

硝烟弥漫,难民潮涌,东北同胞背井离乡,走死逃亡,牵动人心。战争中,日本、俄国红十字会救护队穿梭往来,救护伤兵。可是东北难民得不到救治。清政府宣布"局外中立"不能直接插手,中国传统的慈善组织如善会善堂能力弱小,有心无力,也没有资格进入战地。战争状态下,只有"中立性"的红十字会才有资格出入战场进行救护。可是中国没有红十字会，如何是好？情急之下，以沈敦和(1866—1920，字仲礼，浙江宁波人)、施则敬为首的在沪绅商登上了历史舞台，把创建红十字会提上了日程。

1904年3月3日，在施则敬推动下，"东三省红十字普济善会"在上海成立，《申报》报道说："昨日(3月3日)午后三下(点)钟时，由施子英观察在英界六马路，邀集东三省红十字普济善会同志诸君，商议开办之法。先由沈仲礼观察表明泰西红十字会缘始及会中一切章程，既而在座诸君以次各抒己见。"①根据章程，"本会援泰西红十字会例，名东三省红十字会普济善会，专以救济该省被难人民为事"，翻译成白话文，就是说按照西方红十字会办法设立救济善会，正式名称为东三省红十字会普济善会，是一个专门从事东三省难民救助的慈善组织。普济善会采取董事会制，作为发起人的施则敬，顺理成章担任董事。

东三省红十字普济善会刚一成立，就遇到了自身无法克服的难题。尽管其运作方式力图遵行国际红十字的基本规则，东三省红十字普济善会不是统一的红十字组织。同时，"善会"二字，也使其蒙上浓重的传统善会善堂的阴影，外来的"红十字"与本土慈善组织"善会"搅和在一起，不伦不类。这种"山寨版"的红十字会，根本无法取得交战双方的认可、尊重和保护。

东北难胞，亟待救援，刻不容缓，新成立的东三省红十字普济善会爱莫能助，而离开了"红十字"，又无法接近战场，幸而李提摩太及时伸出援手，使尴尬的局面出现了转机。

李提摩太(Timothy Richard，1845—1919)是一位英国传教士，1870年来到中国，先后在山东、天津、山西等地传教，是有名的"中国通"，热心公益慈善，"丁戊奇荒"中亲自前往山西赈灾，发放赈银不少于12万两，救活了不少饥民。山西人对李提摩太至今心存感恩。施则敬之父施善昌是"丁戊奇荒"救灾活动的积极推动者，虽然各自行动，但目的是一样的，都是为了救活更多的饥民，彼此倾慕也在情理之中。李提摩太是在华传教士中代表性人物，与李鸿章、张之洞、左宗棠、曾国荃、梁启超等上层人物都有交往，与来华西方人士，不用说，交往更加频繁，这种人脉关系，可以使他左右逢源。

---

① 《记普济善会初次议事情形》，《申报》1904年3月4日。

李提摩太受施则敬等东三省红十字普济善会同仁重托,游说英法德美等国驻沪领事,苦口婆心,希望联合组建一个国际性的红十字会组织。幸运的是,他的提议得到积极响应。

1904年3月10日,也就是光绪三十年正月二十四,施则敬、沈敦和等慈善家的建会之梦终于变成了现实。这天下午5时一刻,中、英、法、德、美五国人士在英租界公共工部局集会,郑重宣布联合组建红十字会,暂名上海万国红十字支会(3月17日正式定名上海万国红十字会)。"万国"就是"国际"的意思。上海万国红十字会虽为五国合办,但因在中国创办,由中国承办,因此中国"永有红十字会主权"。也正因为如此,它的成立,同时宣告了中国红十字会的诞生。3月10日,历史将永远记住这一天。

上海万国红十字会采取董事会制,由45名董事组成,其中西董35人,华董有沈敦和、施则敬等共10人。又从这45名董事中推出9名组成办事董事(相当于常务董事或执行董事),其中西董有李提摩太等7人,华董只有2人,施则敬即为其中一人。

三、闪光的金质勋章

作为上海万国红十字会中方最初的两名办事董事(后增任锡汾为办事董事),施则敬深感责任重大。第二天他便邀集各华董集会于丝业会馆,决定"先行筹备五万金,以期及早开办"。接着,他又与其他华董一起,筹集款项。其父开办的仁济善堂"代收捐款",他主持的丝业会馆"设立总收发所,所有华董办事、劝捐等事,即以丝业会馆为总汇之区"[①]。他把家族的仁济善堂、丝业会馆无私"奉献"出来作为筹款募捐、办公之处。至于善款如何使用、难民如何救济,他也与中西董事达成共识。3月17日,上海万国红十字会董事初次集议时,他与会议主席威金生有如下对话:"施曰:嗣后捐款,是否由华董公同允准,方可动支?主席曰:此自然之理。施曰:目前东三省办理此举,自须仰仗西国

---

① 中国红十字会总会编:《中国红十字会历史资料选编(1904—1949)》,南京大学出版社1993年版,第25页。

教士偏劳，惟中国善士愿往者甚多，宜亦派往。西董曰：前往与西教士合力更好。施曰：如不派华人前往同办，恐华人捐款，不能源源踊跃。威曰：请于牛庄设一分会，亦举中西董事合办。"透过这段并不难懂的文字，施则敬虑事周全、老成练达的形象呈现在人们面前。

上海万国红十字会的成立，得助于清政府的"幕后"支持，时任驻沪商约大臣吕海寰（1842—1927，字镜宇，又字镜如，号敬舆）、盛宣怀（1844—1916，字杏荪，又字幼勖，号愚斋）和会办电政大臣吴重熹（1841—1921，字仲怡、仲怿、号蓼舸、石莲）均与沈敦和、施则敬保持密切联系。上海万国红十字会诞生后，清政府的支持公开化，5月24日，清政府还拨出帑银10万两，资助上海万国红十字会的人道行动。这使施则敬等深受鼓舞。

3月29日，为筹集救济日俄战灾赈款，由钦差大臣吕海寰领衔，通电各省将军、督抚、海关，呼吁"拨助捐款"。这通"元电"，与吕海寰联名者，除盛宣怀、吴重熹、沈敦和等之外，当然少不了创始人之一的施则敬，他担起"会计"的繁重事务。

"元电"发出后，各省纷纷响应，在物资或道义上给予广泛支持。上海万国红十字会在沈敦和、施则敬等的积极努力之下，开始有序、高效运作起来，直到1907年救护日俄战灾的使命完成。在这3年多的时间内，上海万国红十字会和其分会通力合作，救助总人数多达46.7万人。特别难能可贵的是，施则敬等中西办事董事及救难人员不拿薪水，完全是志愿服务，他们以崇高的奉献精神，救死扶伤，扶危济困，默默实践着红十字赋予的人道圣职。他们的业绩，在白山黑水的辉映下，熠熠生辉，光彩照人。

日俄战争救护，施则敬等红十字会同仁竭尽全力，建立了卓越的功勋，理应受到表彰。1907年7月21日，吕海寰、盛宣怀在联名上奏朝廷的《沥陈创办红十字会情形并请立案奖叙折》奏折中，提出表彰有功人员的请求，请朝廷责成东三省总督臣徐世昌办理请奖事宜。朝廷同意。徐世昌领旨照办。

1908年4月28日，《申报》登出《东督等奏保红十字会名单》，受到表彰的人员有"创始及办事人"，其中中方人员有12名荣获"中国红十字会一等金质勋章"。施则敬赫然在列。这是对他献身人道事业的褒奖。作为中国红十字会创始人之一和人道行动的推动者，施则敬获此殊荣，实至名归。

值得一提的是,在施则敬的影响下,长子施振元、堂弟施肇基,也参与到上海万国红十字会的志愿服务中。我们今天看到的《上海创设万国红十字支会会议大旨》的重要文献,就是施肇基翻译的。作为首任驻美大使,施肇基于1937年出任中国红十字会上海国际委员会宣传征募委员会主席,为筹款募捐奔走呼吁。1941年他被"行政院"聘为中国红十字会理事。这就是"榜样"的力量。

图三　施则敬和家人合影

四、为了人道事业的永恒

1907年中英法德美五国合办上海万国红十字会功德圆满,"功成身退",中国红十字会走上了自立自主的发展道路。作为红十字会"元老"级人物,施则敬没有歇脚,而是继续协助沈敦和建医院——中国红十字会总医院,办学堂——中国红十字会医学堂。医院学堂1910年建成,总算为红十字人道事业奠定了些"根基"。

1911年10月10日,孙中山领导的改变中国命运的辛亥革命爆发了。辛亥革命首先在武汉爆发,接着,湖南、陕西、江西、山西、云南、上海、贵州、江苏、浙江、安徽、广西、福建、四川等省纷起响应,形成声势浩大的革命洪流。清王朝摇摇欲坠。

两军对垒,刀光剑影,枪来炮往,伤亡累累,惨不忍睹。在腥风血雨中,人们渴望红十字从天而降。10月23日,沈敦和接到由汉阳某国兵轮上发来的无线电报,恳请速派红十字医队前来战地,救护同胞。10月24日,沈敦和在上海大马路工部局议事厅召集特别大会,宣布成立"中国红十字会万国董事会",施则敬挺身而出,担任董事,筹款募捐,为前线救护提供后援保障。

辛亥革命是中国近代史上重大历史变革,短短的几个月,万象更新,中国红十字会也迎来了蓬勃发展的局面,据统计,辛亥革命期间,先后设立分会60余处,分会医院30余所,这是前所未有的。作为"总指挥"的沈敦和堪称功勋卓著,而施则敬协助之功,也不容忽视。

中华民国建立,百废待新,红十字事业进入新的历史时期。1912年9月29日,中国红十字会首届会员大会召开,"财务总管"施则敬报告收支情况,账目清清爽爽,获得会员的认可。推举常议员,选出新一届红会领导,是这次会员大会的中心议题。施则敬众望所归,被公推为首席常议员。10月6日,常议会成立,施则敬等34位常议员履职。这就意味着中国红十字会由董事会制向常议会制转变。作为权力机构,常议会在顶层设计、会务管理、财务监督等方面,都发挥着举足轻重的作用。

天有不测风云。会员大会不久,政局突变,1913年"二次革命"爆发,中国再次进入战争状态。

江苏是二次革命的主战场,其中自古为兵家必争之地的徐州更是烽火连天,特别是利国驿,居民3000户"无家不破,饥寒交迫,惨苦万状"。面对此情此景,施则敬心痛不已,立即采取行动,他率先垂范,垫款万元,在红十字会捐款项下再拨万元,连同棉衣数千套,委托查赈员王宝槐前往赈济,"民赖以苏"[1],帮助居民渡过了难关。

接着,他又出资发起中国红十字会南京征文社,以"人道说""红十字会与宗教之关系""劝人为善文(白话体)"等为题,连续3次发起征文活动,广泛传播慈善文化。

1914年,中国红十字会迎来建会10周年,施则敬因功由陆军部颁予金色

---

[1] 《红十字会纪事》,《申报》1913年12月29日。

奖章。但他没有就此止步,就在这一年,他在家乡震泽发起成立中国红十字会震泽分会,弘扬博爱精神。1917年他在上海创办贫儿院,被大总统题词赠送"急公好义"匾额。1918年,年过花甲的他,又被中国红十字会常议会公举为会计董事,继续发光发热。

图四 "贞惠先生"碑亭

1924年6月30日,施则敬病逝于上海。5年后红十字会为施则敬等四位创始者"建塔记功"的动议,没有落地,但家乡的父老乡亲不会忘记施则敬兴义学、办义庄、修水利、扶危济困、造福乡里之恩。第二年,乡里乡亲私谥他为"贞惠先生",并在震泽施氏族祠旁建起六角亭,亭内立碑,表彰他的善行懿德。

(池子华　撰稿)

主要参考文献:

1. 中国红十字会总会编:《中国红十字会历史资料选编(1904—1949)》,南京大学出版社1993年版。

2. 池子华:《红十字与近代中国》,安徽人民出版社2004年版。

3. 马强、池子华主编:《红十字在上海资料长编(1904—1949)》,东方出版中心2015年版。

4. 池子华主编:《中国红十字运动通史(1904—2014)》,合肥工业大学出版社2018年版。

5. 池子华:《晚清时期中国红十字运动研究》,科学出版社2019年版。

魏家骅:扶生救苦、劝善归过的"双料进士"

魏家骅(1863—1932),字梅荪,晚年自署刚长居士,人称"魏八爷"。同治二年(1863)出生,是为长子。祖上世代居住于秣陵(现位于江苏省南京市江宁区),从事缎业。咸丰三年(1853),太平军攻破南京,为避战乱,魏氏一族迁往苏州,后辗转于崇明、如皋。同治五年(1866),战事结束后,魏氏迁回南京,定居在老城南高冈里(现位于南京市秦淮区高岗里17至23号)。

魏家骅十五岁时成为庠生,其父亲去世后,家业逐渐走向凋敝,一度有失学之忧。为维系生计、重振祖业,其母张太淑人一面安排其三弟魏家骥与四弟魏家骆学习、钻研为商之道,一面全力支持魏家骅继续求学。对此考虑,魏家骅感怀于心,发奋苦读,最终实现了家人对自己的期冀。

图一　魏家骅肖像

光绪二十四年(1898),魏家骅考中进士,五年后又考中经济特科进士,成了"双料进士"。自此仕途坦荡,历任翰林院编修、国史馆协修、山东东昌府知府、云南迤东兵备道、云南提法使、云南迤西兵备道等职。辛亥革命爆发以后,时局动荡,魏家骅先是辗转至上海,又回到南京安心养病,不问政事。1912年,受命出任江苏民政司长,此后多以亦官亦绅的身份积极参与地方慈善公益事业。

魏家骅为人仁厚,政绩卓著,热心从事慈善公益事业。其事业涵盖施赈、放生、助学与劝善等方方面面,以实心行实惠,"深为士民所称道"。①

一、心系黎民,施赈有方

魏家骅以办理赈济事业著称,自光绪三十二年(1906)受命襄办淮安赈务起至1932年,他多次主持或参与赈务。在具体的施赈过程中,他总能总结经验,发挥智慧,做到因地制宜,使赈济效果最大化。

(一)以工代赈,科学救灾

光绪三十二年(1906),江苏省发生特大水灾,灾民达七百三十余万,全省遭受水灾地区包括长洲、元和等六十一厅州县与淮安、大河、扬州、徐州四卫,其中徐州、海州、淮安各属灾情最为严重。一时灾民流徙,谣言四起,社会秩序陷于紊乱,亟须救荒。此时魏家骅正在家中守丧,受到两江总督端方的举荐,被派到淮安协助办理赈务。赶至淮安后,魏家骅招募民众修理六塘河堤,即"以工代赈",在控制灾情的同时救助灾民。此举收到了良好的成效,魏家骅本人也受到了嘉奖。

此次襄助办理赈事之所以能够成功,与魏家骅担任东昌府知府时积累的经验是分不开的。东昌府土壤膏腴,然而,由于历任官员德才有失,其发展逐渐走向窳败。魏家骅在综合考察民情吏治后,决定以兴修水利为首要政务,并挑选一批吏员作为左膀右臂,白天他与吏员一同丈量田亩、勘察河道,夜里挑灯绘制图纸。仅过一年,便有了显著的成效。人们路过东昌府,看到与往常截然相反的图景:田间水道密布,粮食收成颇丰,民众安居乐业,不禁感慨于魏家骅的贤能。

(二)助民复业,稳定秩序

1913年,北洋军在镇压"二次革命"后,攻入南京。兵匪敲骨吸髓式的劫掠与僵持近四个月的战事使南京城再次陷入浩劫。满目疮痍,十室九空,民众死伤无数,尸横遍野。幸存者家产散尽,颠沛流离,无以为生。时人称,这是继洪

---

① 王能伟主编:《南京人物志》,学林出版社2001年版,第156页。

杨之难后的又一次空前劫难,兵祸惨烈由此可见一斑。

兵祸发生时,魏家骅正在上海。他一面与冯煦等人共同发起南京救恤会,为身无分文的居民提供补助金,支持他们做小本生意,以维持基本生计。另一方面,他联合冯煦、盛宣怀、唐文治、仇继恒等人致电国务院,请求拨放赈款。十月,魏家骅受命回到南京,与冯煦共同办理善后赈抚。经过商讨,魏家骅等人意识到,兵灾与寻常水旱灾的处理方式有所不同,后者侧重于赈济,而前者更偏重于抚恤。因此,他们决定组织江宁赈抚局,同时与多方开展协作,共同推进赈抚事业。具体为,冯煦等人负责购买粮米,江宁赈抚局调查城内各处情况,并与上海赈恤会一起散发救济物资。

这场战祸不仅使南京城陷入浩劫,也将政府置于危机当中,它严重冲击了民众对当局的信任,使得人心紊乱,社会不安。因此,魏家骅等人向政府建议,与各方社会力量展开合作,帮助各行各业迅速回到正轨。于学界,政府应当向教育系统提供适当津贴,使各蒙学堂、寻常小学堂与改良私塾能够开学或开塾,恢复正常的教学秩序。于农业,政府与各方慈善力量应着手筹备冬赈,并向农民散发种子,以保障来年的耕作。于工业,应当在恢复现有工厂生产的同时增设新的工厂,实行以工代赈,吸引灾民。于商界,应大力扶持、整顿金融业,设立救济银行、官营典当铺及借贷局,为商人提供资本。

(三) 保护生态,消除祸根

1931年夏秋之交,江淮水灾又袭击了南京城。这是一次百年未遇的全国水灾,"也是世界历史中创纪录的大灾","受灾地域比英国全境还大,约等于纽约、康涅狄克、新泽西三个州合起来的面积"[1],灾民约有一亿人,占全国人口的四分之一。据国民政府赈委会计算,江苏省受灾面积占全国十分之六,其中,南京处在重灾区。据勘察,沙洲圩的一处决口便将近二百余丈,农田损失近六十三万余亩,受灾人口共计二十余万。因受灾面积广泛,灾情程度严重,灾民人数众多,纵使官方与其他各方力量都已投入赈济事业中,仍是力不从心,不乏疏漏之处。

---

[1] [美]阿瑟·思·杨格著,陈泽宪、陈霞飞译:《1927年至1937年中国财政经济情况》,中国社会科学出版社1981年版,第423—424页。

于是，作为南京士绅的代表，魏家骅召集仇继恒等其他士绅，联合缎业等二十八业同业公会，共同发起江宁水灾义赈协会，他本人被推举为执行委员兼常务委员。协会在成立之后，马上展开工作，由上海办事处代表向水灾救济会陈述南京灾情，获得了一万元现款与一千六百袋面粉。

魏家骅等人还就水灾发生的原因进行了更深入的探讨，认为长久以来对生态环境的破坏加剧了水灾的严重性与破坏性。南京当局与民众被眼前的短时收益所迷惑，过分开垦，甚至将各圩周边的芦苇荡全部开垦为田地。这使各圩失去天然屏障，进而失去了抵御洪水的能力。更匪夷所思的是，为了在短期内增加粮食产量，当局竟下令要求各处进一步开垦，这一举措无异于饮鸩止渴。魏家骅等人当即向江苏省政府呈请，严令禁止开垦芦苇荡，并强制要求种植芦苇，以巩固各圩，进而保障民众的生命与财产安全。以现代的眼光进行审视，此项建议仍有着很大的参考价值与很强的预见性。

（四）建立义仓，进行备荒

除进行灾害救助，魏家骅还积极投入防灾与备灾的事业中。

光绪三十二年（1906），魏家骅在南京办理赈务，发现南京尚未设置义仓，因此每每遇到灾事，只能依赖于朝廷拨款与官绅多方劝募，十分被动。魏家骅便联合仇继恒、蒋鸣庆、张子林、鲁源深等善士，利用赈后余款，创建了宁郡义仓。

宁郡义仓与官方义仓不同。后者因有朝廷支持，纯粹侧重于保存粮谷，而前者则需定期自筹自补。宁郡义仓的最初经费共有两万三千五十两，其中购置仓房已用掉四千余两，而要达到备荒的目的，仅靠这些经费添买粮谷是远远不够的。经过多次商榷，魏家骅等人最终决定，采取平粜与劝募两种方式来维持义仓的正常运营：

第一，宁郡义仓采取商界办法进行日常管理与运营，即设立平粜局，在每年三、四月间考察时局，把握物价，出售部分存量，在秋后视余利购入粮谷，以维持周转。

第二，"明知沧海广深，非精卫所能遂愿。然善与人同，未必呼庚无路"，向各方劝募也是扩充积谷的重要方式。为鼓励民众捐钱捐粮，义仓制定了一系列奖励办法：凡捐谷万石或捐银万两及以上者，由义仓呈请总督予以奏保，并在义仓内立两块石碑，分别刻刊姓名捐额与义仓的谢文；凡捐谷千石及以上者，由义仓呈请总督代为请旌，并在义仓内立一块石碑，刊刻姓名与捐额；凡捐谷五百石及以上者，由义仓呈请总督赐予匾额；凡捐谷五百石以下者，无论多寡，均将其姓名刊入总碑，并尊其为善士。

为尽可能节省经费，魏家骅还申请豁免税银，并获得批准。在批文中有这样一句，"然事非义仓，人非魏绅，本司亦断不能准也"，足见官方对魏家骅能力与人格的信任。

除了上文所提到的活动，魏家骅还参与了其他各处的赈灾。1916年夏，江苏各处淫雨连绵，江北运河一带水位暴涨，堤防被冲毁，高邮、宝应、兴化等县受灾严重。江苏省省长函请魏家骅代为劝募，并请他赶赴受灾地区查放冬赈。1921年，入夏以后，江苏省又发生水灾，魏家骅以江苏省水灾义赈会调查员的身份前往太仓等地查勘灾情。同年，魏家骅被聘为江苏省赈务处干事。

1929年，江苏全省遭遇奇旱与蝗祸，以苏北各县灾情最为严重，如宝应、淮安等县全县受灾。灾情自旱灾起，久旱无雨，致使田中作物枯死大半。更为糟糕的是，在这种干旱的环境下，蝗虫大量繁殖，飞则蔽天，食则盈野，本就所剩无多的作物也被其啃噬殆尽，农民的生路因此被断绝。各县灾民辗转流徙，十室九空，无力离开的老弱妇孺走投无路，只能以乞讨为业，民有菜色，野有饿殍，亟待拯救。面对严重灾情，魏家骅与王一亭、黄伯雨、关炯之等人联合发起赈济，并组织江苏临时义赈会。魏家骅被推举为常务委员，参与组织义赈。

大厦将倾，非一木可支。面对灾祸，仅依靠单个人或单个团体的力量是远远不够的。魏家骅深谙此理，故而在行善时，不仅注意与仇继恒等诸位同仁的联合，还参与到不同慈善团体的协作当中。1918年冬，魏家骅作为全国义赈联合会的成员参与办理湘赈。1928年，山东省灾害频仍，以旱灾为主，蝗、雹、水、风及兵乱等多灾并发，天灾与人祸相交织，山东陷入前所未有的危机之中。上海热心慈善且有赈济经验的同仁共同发起上海临时义赈会。魏家骅便在其中，并担任常务委员，积极参与义赈会的各项赈济与劝募活动，如与中国佛教粤鲁豫赈灾协会开展助赈物品展览会等。

二、皈依佛教，广种福德

1912年，魏家骅偶然间得到了彻悟禅师的语录，当读到"清珠下于浊水，浊水不得不清，佛号投于乱心，乱心不得不佛"时，豁然开悟，自此起，笃信佛法，勤苦诵经。1921年，魏家骅与印光法师相见，并与之结下深厚的情谊。印光后来回忆了他与魏家骅初识时的故事：

> 那一年，我的同乡王幼农居士正在南京办理赈务，听说我要前往扬州刊刻佛经后，便请我顺路去南京一叙。又想到，我与刘圆照虽有书信往来，但未曾晤面，便在南京多留了一日。次日，刘圆照携着同伴过来，此人正是魏家骅。
>
> 魏家骅向我讲述了他的困惑，他非常笃信佛法，也肯下功夫念诵佛经，可唯独不能戒荤食素。我想，这是因为他的家境较为优渥，没有食素的习惯。于是，便建议他熟读《南浔放生疏》。两个月后，是魏家骅六十岁生辰，听说他担心亲友祝寿，人情有碍，特意到金山寺中躲避，回家后就断了肉食，开始吃素斋了。

如果说是机缘与巧合促成二人相识，那么，魏家骅的这份坚定与虔诚则使二人关系更为紧密。此后，在印光法师的带动下，魏家骅开始参与佛教的慈善公益事业。

（一）参与放生

民国时期，佛教的放生活动十分普遍。佛祖曾经告诫："诸布施中，放生第一；诸持戒中，戒杀第一。"因此，放生与护生活动是佛教慈善事业中必不可少的部分。魏家骅在皈依后，便致力于从事放生活动。

1922年，冯煦、魏家骅、王幼农等诸位善士感念"大德曰生"，于是，在南京三汊河处购置土地，开辟法云寺念佛放生道场。从选址、开创到后来组织放生活动，魏家骅都倾注了许多心血，据印光法师回忆，"法云寺事，全属他料理",①"法云"二字也由他拟定,意为效法莲池大师的道场云栖寺。

魏家骅素负声望,人脉广泛,且本人热衷于放生事业,因此,常有同仁向其求助。如在1928年,就西湖放生一事,显微居士来函,恳请魏家骅协助其募集资金。虽然此时,魏家骅正为筹集玄武湖放生资金烦忧,无暇顾及其他,但他还是代为向盛宣怀写信求援。魏家骅与盛宣怀相识已久,双方就赈济款拨放事曾有多次书信往来。在信中,魏家骅这样写道:

> 今年秋天,我听人说起,盛伯母病重之时,曾许下愿望,要放生百万生灵。我以为,倘若能用身后财产实现她生前的宏愿,那真是再好不过的,可以算得上是大善巧合因缘。更何况,盛伯母平日里最看重放生,若是你们可以代她修得此项功德,便一定可以进入感应之道,到达极乐世界。在此我恳请盛兄设法促成西湖放生事,种下无量福德。

西湖放生事最终以显微等人与市政府商讨妥洽而告终。囿于史料缺失,盛宣怀是否捐款,如今已不得而知。但通过此事可以感受到魏家骅为放生事所做出的不懈努力。

值得注意的是,虽说放生是为了拯救生灵,在具体的放生实践中却很有可能转化为杀生。这是由于善士与佛教界人士提倡放生几乎都是以福报作为诱导,魏家骅等人也是如此。放生者过于注重福报,将动物视作工具,是放生会受人诟病的重要原因。魏家骅对此现象也有自己的思考,他所追求的是永久放生。在与智海商议西湖放生事时,他强烈反对在西湖中投放鱼苗,认为这非但无补于放生,反而会破坏湖内生态,引起竭泽之祸。

(二)创办慈幼院

1923年,任心白居士②多次提议在法云寺放生池旁设立慈幼院,得到众人的一致赞同。同年,便在上海广仁堂召开成立大会,定名为南京市佛教慈幼

---

① 印光法师:《印光法师文钞5·三编(上)》,巴蜀书社2015年版,第564页。
② 任心白(1978—1948),跟随印光法师和真达和尚学佛,在上海商务印书馆中管理文契,编辑有《净土矜梁》《历代名人家书》等。

院。会上公推印光法师为名誉会长,冯煦为正会长,魏家骅为副会长(后获连任),兼任常务董事与基金保管委员。慈幼院以"教养兼施"为基本宗旨,收留无父无母的儿童,予以悉心照顾,并教授必要的技能,使其能够自立。

图二　佛教慈幼院筹备会成立大会纪念,第一排右数第二位为魏家骅

慈幼院的设立有着非常深远的影响。陈志本来是沛县一农户家的孩子,后有幸被慈幼院收留,他用文字记录了自己在院内的生活:"我自到院中来将近三年,院长对我很和爱的,几位先生教诲我很恳切周至的,所以我的学识也长进些,做人的道理也明白些。""我回想三年前的环境,零丁孤苦,家道贫寒,乐趣全无,苦不可言,真有天壤的分别。"对于未来的志向,陈志说:"我的志愿在学农业,将来到农业专门学校,毕业后到院中稍尽义务,兴办农村教育,逐渐改善指导一般农人耕种方法。我中国名为以农立国,实则全国人都不重农,不讲求农学,所以频年田禾的收成不很丰富,改善农业,这是我的志愿。"可见,从孤儿个人的角度看,慈幼院不仅彻底改善了他们的成长环境,保障了他们的基本生存,而且使其命运发生了根本转向:从无依无靠的孩童成长为心怀大志的人才。

站在社会的立场上考虑,这些孩子孤苦伶仃,缺乏智识与基本的伦理道德,极有可能成为不稳定因素,而经过慈幼院的培养,他们便可以被社会接纳、吸收,从长远看,有助于维护社会的安定。为此,南京市社会局特颁发"教养兼施"匾额一块,以示嘉奖。

图三 "教养兼施"匾额

而这些成绩的取得,离不开魏家骅的努力。作为发起人,魏家骅为慈幼院的发展做出了许多贡献。他在执行董事会议上提出过多项建设性议案,如在院内卫生建设方面,他主张改造浴室与厕所,购置床垫、床席以改善拥挤的住宿环境;又如在事务发展方面,他提议在南京城内设立办事处,以更好地接洽、处理事务。此外,除作为董事自捐一百元外,魏家骅还积极展开劝募,与其兄弟共募得经费一千九百二十五元。魏家骅为慈幼院呕心沥血,病入骨髓之时仍心系其未来发展。

三、施行教化,劝人为善

(一)追求理想人格

光绪三十三年(1907),魏家骅撰写了一首劝善歌谣,名为《好人歌》。在其中,他主张好人须要做到孝敬父母,关怀兄弟,和睦亲戚,重视情谊,结交益友,诚实守信,明辨义利,踏实劳作,精进技艺,勤俭节约,不赌博,不酗酒,不嫉妒,不好讼诉等。呼吁士农工商四民各安其业,表示这即是善行。《好人歌》最突出的特点在于,它以歌谣的形式表达,朗朗上口,相较教条的道德规劝更加通俗易懂,易于流布。更重要的是,在这种歌谣中,魏家骅将中国传统的理想人格形象具象化,所列出的好人特质易于普通人学习并践行,因此有着很强的实践性和可操作性。

(二)重视女子道德培养

晚清以来,世风日下,人心不古,有感于此,魏家骅等人非常重视家庭教育,尤其抬高母亲在其中发挥的作用。1927年,周业勤赠给魏家骅一套《闺范》,此书由万历年间被誉为天下"三大贤"之一的吕坤所作,"闺范"二字指妇女应遵从的道德规范。全书分为四卷,第一卷《嘉言》辑录有历代先贤的训女善言,第二卷《善行·女子之道》、第三卷《善行·妇人之道》与第四卷《善行·母道》均是从各类古籍中搜集的贤女、贤妇与贤母的善行传记,附有版画,图文并茂,故事性强。魏家骅读后大喜,在李耆卿的支持下刊印发行一千本,以培养女子道德,进而挽救社会风气。

(三)宣传戒杀护生理念

《淤溪戒杀会公言》是一篇流传很广的放生文,作者身份不明,其中核心思想是"只将此心,推及物类"。魏家骅接触以后,评价它为"此天地间不可磨灭之文"。为使戒杀护生理念深入人心,魏家骅将《云栖法汇》中涉及戒杀与放生的内容汇编为一册,是为《云栖戒杀放生汇录》。刊刻以后,在山东、北京等地广为流通。

(四)希冀消弭战事

1924年,江浙战争爆发,魏家骅避居于上海。出于对兵灾人祸的反感以及对战区民众的同情,魏家骅反复思索解除战事的方法,他注意到颜茂猷所著的《迪吉录》中有"吏不好杀"及"好杀之果报"之语,便摘录成册,欲加刊行,意图使军阀读阅后消弭战事,人民可得永久安宁。魏家骅将此摘录交给印光法师,并寻求意见。印光法师认为,此摘录在受众上有着很大的局限,不能实现目的。因此,他建议魏家骅整理、增补《二十二史感应录》,将其中有关因果报应、人畜转变的事迹汇成一书,使军阀读后毛骨悚然,不敢再轻易挑起战事。魏家骅接受了印光法师的建议,并多次与他商讨此书的具体编纂事宜,但由于时至晚年,精力不足,不得不中止编纂。此后,由许止净继续编辑完成,名为《历史感应统纪》。

除了施行赈济、参与佛教慈善事业、劝人行善以外,魏家骅还主持或参与了其他慈善团体,如与仇继恒发起妇孺救济会,担任南京义农会分会副会长与世界红十字会南京分会负责人等。

四、魏家骅慈善事业的评价

现有著作中关于魏家骅本人的评价性文字不多。卢前是民国时期南京的著名才子,因卢、魏两家往来较为频繁,他在年少时曾与魏家骅相见。他形容魏家骅慈眉善目、学识深厚、尤工楷书、"颇肖为人",字句中透着对魏家骅的欣赏与崇敬。对于魏家骅的慈善公益事业,卢前给予了很高的评价,主张"南京之有慈善会,自居士始"。①

魏家骅为地方慈善公益事业劳苦半生,鞠躬尽瘁,究其原因,笔者以为,与其本人性格、经济基础、师友影响及身份认同有关。

魏家骅本人为人宽厚,乐善好施。有人曾向魏家骅提议修建寺庙,但他回绝道:"此亦功德事,可以起人信仰心,然非吾意所急也"②,接着便投入到慈幼院的筹备中。这份济世惠民的心志,与他自小接受的传统儒家教育密切相关。同时,相较于普通士人,魏家骅又有着坚实且深厚的经济基础。家族产业"魏广兴"拥有织机三千张,规模庞大,生意兴隆,又全权交由其三弟魏家骥主理,这使魏家骅能够心无旁骛地专注于慈善事业。

魏家骅如此致力于慈善事业也离不开身边师友的影响,其中,冯煦无疑是对其影响最大的一位。冯煦是江苏金坛人,善作辞赋,有江南才子之称,历任安徽凤阳知府、四川按察使和安徽巡抚。辛亥革命后,寓居上海,曾创立义赈协会,著有《江苏赈务说略》。魏家骅在年少时拜冯煦为师,此后便一直跟随,协助他办理各省赈务,"艰苦卓绝,口不言疲","全活甚众"。③ 可以说,冯煦是魏家骅行善道路上的首位导师。此外,魏家骅人脉广泛,在他身边还聚集了一大批志同道合的善士。甘仲琴出自南京甘氏一族,其祖上有行善传统,自1913年起,魏家骅常常就南京慈善事业与他进行商讨。仇继恒同为南京士绅,曾与

---

① 卢前:《冶城话旧·东山琐缀》,南京出版社2016年版,第22页。
② 缪荃孙等纂修,江苏省地方志编纂委员会办公室点校整理:《江苏省通志稿·人物志》,江苏古籍出版社1998年版。
③ 缪荃孙等纂修,江苏省地方志编纂委员会办公室点校整理:《江苏省通志稿·人物志》,江苏古籍出版社1998年版。

魏家骅共同组织宁郡义仓。盛宣怀也是民国时期著名的慈善家,热心公益,积极赈灾,与魏家骅曾有多次书信往来。此外,王一亭、黄以霖等人对其影响也颇大。

梳理魏家骅的慈善活动可以发现,他的行善范围主要集中在江苏省,尤其是南京,这是他关怀桑梓的表现。作为士绅,对自身身份的认同使魏家骅自然地生成了强烈的责任意识。因此,他非常关注、且以积极的姿态参与地方事务建设,利用所拥有的资源与影响力造福乡民。

魏家骅的大半生都奉献给了慈善公益事业。1931年除夕之夜,魏家骅回顾此生,一句"仕未有善政以及民,学不能著书以传后"[①]道尽他的遗憾与愧疚。在自述中,魏家骅留下了短短几句家训,告诫其后人"以诚敬为本""修孝弟忠信,戒杀盗淫妄"[②],为人处事应以善人的标准要求自己。魏家骅的儿子魏之霬在抗战后曾任善后救济总会主任,其孙辈多为工程师与技术人员,汶川地震发生后,魏大年第一时间奔赴受灾现场给予技术支持和专业指导,并踊跃捐款,魏家骅的慈善精神得到了承续。而魏家后代子孙绵延,且都有所成就,或可视为魏家骅行善的"福报"。

(樊群　撰稿)

主要参考文献:

1. 王能伟主编:《南京人物志》,学林出版社2001年版。
2. 卢前:《冶城话旧·东山琐缀》,南京出版社2016年版。
3. 缪荃孙等纂修,江苏省地方志编纂委员会办公室点校整理:《江苏省通志稿·人物志》,江苏古籍出版社1998年版。
4. 江宁县文献委员会编:《江宁碑传初辑》。
5. 李文海:《近代中国灾荒纪年》,湖南教育出版社1990年版。

---

① 魏家骅:《刚长居士自述》,载江宁县文献委员会编:《江宁碑传初辑》,第17页。
② 魏家骅:《刚长居士自述》,载江宁县文献委员会编:《江宁碑传初辑》,第18页。

当代人物

陆小波:仁善传家的乡贤领袖

陆小波(1882—1973),名锡庚,出生于泰州,籍贯镇江。其一生历经清朝、中华民国、中华人民共和国三个时代,先后担任过镇江商团团长、镇江商会会长、全国工商联常委、江苏省人民政府委员、省政协副主席等多项职务,参与兴办自来水厂、普济轮渡、镇扬汽车公司、京江中学等多项事业。他既是省内著名的民族工商业家,也是声名卓著的镇江乡贤领袖。他一生爱国爱乡,在抗战岁月里屡屡挺身而出,为苏北抗日民族统一战线的成立立下汗马功劳;新中国建立后,他与时俱进,积极推动江苏省和镇江市爱国民主统一战线的成立和社会主义工商业的改造,并于1955年底受到毛主席的接见和宴请。少有人知的是,他还长期担任"世界红卍字会镇江分会"①会长,积极参与镇江众多慈善活动,经办慈善教育事业,造福桑梓。

图一　陆小波肖像

讲求仁善,忠厚传家

光绪八年(1882),陆小波出生于一个典当商人家庭。在家庭的熏陶下,十五岁时,他就去了镇江元同钱庄学做生意。满师后,先是担任元同钱庄司账,

---

① 世界红卍字会,简称"红卍字会",1922年9月诞生于济南,是民国时期一个具有全国规模的著名慈善团体。

后任"走街"。充当"走街"的人,不仅要通晓收贷业务,还要熟知往来用户的起落情况、及时掌握市场信息,保证经商信誉;既要开展好业务、提防赔本,又要和用户保持良好关系,若无良好的交际手腕,很难完成。然而,陆小波不仅业务开展得好,还结交了不少社会名流。这与其爽直和气、忠厚宽容的个性是分不开的。

陆氏在泰州百年,世代经商,始终安分守己。子孙后代,也都遵循着"和平护福、忠厚传家"的家训,与人为善。陆小波的父亲与伯父都曾在泰州、兴化一带从事钱庄、典当业务,对亲邻时常接济,在地方上颇有好名。在这样的环境中成长起来的陆小波,也形成了忠厚仁善的个性。据其侄陆汝纯回忆,陆小波曾资助一位朋友开糖号,结果一年内蚀本五千元。即便如此,当此人再次登门求助,陆小波仍然予以热心帮助。他曾教育家中小辈:待人要真诚,即使是令自己吃过亏的人,也要竭诚相待;人家找上门来,正表明他处世陷于走投无路的困境,也表明他对所求之人抱有希望,怀有好感。否则,他就不腆颜上门了。①这种宽阔的胸怀,实非常人所能及。

自1921年至1937年,陆小波主持镇江商场十余年,虽广得赞誉,却也有落人口实的事情,其中流传最广的,就是与大糖商黄静泉间的借债事件。民国二十年(1931),苏北发生特大水灾,给元益钱庄带来灭顶之灾。由于水灾而烂账、倒账的数额高达120万。尽管得到上海金融界巨擘的慷慨相助,仍欠有本地散户近20万元的债款。时任钱庄经理的陆小波,在与副经理计议后,找了"大朋友"黄静泉借款,还清了"小朋友"(散户)的钱。之后,立即宣布元益钱庄倒闭。黄静泉20万的钱款,就这样被陆小波"骗走",一怒之下,黄静泉请出律师与他对簿公堂。最后在上海大亨杜月笙的调解下,两人才重修旧好。陆的行为,是无奈之举,但于黄着实不厚道,这是遭诟病的一点原因。但是,他宁愿冒着与友人关系破裂、个人名誉受损的风险,也要护佑地方普通散民,仁厚之心,仍令人动容。

民国二十六年(1937),抗战全面展开,国内市场一片低迷。受经济萧条影响,济昌和油号亏损严重,其创办者胡子明心急如焚,甚至产生了投江自杀的

---

① 陆汝纯:《伯父陆小波二三事》,载《镇江文史资料》第10辑,1985年版,第110页。

念头。陆小波素与胡交厚,听闻此事,先是以一番好言相劝,后又给予资助,使济昌和油号度过了危机,也救了一条性命。可以看到,陆小波虽出身钱业世家,却重义轻财,这种人格魅力,是一般人无法比肩的。其曾在《复记者书平生感想》一文中写道:"余无可记述,事过辄忘,不复记忆。惟幼时习读迄今仍服膺者,为孔子忠恕之道,心向往之。"忠恕之道,是陆小波一生的追求,也是他屡结善友的原因。其待人,则宽且约;对己,则周且严。若追溯其后来事业大兴、名扬大江南北的缘故,忠厚之秉性必定能占有一席位置。

兴办实业,造福民众

陆小波一生投身实业,先后投资兴办了镇江仁章绸厂、慈幼布厂、自来水厂、普济轮渡、镇扬汽车公司、江南印书馆、泰州酱园等,为民族工商业的发展做出了重要贡献。尤其是镇扬汽车公司与自来水厂,造福一方民众,颇为时人称道。

镇江地处长江与京杭运河的交汇点,地理位置优越。但民初时的镇江,交通还十分落后。为改变这种状况,地方士绅做出不少努力,但都因种种缘故未获成功。自民国七年(1918)开始,陆小波就与于小川(时任镇江商会会长)等人筹资创建"商办镇扬长途汽车股份有限公司"(简称"镇扬汽车公司")。直到民国十一年(1922)冬,才建成完工,陆小波任董事。该公司于镇江平政桥西和长江对岸的六圩,建立了码头、站房,并自备趸船、轮渡,每班车船对开,衔接水陆联运。汽运全线长14.7公里,沿线的扬州、施家桥、六圩三站,都安装了电话以互通客运消息。民国十二年(1923),镇扬汽车公司开业通车,成为省内首家民营汽渡公司,极大地便利了两地民众的交往。

镇江自来水厂创办于20世纪20年代,是江苏省内首创的华资水厂。自民国二年(1913)开始,镇江商界已有有识之士提出创办水厂的建议,但都因故未能成行。民国十一年(1922)前后,镇江连续发生数次大火灾。由于市内街道狭窄以及水井抽水的不便,救火会的救援行动常难以进行。在天主街、银山门一带发生的一次火灾中,附近水井中的水都被抽干了,火势仍在扩大。当时,英租界内有一个小型自来水厂,救火会赶紧向其求救。英国领事馆却趁机提出严苛的要求,"以钟头计算水价,先付银子后给水;到约定时间立刻停水,再议钱"①,让人愤怒不已。经此一事,以陆小波、胡健春等为代表的地方人士决心筹办自己的自来水厂。他们到处奔走呼吁,筹集资金,历尽艰苦。经过两年的筹备,最终于民国十三年(1924)六月建成投产。最初名为"第一救火会自来水厂",至民国十五年(1926)三月才改为"镇江自来水厂"。水厂刚刚建成时,由于用户不足和部分用户用水不付费等原因,连年亏本,难以为继。而忠实拥趸、重要搭档胡健春的逝世,更是雪上加霜,使得水厂的包袱全落在陆小波一人身上。事虽艰难,陆小波还是顶着压力,咬牙坚持,后幸得冷御秋帮助,最终渡过难关。水厂的创建,不仅便利了民众的生产和日常生活,也为中国人民争了一口气。

作为一位工商业家,陆小波先后创办了绸厂、汽车公司、自来水厂、丝厂、农场、面粉厂等,有力地推动了民国时期镇江的经济发展。他立足地方百姓所需,急民所急,在地方上享有极高的声誉,是有名的"镇江三老"之一(另两人为严惠宇、冷御秋)。

经办慈善,救济一方

自民国元年(1912)担任镇江商团副团长以后,陆小波就开始在镇江商场崭露头角。民国时期,军阀混战,社会动荡,镇江因地理位置特殊,常受其害。镇江商团作为地方商场的保卫团,出力甚巨。如民国二年(1913),张勋军扬言"放假洗城",在镇江城内人心惶惶之时,陆小波就凭借过人胆色,筹资作其遣散之费,使地方免于兵灾。再如,北伐战争期间,陆小波亲自率领镇江商团接收了镇江英租界,在镇江人民反帝斗争的史册上书写下浓墨重彩的一笔。民国十五年(1926),陆小波被选为镇江商会会长②,成为镇江商场的主导人物之一。同年,担任世界红卍字会镇江分会会长。

---

① 庄家驹:《全省创建最早的自来水厂》,载《镇江文史资料》第15辑,1989年版,第72页。
② 对于陆小波就任镇江商会会长的时间说法不一。本文以1926年1月13日《申报》报道,"(十二)上午,商会新选正副会长陆小波、胡健春行就职礼,众会董及军警、绅商、政法学各界要人来宾道贺达五百余人,各有演说"为准。

陆小波：仁善传家的乡贤领袖

图二　世界红卍字会镇江分会

"穷则独善其身,达则兼济天下",古之仁人志士,莫不奉此为圭臬。陆小波个性宽厚,早年就关注贫苦民众,1921年时,就曾与倪远甫、朱信渔等为冬赈局筹集基金,以息金办赈,救济贫民。在其担任世界红卍字会镇江分会会长后,更是遍施慈善,救济一方。

红卍字会是当时兴起的众多慈善机构之一种。在镇江京畿路上,至今还保留有"红卍字会"的字样。据朱德诚回忆,1925年直奉战争时,奉军南下,张宗昌军中雇有白俄兵,其所到处,奸淫掳掠,无恶不作。陆小波闻讯即组织商界人士成立红卍字会,进行救护工作。①《申报》亦有报道称:"龙潭方面,虽无接触确信,但镇江全市,已入恐慌境域。……昨(十六)由胡健春、陆小波等,众议发起组织慈善团体,设妇孺收容所五处。至紧要处,备船送往扬州寄顿。所应备煤炭、面粉,由大丰、贻成等厂供给。红卍会组织救济妇孺队,专救难民。"②

就任红卍字会会长期间,陆小波不仅聘用中西医为贫民施药、问诊,还为贫困的死者提供棺材掩埋。每年春秋两季,派掩埋人员巡视各处野冢孤坟,将因棺木腐烂而露出的尸骨重新埋葬。夏季炎热,则于行人集中的街头设茶亭

---

① 朱德诚:《陆老和镇江红万字会》,江苏省政协文史委员会、镇江市政协文史委员会编:《纪念陆小波先生》,江苏人民出版社1991年版。
② 《兵祸将开之镇江》,《申报》1925年1月18日。

157

施茶;冬季寒冷,则施米、施衣。遇到大荒之年,则组织募捐赈灾活动。

民国二十年(1931)夏秋之交,江淮流域遭遇重大水灾。江苏地区受灾之严重,为百年所未有。一时间,难民遍野,亟待救助。得知灾区百姓惨痛现状,陆小波立即以红卍字会名义向各方劝募资金,"亲自去向华洋义赈会争取赈款,亲与周道谦等率领满载救济物资的船队,到灾区发放救济物品"[1]。甚至动员母亲与夫人拿出首饰变卖后充作捐款。在此期间,为稳定民心,陆小波还向上海金融界筹措无息贷款,协助粮食业进口一批大米,平抑住了飞涨的粮价。

民国二十六年(1937)镇江陷落前夕,政府机关已经全部撤离,水陆交通工具也大都中断。少数剩余的渡船,无法满足大量难民所需。由苏沪一带经镇江渡江往苏北的难民以及前线大批伤兵,只能汇集在长江边,昼夜哭号,绝望之音,闻者莫不悲怆。见此惨状,本欲渡江北上的陆小波立即推迟了离镇计划,帮助难民渡江。他将元益钱庄名下的两艘轮船新镇江轮、普济轮渡调到难民集结处,并安排红卍字会救济队负责接待江边难民、维持秩序,镇江商团团丁运送难民渡江。两艘轮船不分昼夜地往返于镇江、六圩之间,从 8 月中旬到月底,运送过江的难民数量多达 20 万。此后两个月中,每日过江的难民数量都在万人以上。[2] 至 11 月 23 日,最后一批难民登上渡船,陆小波才释然离镇。临去,怆然对身边人说:"不图数十年精血所寄之地,今日如此惨别也。"一时间,听者无不洒泪。

离开镇江后,陆小波辗转来到泰州避居。在泰州期间,他一仍其旧,关怀难民生活,在泰州红卍字会做难民收容与安置工作。一方面,联合泰县商会曹德良、吴云山等人,发起筹组难民收容所,以泰州红卍字会和各大寺院为基地,施济餐饭(一开始提供粥饭,后改为发放大米);另一方面,组织难民及当地群众创办"一美酱园",以工代赈,为不少难民解决了生活来源。考虑到患病的灾民,还于红卍字会内设置了诊所以供不时之需。此外,陆小波还时常到各个难民收容所,了解他们的生活状况和需求。

---

[1] 陆汝纯:《沧桑几度忆伯父》,江苏省政协文史委员会、镇江市政协文史委员会编:《纪念陆小波先生》,江苏人民出版社 1991 年版。

[2] 卢艳芳:《陆小波与镇江商会》,《档案与建设》2017 年第 6 期。

兴学助教，培育人才

办慈善，可以济人之困；兴教育，育人才，则是振兴国家之本。在兴办镇江商业、交通等事业的过程中，陆小波深感人才之重要，因此，其在经办慈善救济事业之外，还积极投身教育事业，兴办学校。

在民国九年(1920)以前，镇江的公私立学校都很少。县立的三所高等小学中，有两所在城内，城外仅有一所第三高等小学，是城区唯一的女子高小，远不能满足学生上学的需要。1920年春，陆小波与胡健春共同发起创办了镇江私立润商学校，校址就定在城外人口密集的住宅区宝塔巷。兴建学校的目的主要有二：一是提高商人子弟的文化水平，为从事商业工作打基础；二是满足城外一般学龄儿童入学的需要。学校成立后，即遵章组成校董会，陆小波、胡健春是其中的实力支柱。润商学校的创办，领私人办学风气之先，推动了镇江各行各业的办学热潮，仅工商界，就先后兴办了江汉、培初、安仁、武肃、南华、达仁、广肇、航运、敏成等10多所学校。

图三　润商小学旧址(今宝塔路小学)

20世纪20年代，随着新文化运动的深入发展，通过办学、学习新文化以振兴中华的理念风靡一时。当时，有条件接受良好教育的女子还很少。民国十五年(1926)，黄炎培、冷御秋、唐儒箴三人发起创办私立镇江女子职业学校。陆小波对于三人兴办职业教育的想法很是支持，并担任学校校董一职。一开始，学校并无固定校舍，民国十七年（1928）二月，陆小波将西府街慈幼工厂的基地和房屋借给学校使用。民国二十六年（1937），又正式将之全部赠送给学校。

民国二十六年（1937）春，陆小波、严惠宇、冷御秋三人发起成立了京江中学校董会，开始筹建学校。办学校，最怕没有基金。陆小波利用自己钱业董事的身份，大力动员业内同仁拿出钱业公所部分房地产所得，又联合冷、严二人劝募于本地工商大户，全力筹集资金。其后，为弥补不足，他主动拿出自己五十寿辰时收到的一万多元贺仪，全充作办学基金。经过几人共同的努力，京江学校最终建立起来。学校以"为地方造就人才，救济失学青年"为办学宗旨，校址定于镇江东郊护城河一带的荒山土丘，并将荒山命名为大学山。抗日战争中，镇江沦陷，学校也毁于兵燹。抗战胜利后，陆、严等人为了京江中学复校的事情，再次奔波筹款，倾注颇多心血。京江中学复校后，在校董会的支持下得到有序发展，至新中国成立前夕，已经成为沪宁线上颇负声望的学校，为地方培育了许多优秀的学子。

陆小波对待教育事业的认真是有目共睹的。其身兼数职，是有名的大忙人，可对于学校的各项重要事务，他从来都是亲自料理。在学校的开学仪式、毕业典礼上，学生们常能见到这位著名人物的身影。此外，作为校董，陆小波还十分关注学校教师的生活状况。当时学校有位夏老师，教课认真，是学生公认的好老师。但是，夏老师家中很是清贫，一家三代全靠他微薄的薪资生活。无奈下，只好利用课余时间作画出售。陆小波得知这一情况，就联系了当时的一些社会名流，联名向社会推荐夏先生的作品，使作品得以较高价格出售，大大缓解了夏老师的经济窘况。

晚清时期，政局动荡，内忧外患，接连不断。陆小波生于清末，接受的也是旧式私塾教育。但在中西文化激烈碰撞的时局中，在经办工商事业的过程中，他认识到自己学识的不足以及新式教育对国家振兴的重要意义，于是热心办学，造福桑梓，为镇江教育事业的发展做出了重要贡献。其一生中创办、协办的各类各级学校达十余所，及至 80 岁高龄，仍为学校创办之事四处奔走筹款，对于地方教育事业的发展，可谓用意甚笃。

在教育事业之外，陆小波还十分关心家乡的文物事业。博物馆作为公众教育的重要媒介，自近代出现以来就颇受有识之士的重视。1958 年 11 月，镇江博物馆经市人民政府批准成立,征集乡邦文物被列为头等重要之事。陆小波此时虽只是兼职文管会主任,却对镇江文博事业的发展非常关心。他除了带头捐献外,还利用自己的人脉与影响力,动员大家将藏品捐献出来,为家乡博物馆增色壮势。受其影响,不少寓外的镇江收藏家也纷纷去信给陆小波,要求为家乡捐献文物。短期内,镇江博物馆接受的各种文物竟达 8000 余件。[①] 除协助征集文物之外,陆小波于博物馆的建立与扩建方面也奉献出诸多力量,在镇江文博史上留下了美好的印迹。

陆小波一生服务桑梓,却不居功,自言"事过辄忘";待人宽厚,以至"凡共事者,莫不称道"。在兵灾频发的民国时期,他与冷御秋、严惠宇、胡健春等镇江知名人物团结互助,大兴慈善、教育,救济贫苦民众,有力地推动了当地慈善事业的发展。而其后世子孙,更进一步传承发扬了这种慈善济贫的精神。

2019 年,陆小波在上海、济南和镇江的第三代、第四代后裔,怀着对家乡教育事业的热爱,设立了"陆小波家族慈善助学专项基金",启动资金 200 万元,每两年增资一次,并将其交由镇江市慈善总会统一管理使用,充分发挥专项基金扶贫济困、激励先进的作用。而陆小波故居也已于 2009 年 5 月 18 日正式对外免费开放,其中陈列展示了陆小波生平经历以及为镇江所做的重大贡献,为我们走近这位著名的镇江乡贤领袖提供了一个窗口。

(商东惠　撰稿)

主要参考文献:

1. 江苏省政协文史委员会、镇江市政协文史委员会编:《纪念陆小波先生》,江苏人民出版社 1991 年版。

2. 陆汝纯:《伯父陆小波二三事》,中国人民政治协商会议江苏省镇江市委员会、文史资料研究委员会编:《镇江文史资料》第 10 辑,1985 年。

3. 庄家驹:《全省创建最早的自来水厂》,《镇江文史资料》第 15 辑,1989 年。

4. 钱凯:《实业巨子陆小波》,政协镇江市润州区委员会编:《润州文史资料》第 2 辑,2000 年。

5. 孙建昌:《抗战时期陆小波先生在泰州》,江苏省泰州市海陵区政协文史资料委员会编:《海陵文史》第 9 辑,1997 年。

---

① 陆九皋:《陆小波征集乡邦文物功不可没》,江苏省政协文史委员会、镇江市政协文史委员会编:《纪念陆小波先生》,江苏人民出版社 1991 年版。

陶欣伯：以商养教、以教兴国的百岁老人

陶欣伯，著名实业家、慈善家，1916年出生于江苏省南京市江宁县横溪乡，后于20世纪60年代移民新加坡。20世纪30年代，陶欣伯离开中国，发展自己的事业。在创业期间，陶欣伯遭遇了许多坎坷，但凭借过人的智慧与胆识，最终发展起自己的事业，成为一名杰出的实业家。陶欣伯的事业经营范围十分广泛，他先是在越南、缅甸从事陆

图一　陶欣伯

上运输，而后抓住机遇，在缅甸、中国香港与泰国等地开展杂粮贸易与船务航运事业。移民新加坡以后，他顺应趋势，专注房地产事业，成立欣光集团，被称为"新加坡房地产业先驱"。改革开放以后，响应中国政府号召，他多次回国投资，建设乡梓，协助筹资建设南京金陵饭店、南京状元楼酒店等多个项目。

1991年，年逾古稀的陶欣伯在回到祖国以后，与夫人刘光藜一同热心教育，慷慨解囊，创设学校与基金，希望将自己取之于社会的财富以资助教育的方式还诸社会。他先是出资100万元重建江宁允公小学（原名横溪中心小学），2006年，又投资改善了学校的硬件设施。1997年，他接受友人的建议，设立陶欣伯教育基金（TSPEF），并成立基金会，在上海设立办事处。基金会以培养、储备企业家人才为宗旨，主要面向家境贫寒但有志攻读工商管理硕士、且被哈佛商学院或斯坦福商学院录取的中国籍留学生。陶欣伯还对申请奖学金的学生提出一点要求，即毕业后须回到中国大陆工作至少两年，以报效祖国，推动国家经济发展。截至2019年，已有99名学生获得资助，其中97名已毕业归国，在各自的工作岗位上为中国的经济建设贡献力量。林利军就是其中

一位,2001年,他考入哈佛大学商学院,在陶欣伯教育基金会的支持下顺利毕业,归国后创设汇添富基金与正心谷创新资本,成为一名优秀的企业家。或许是受到陶欣伯助学善行的影响,林利军于2020年向其母校永安一中捐赠1800万元,表示,"能为家乡的孩子们做点事,让他们有更好的受教育条件,我感到很荣幸"。陶欣伯对于基金会的发展情况非常满意,"每年,我到中国的时候都满怀期望地与陶氏奖学金获得者见面,看到他们学以致用的热情和诚意我感到无比欣慰"。

陶欣伯对教育事业的这份热忱,既源自他身为优秀企业家所具备的家国情怀,也基于他对中国社会状况的基本认识。他虽在海外生活多年,但依然心系祖国发展。他表示:"我与我老伴作为中国人,一生都不忘本。我们身在国外,但总是在想中国如何好起来,我与外国人交流时总是对中国充满信心,而且相信中国会好起来,我们中国五千年的历史和基因在适当的时候就能被激发出来。"①在晚年,他曾以"修身、齐家、治国、平天下"为标准进行自省,认为每个人作为社会上的一分子,都应当贡献自己的一份力量,推动中国社会向着更好的方向发展。对于中国社会的现状与未来努力的方向,陶欣伯有自己的思考。在他看来,贫富差距悬殊是影响社会进步的重要因素,在当时,"处于生活水平平均线以下的人口太多,而国家要有起色,就要有足够数量过上小康生活的中产阶级"②,因此必须重视脱贫工作。从长远看,发展教育是展开脱贫工作、解决时下社会问题的最有效路径。一方面,相较于直接的物质补贴,让低收入人群充分接受教育、获得知识与能力更能帮助他们摆脱贫困。另一方面,"受了教育,人才能学会思考,碰到不顺心的事情就容易学会理性地对待,而不会轻易地'横竖横'、动辄造成社会冲突,这就能够为公众和谐相处、社会和谐发展打下最好的基础"③。

陶欣伯对教育的重要性还有着更为深刻的体会,他主张"教育是立国之本,青年是国家的未来","只有帮助年轻一代提高文化知识管理水平,积极填

---

① 《2015江苏陶欣伯助学基金会年度报告》,2016年2月8日,见http://www.tspef.org/category/7。
② 陶欣伯口述、倪亦斌整理:《陶欣伯人生小故事》,上海文艺出版社2012年版,第153页。
③ 陶欣伯口述、倪亦斌整理:《陶欣伯人生小故事》,上海文艺出版社2012年版,第154页。

补城乡之间的差别,才能保证国家在健康的道路上持续前进"[①]。而在中国,仍存在有大量有志学子因家境贫苦、无力负担学费被迫放弃求学理想,为此,陶欣伯认为,应当向亟需经济援助的学子伸出援手,鼓励他们申请助学金。同时,出于缩短城乡差距的考虑,他将扶助对象从之前被名牌大学录取的顶尖人才调整为村镇出身的普通青年,使后者有机会完成大学学业,改变命运,进而成为连接乡村与城市的桥梁。

于是,陶欣伯在2002年着手筹备新的基金会,名为"江苏省陶欣伯助学基金会",在2006年经江苏省民政厅批准成立。助学基金会设立在南京,属于非宗教性、非政治性的非公募基金会,所颁发的助学金称为"伯藜助学金",接受助学金的学子也有一个共同的名字——"陶学子"。基金会专注高校资助育人工作,"伯藜助学金"的资助政策为每人每年五千元,"一助四年"。为使更多学子获得帮助,自2007年起,基金会陆续与东南大学、淮阴工学院、淮阴师范学院、江苏大学等22所学校建立合作关系。至2019年,基金会累计资助人数8707人,累计捐赠金额共10.7亿元。由于在资助学子方面取得了较为优异的成绩,"伯藜助学金"项目先后荣获江苏省第二届慈善大会"最具影响力慈善项目"、第二届"中华慈善奖突出贡献(项目)奖""2014年度十佳公益慈善项目奖"与2019年度"江苏最美资助人"提名奖。

图二　"伯藜助学金"项目第二届"中华慈善奖突出贡献(项目)奖"

---

① 陶欣伯口述、倪亦斌整理:《陶欣伯人生小故事》,第3页。

以上成绩的取得离不开陶欣伯的无私付出。为保障基金会长久运营,陶欣伯先后向基金会进行捐赠。2013年6月,他将自己在新金陵饭店中25%的股权(股价转让价格为2.98亿元)转出,第二年,又向基金会捐赠5000万美元,至2019年已累计捐款10.7亿元。基金会对于陶欣伯来说,意义重大,他将它视为一本"书",如何书写才能使这本"书"更加精彩成为他时刻思考的命题。2016年是基金会成立十周年,在这一年,陶欣伯也迈进了期颐之年,虽年事已高,但他依然关心基金会事务,并阐述了他对于基金会未来发展的构想:

> 我80岁的时候创办了陶欣伯教育基金会资助哈佛商学院的项目,90岁又办了江苏陶欣伯助学基金会资助来自农村地区的有志青年,现在100岁了,我很开心自己还能为帮助这些陶学子而出力,这对我来说意义非凡,也成了我的"不老良药"。十年走来,基金会也将朝新的目标迈进,过去我们是发展慈善教育,现在把这块做好的同时,要朝着建立慈善企业的方向前进,积极寻找陶学子中的"种子",扶持他们的创业项目。陶学子们并不是单打独斗,除了来自学校、基金会的资源,他们互相之间也是"家人",在必要的时候可以互相扶持。而这些目标的达成都需要基金会积极配合学校做好工作,培养陶学子并发掘突出的人才。这几年,基金会的项目工作是在响应政府的号召,从鼓励回乡发展到创新创业,都赶上了时代的潮流,相信在政策鼓励、学校与基金会的推动下,陶学子如果能抓住其中的商机,一定可以做出一番成就。千里之行,始于足下,我坚信基金会的慈善企业将稳步发展起来,最终服务社会。[①]

在资助学子完成学业、改变自身命运的同时,鼓励他们创业,从中选拔企业家"种子",发展中、小企业,服务社会,进而实现从"慈善教育"到"慈善企业"的提升,这是陶欣伯的理想。他相信,只要各方共同努力,这个理想绝对可以实现。2016年11月,在与时任江苏省省长石泰峰会见时,陶欣伯向其介绍了

---

① 《2016江苏陶欣伯助学基金会年度报告》,2017年2月1日,见http://www.tspef.org/category/7。

基金会的情况,描绘了发展蓝图,并表示将会把基金会做成慈善教育到慈善企业的典范。为此,他悉心指导基金会的工作,在多次工作会议上再三强调基金会的宗旨与使命,要求基金会加强与项目院校的合作,挖掘"种子"人才。

为达成指标,也为充分发挥社会组织在政府及高校助学体系中的拾遗补阙作用,基金会以"资助贫困有志、奖励品学兼优、鼓励回乡创业、服务基层社会"为宗旨,以"助学创业、立己达人"为口号,以"将陶学子培养成人、成才、成业"为使命。基金会积极探索,开发出以经济赋能、心智赋能、学业赋能、实践赋能和创业赋能五项赋能为特点的"发展型助学模式",为了给陶学子创业提供坚实的支持及有效的指导,基金会整合资源,搭建了陶学子创业教育与支持生态体系。其实早在 2012 年年初,基金会就启动了创新项目,组织了包括伯藜讲堂、伯藜创业营、伯藜创业计划大赛、伯藜创业者学院在内的一系列项目,其中有些项目是以陶欣伯积攒的资源为基础展开的,如伯藜创业导师与伯藜-新加坡管理大学乡村创业课程项目。

图三 "陶欣伯教育基金会"创业教育与支持生态体系概览

所谓"导师项目",是指基金会与受到陶欣伯教育基金帮助的企业家(统称为"陶学者")展开合作,在陶学者与陶学子之间结成一对一的师徒关系,使陶学子进一步了解职业规划、企业发展和创业思维等相关知识,形成切实可行的创业计划,培养其创业能力。在江苏陶欣伯助学基金会理事会换届会议暨第三届第一次理事会上,陶欣伯恳切地表达了对陶学者的期待,希望他们加入基金会的导师项目工作,将陶学子培养成人、成才、成业。

  作为新加坡华裔商人,陶欣伯在中国与新加坡贸易关系的建设方面做出了重要贡献,他尽全力促成新加坡政府对苏州工业园的投资,在2011年被新加坡政府授予"通商中国成就奖"。为鼓励更多学生创业,陶欣伯利用关系,联系、委托新加坡管理大学与基金会展开合作。"伯藜-新加坡管理大学乡村创业课程"即双方为陶学子打造的高阶创业课程,基金会为有过创业实践的陶学子提供赴新加坡学习交流的机会,以进一步提升其能力,开阔视野,加速培养"陶创客"。2015年,陶欣伯与首批赴新加坡学习的陶学子见面,表达自己的殷切期望,为他们答疑解惑,同时告诉他们要多看、多学、多交朋友。

  陶学子常常称陶欣伯为"陶爷爷",听到学子这样称呼自己,他很是喜悦,他常对陶学子讲:"我拿你们当我的第三代。"出于对陶学子的关爱,陶欣伯十分关注陶学子的学习与生活情况,并经常对其进行思想层面的教育与引导,《百岁老人话旧事》便是他送给陶学子的人生指南。陶欣伯仔细回忆了自己的创业经历和人生体验,将其记录下来,与陶学子分享,希望他们能从中获益。在书中,他对陶学子讲:

> 我已达期颐之年,一生不求闻达,如今感到自己经历的有些往事以及一些为人处世的原则,即"待人以诚,做事全力以赴""不要骗人,公开透明""错了,责己不怨人",还值得与学子分享,所以才记录下来,付之梨枣。如果各位学子能够从书中得到启发、读了受益,我心愿足矣![①]

  陶欣伯不仅为陶学子求学提供了物质方面的帮助,还为他们未来的人生道路铺下了坚实的基础,在授人以鱼的同时,又做到了授人以渔。他辛劳无私的奉献和高瞻远瞩的战略规划使许多陶学子的命运发生了根本性转折。陶学

---

① 陶欣伯口述、倪亦斌整理:《陶欣伯人生小故事》,第3页。

子常常感慨,陶欣伯及他创设的基金会为出身贫寒的他们打开了一扇通往外面世界的大门,使他们拥有了对未来的期待,走出原来狭小的圈子,迈进更为广阔、更为美好的天地。吴明勇是江苏大学土木工程与力学学院的一名学生,在高考结束后得知父亲身患重病,这对一个普通家庭来说无疑是晴天霹雳。生活的苦难使他较同龄人更早学会独立与坚强,成为陶学子后,他牢牢把握住了基金会提供的机会与资源,怀着对未来的憧憬,开始创业。在基金会的帮助下,他结交到了志同道合的伙伴,先是联合创立了江大速递,后又联合创设了南京爱宣传媒有限公司,在得到基金会30万元投资以后,又与镇江红包兔有限公司、阿里巴巴菜鸟驿站服务商(江苏)建立了合作关系,真正地成长为一名创业人才,改变了自己的人生轨迹。

图四 为庆贺陶欣伯101岁生日,陶学子在网络上征集签名

对于所获得的帮助与支持,陶学子一直心存感激,在向身边亲友讲述陶欣伯时,他们会形容他是来自东方的"圣诞老人",并会通过写信、作词等各种形式抒发对他的感恩之情。陶欣伯在101岁生日时收到了这样一首诗,它来自东南大学陶学子罗诚:

日出·黄昏回转

半生前,正值国难,浴血奋战,彰显乱世家国情。

半生后,巧遇良机,艰苦创业,终成和平树下光明景。

半生戎马报家国,半生创业树先河。

人生八十耄耋年,黄昏轮转心不老。

深知伟梦先教育，归乡巧用潜助学。

允公一声先起名，为国建设栋梁材。

深感，新加坡下创业发展，小天堂里助励博学，孰不知家国情怀何处显？

书中未有汗青记，世上尤无巧言传。

深入学子梦生里，日出时分砥砺行。

伯而扶故乡，藜而济学子。①

由于在慈善教育事业方面做出了特别重大的贡献，陶欣伯被授予了许多项荣誉。2009年，中华慈善总会授予他"中华慈善个人突出贡献奖"。2015年，第九届"中华慈善奖"公布，陶欣伯被授予"最具爱心慈善个人"称号。在2016年，他的事迹被央视《人物》专栏拍摄为纪录片，同年，获得中国"绿卡"，这是对他慈善事业的最大肯定。如今，陶欣伯已届105岁高龄，对他来说，最大的幸福是看到陶学子成人、成才、回报社会，最大的期待是江苏省陶欣伯助学基金会能够发展成为百年基金会。

（樊群　撰稿）

主要参考文献：

1. 陶欣伯口述、倪亦斌整理：《陶欣伯人生小故事》，上海文艺出版社2012年版。

2. 江苏省陶欣伯助学基金会：《陶欣伯先生小传》，江苏省陶欣伯助学基金会网站：http://www.tspef.org/。

3. 江苏省陶欣伯助学基金会：《一封永远写不完的信》，2017年12月29日，见https://mp.weixin.qq.com/s/xj4ZS41B4gplOCsZ60jgbg。

---

① 江苏省陶欣伯助学基金会：《一封永远写不完的信》，2017年12月29日，见https://mp.weixin.qq.com/s/xj4ZS41B4gplOCsZ60jgbg。

郑兆财：爱国爱乡、无私奉献的海外赤子

郑兆财（1922—2012），出生于江苏省淮安市涟水县岔庙乡百子村，历经了战争年代的漂离浮沉，与太太梁梅女士旅居香港，筚路蓝缕、携手共进，事业有成后带着梁梅女士的遗愿返回涟水，创办了郑梁梅学校。他曾任香港巴黎毛冷百货公司董事长、江苏省海外联谊会名誉会长、江苏省海外交流协会高级顾问、江苏省旅港同乡联合会名誉会长、香港淮安联谊会创会会长、淮安市政协委员、郑梁梅学校校务委员会主任兼名誉校长等职。

图一　郑兆财肖像

郑兆财一生奉行慈善之念，所行慈善之事不胜枚举，特别是自20世纪80年代起，返回故土，建设故乡，累计捐款约1.4亿港币，先后获得"江苏省精神文明建设十佳新人新事""50位新中国成立以来感动江苏人物""淮安市荣誉市民""涟水县人民奖章""感动江苏教育十大人物""感动淮安教育十大人物"等荣誉。①

一、出身"善家"，乱世旅港

"离乡人，故乡远/低头思家乡/望月盼团圆/只恨大海如天堑/天各一方难

---

① 中国祭奠网：《情深意切，惠及桑梓功业铭千载　心笃志坚，德润学子精神耀三涟》，2012年6月6日，见 http://jd.jidianol.com/23187559/DetailArticle.aspx? css=6&artId=68。

相见……"在距离涟水三千公里的香港,郑兆财已在此旅居多年。

1922年农历八月,一个男孩在江苏涟水县岔庙乡百子村呱呱坠地。而他的到来,也让郑家成为四世同堂、其乐融融的大家庭。当时郑家当家的是郑雨晴,在他之下则是儿辈郑长礼、孙辈郑永贵,这个刚出生的男孩就是他的重孙。郑雨晴欣喜难耐,给这个小婴儿取名"兆康",取吉祥如意、富贵一生的好寓意。

郑兆康的父亲郑永贵头脑灵活,不仅在农闲时经商,还精通中医,经常为乡亲们看病。母亲唐氏待人真诚、为人热心,常在饥荒年间周济难民、收留病患。此外,每年春节,她都会做两包豆腐,留一包端给左邻右舍。乡里人对他们一家人的善心善行赞不绝口,纷纷誉他们为"大善人",因此,郑家在邻里之间也有很高的声望。多年后,郑兆财在母亲逝世后深情写道:

> 母亲,受您高尚情操之熏陶,缘您谆谆之教诲,康虽无才,尚有一颗爱国爱乡、建设家园之赤心。近年来,吾已捐资巨款,为涟水兴办郑梁梅中、小学各一所,为出生地百子村架设照明线路,……这些行动,就是继承您乐善好施高尚品德之具体体现。①

在这样充满善念的家庭氛围的熏陶下,郑兆康从小就是孩子里讲诚信、爱帮忙的孩子王。作为郑氏门中的长子,郑兆康不仅热心助人,还聪明伶俐,深得老太爷郑雨晴和父母的宠爱,他们觉得郑兆康以后必成大器,所以早早地送他去读书。只是此时正值抗日,抵抗日军、保家卫国的浪潮在各地不断涌起,在学校读书的郑兆康也暗下决心,一定要学有所成,为国家、为家乡做出自己的贡献。只是日寇的烽火来得太过猛烈,等不及一个幼小的男孩完成他的心愿。

1939年,涟水沦陷。

郑兆康强忍心中悲愤,参加了抗日联防军并报考中央军校。在成为税警总团的见习教官后,与梁梅女士喜结良缘。就在生活渐趋稳定之时,宋子文却

---

① 参见郑兆财先生1998年5月14日所写《祭母文》。转引自淮安市政协文史委员会、涟水县政协文史委员会编:《淮安赤子郑兆财》,黑龙江人民出版社2006年版,第70页。

171

下令抽调涟水税警干部前往广州。郑兆康此时或许并不知道，与故乡的这一次离别，再见竟要到四十多年之后了。

在广州，郑兆康和梁梅两人便是同事们羡慕的眷侣，在追捕"盗卖国币造具"的周立富时，郑兆康因劳累住进了医院，查出患有肺结核，梁梅衣不解带地照料着他，也正是这卧病的三个星期，郑兆康仔细思索了自己的人生和前途。最终他在梁梅的劝说下，决定放弃军营的工作，前往香港经商致富。

1948年8月12日，二十六岁的郑兆康带上年幼的大女儿郑玲和儿子穗生，前往一水之隔的香港，开启人生一段全新的历程。①

二、诚勤兴业，情系桑梓

初到香港，万事的开头总是无比艰难。郑氏夫妇先是开起了小食店，从破晓时分便起床烧豆浆、做饭团、炸油条等，常常忙碌好几个小时。纵使日子再艰难，两人也从不忘淳朴的家风，将行善之德藏于心间。来小食店吃早饭的常常是一些单身汉，梁梅见人衣衫单薄、形容可怜，便会赠送他们一些小食。也正是因此，小食店的生意特别好，两人靠着善意和诚信，挣下了在香港的第一桶金。

1951年春，郑兆康在香港为居民办理身份证时把自己的名字改成了"兆财"，期望自己能够早日财源滚滚，在香港立下脚跟。1951年9月，郑兆财夫妇利用积蓄租下了一间门面，成立了巴黎机织冷衫公司。

诚信为石，奠成功之路；善良为水，浇创业之花。面对顾客，郑氏夫妇始终心怀善意，有时碰到顾客少付一些钱款，也从不计较。就这样，郑氏夫妇渡过了艰难逆境，在事业上有了一定成就。唯一遗憾的，便是梁梅女士在这艰苦的创业过程中去世了。而在三千多里外，她所思念的故乡依旧安宁，似乎在等待着他们的归来。

人言落日是天涯，望极天涯不见家。在改革开放的20世纪80年代，郑兆财的思乡之情再也难以按捺，他在听闻政府为家人落实了政策后，迫不及待地

---

① 江淮：《我爱我乡——郑兆财》，江苏文艺出版社2007年版，第131页。

将归乡一事提上日程。

　　1983年中秋佳节前夕,年过六旬的老人终于踏上了百子村的故土。少小离家老大回,乡音无改鬓毛衰。郑兆财欣喜地看着家乡日新月异的变化——乡亲衣食无忧,瓦房拔地而起。只是大家照明用的还是煤油灯,郑兆财不禁疑惑地询问村支书为什么不通电,他说:"怎么不通电?通上电,吃粮就可以用机器碾压,孩子们做功课也方便,晚上还可以看电视……"村支书却苦笑着说村里还通不起电,郑兆财当即表示,不管多少钱,都要让全村通上电。第二天,郑兆财便把村干部们邀请到家里,制定了一个通电方案。

　　临走前,年过半百的老人眼含泪花,依依不舍地离开了生他养他的故土。1983年5月,在郑兆财1.7万元的捐助之下,村里终于通上了电。除了解决乡亲们的用电问题,郑兆财了解到村里一直没有用上自来水,2001年又拿出了20万,为村里的乡亲们装上自来水,汩汩清泉流入乡亲们的嘴里,更是体现了郑兆财的赤子之心。而这一汪清泉,也如丝带般,把郑兆财和家乡联系得更加紧密。

　　仅仅对家乡的捐助,远不能表达郑兆财的拳拳之心。除此以外,郑兆财心中一直以祖国为重,在香港遭遇资金大流失、移民大外流的危机时,始终坚持"一国两制",且多年如一日地销售国货,为祖国的经济发展贡献一份自己的力量。在内地遇到地震、水灾时,郑兆财总会在第一时间捐上善款,他对慈善、教育、公益事业组织的捐助更是不胜枚举。

　　而在郑兆财诸多慈善事迹中,最为突出的还是他对于教育的关注和捐赠。郑梁梅系列学校的建成,不仅体现了这个老人对于教育的重视,更表达了他对家乡学子的关怀。当然,这一切也都离不开郑兆财的妻子——梁梅女士的善心善念。

三、了妻遗愿,捐资兴学

　　梁梅在弥留之际,曾吃力而坚定地握着郑兆财的手,告诉他,她有两百万的私房钱存在恒生银行,希望他能替代她回到故乡,为家乡办所学校让孩子们读书,以报答家乡生养之恩。

郑兆财热泪盈眶，重重地点头答应了下来。1981年10月16日，得到了肯定答复的梁梅女士溘然长逝，享年57岁。

图二　郑兆财在郑梁梅小学开学典礼仪式上

为了成全妻子的遗愿，郑兆财回到家乡后先是在1993年为母校涟水中学捐资45万元建造科技楼，继而在大雪纷飞的1997年元月，向参加淮阴市政协全委会的涟水县政协主席周效茹、统战部部长萧乃堂坦露他想在家乡捐资建一所小学、实现太太遗愿的心迹。郑老的桑梓之情感动了县委、县政府领导，县委书记吴洪彪表示一定会把此事办好，学校成功于1997年9月19日建成。在开学典礼上，郑兆财动情地表示，希望能有更多优秀的人才从这所校园里走出去，不负太太梁梅和他的苦心。

郑梁梅小学的开学典礼刚刚落下帷幕，郑兆财又得知涟水县中学要初高中分流的消息，他直言想再捐助一所初级中学。县委书记吴洪彪对此大力支持，并表示会把"郑梁梅中学"建成和"郑梁梅小学"一样的学校：一流的学校、一流的校长、一流的老师，培养出一流的人才。

此后，郑兆财还在1999年捐资1500万元建造了郑梁梅高级中学、2001年捐款1350万元设立郑兆财奖助学金、2003年捐款30万给涟水实验小学建造操场、2006年通过省委统战部捐赠100万给涟水县县委县政府用于资助贫困家庭的优秀学生……

比起这些巨额捐资，郑兆财先生对工程建设的操劳、对学校筹建的认真，更令人感动。从建设环节开始,包括校址的选择、工程设计、施工的进度和质量等,郑兆财无不细致入微地层层把关。即使是酷暑骄阳,他也亲临工地,检查工程进度和质量,鼓励建设者们把工程做好。他尤其重视工程质量,常说为孩子们办事,百年大计,不能有半点马虎。他殷切地希望把学校办成一流的学校,常常热情地询问县领导建设中有什么困难,需要他做什么。这些善意之举如同细雨微风般,感动了涟水的百姓,而"郑兆财"这三个字,也深深地印刻在了万千涟水学子的心中。郑兆财常常说,"十年树木,百年树人",教育关乎民生大计,是一定要予以重视的。在郑梁梅高级中学的开学庆典上,他曾情不自禁地吟诗抒怀:

匆匆岁月六十载,悠悠乡思万种情。
今日能报平生愿,不负白头赤子心。

他表示:"我之所以在晚年为家乡捐资办学,既是为了实现我太太梁梅女士生前的夙愿,同时也是为了我本人能在有生之年向祖国、向故乡、向人民、向亲人交一份合格的人生答卷,让生命更有价值,让人生更有意义。"[1]

在郑兆财的支持下,依傍于黄河故道北岸、坐落在安东古城东郊的郑梁梅系列学校建成。小学、初中、高中,三校珠联璧合、鳞次栉比,占地 319.05 亩,总建筑面积 116105 平方米,有 220 多个教学班,在校师生 16000 余人。教学楼、综合楼、实验楼、教师公寓、学生公寓、多功能体育馆、多功能餐厅设施齐全。没过几年,郑梁梅小学就顺利创建成"江苏省实验小学";郑梁梅初级中学通过省级验收,被授予"省示范初中"称号;郑梁梅高级中学在"省级重点中学"基础上,成功晋升为"江苏省四星级高中"。[2]

验收组专家曾由衷地赞叹:"用五年时间走过了一般学校用上百年才能走完的历程,为孩子们打开了一扇通向世界的窗口,建起了一座走向世界的桥

---

[1] 参见郑兆财先生于 1998 年 3 月 8 日在郑梁梅中学奠基仪式上的讲话。转引自淮安政协,见 http://www.hawszl.gov.cn/dfsl/xqsl/has/tzsl/2015-03-18/3129.html。

[2] 淮安市侨联:《一位可敬的老人——记郑兆财先生》,2015 年 3 月 18 日,见 http://www.hawszl.gov.cn/dfsl/xqsl/has/tzsl/2015-03-18/3129.html。

梁,形成了苏北优质教育的示范区。"对此,郑兆财深情地说:"我看到家乡学子读书进学堂,我就是穷得讨饭心也甜啊!"郑兆财捐资亿元兴办郑梁梅学校,当地人都称他是涟水的海外赤子,是爱心无限的慈善家。受邀担任郑梁梅学校校务委员会名誉主任的著名医学教授郭次仪先生说:"郑老把毕生艰苦奋斗所创造的财富中的绝大部分贡献给家乡的教育事业,创办了郑梁梅学校。郑老的捐赠具有三大特点:(一)郑老捐赠的金额占其全部财富的比例之大,在香港是无人能比的;(二)无私的、毫无经济回报的捐赠得到三位子女及各自家庭成员的全力支持;(三)没有采用分别捐给全国许多著名学校,相应以郑兆财名字来命名学校大楼的方式,而是集中捐赠给家乡,亲力亲为,身体力行,亲自主理校务大事。"

这些,都无不体现了郑兆财的热忱与真心。而这样一个心怀百年大计的慈善家,也注定会被历史所铭记。

四、言出必行,不求回报

郑兆财捐资助学的过程并非一帆风顺。譬如,在郑梁梅初级中学即将动工的那一年,郑兆财陷入了严重的财政危机。1997年10月开始,东南亚的金融风暴席卷香港,他的股金损失了800万元的巨款,郑梁梅中学的资金筹措一时遇到了难题。当身边的人都在劝他暂时放弃这一项耗资巨大的工程时,郑兆财却果断拒绝了。他抱病飞往美国、加拿大和台湾省,向子女们表达了自己建校的夙愿,还从朋友处借款1000万元用来资助学校的建设。

图三　郑梁梅初级中学外景

此外，郑兆财自己省吃俭用，不仅辞掉了身边年薪6万港币的会计和年薪3万港币的驾驶员，自己兼职核对账本和开车，还卖掉了美国的一处房屋，与工人们一同吃盒饭，就连喝咖啡的习惯也被喝白开水替代了。经过一系列的努力，他捐资办学的1300万资金很快到位，郑梁梅初级中学的工程也如火如荼地展开了。

在郑梁梅学校庆典结束的第二天，郑兆财要离开涟水返回香港时，发现房间里还剩下半瓶矿泉水，便小心翼翼地把它装进了包里，不肯浪费。郑兆财对自己的"吝啬"与对广大学子的慷慨形成了鲜明对比，赢得了人们的敬重。

某次，郑兆财在内地的有些亲属听说县委对郑兆财疏财兴学的义举十分重视，想利用这一层"关系"解决一些个人问题。郑兆财听闻后，给县委书记、县长写了一封言辞恳切的堵绝后门的表态信。信中写道：

> 我出于对祖国的爱，对家乡的情，捐资给家乡涟水兴办教育，没有任何个人的目的，也不期待任何回报，我只要求把事情办好，把郑梁梅学校办成一流的学校，并且世世代代传下去，为国家培养出栋梁人才，这是我最大的心愿，能做到这一点，我就满足了。……县委、县政府按照政策，也出于对我的尊重和爱护，在几次捐赠过程中，安排了我的弟弟、妹妹、侄儿、侄女等亲属多人工作，我很感谢，我的亲属们也应该感谢政府的照顾。我要求我的所有亲属：第一，从今以后，不允许向县委、县政府提出任何要求，诸如安排人员、工作变动以及其他一切属于个人利益方面的要求；第二，不允许干预自己管辖范围以外的任何事情，包括郑梁梅学校的事情；第三，我的任何亲属，都应严格遵守法律法规，以及所在单位的各项纪律制度，他们没有任何特殊身份……财物得之于社会，用之于社会。我捐资没有私心，也不图回报。如果我的亲友把我的捐资作为筹码向政府要这索那，那将是对我人格的污蔑，那我的捐资也就没有实在意义了。

1998年10月16日，县委、县政府将郑兆财先生的信在《涟水报》刊出，郑兆财那些妄图取得私欲的亲戚们无不羞愧难当，再也不敢提及此类事情。此后的日子里，郑老反复提起他建立郑梁梅学校的初心，"并不是要把公有改为私有……全心全意为我家乡无私奉献，我不需要一点一滴的回报，更不喜欢沾名钓誉"①,郑兆财的义举和博大的胸怀也传为美谈。

五、春风化雨,"像郑爷爷一样做人"

1998年9月19日的长空,一碧如洗。涟水县城东侧的郑梁梅中学运动场上,正在举行郑梁梅小学建校一周年暨郑梁梅中学开学庆典活动。

庆典这天晚上,涟水县的一位农村小女孩李婷从电视上看到了"郑中"庆典的现场直播后,硬缠着父亲带她看看郑爷爷。郑爷爷的名字早已经在涟水人人皆知,人们都道他是大慈善家,小李婷更是对郑兆财的慈善之举充满了敬佩,父女俩在郑兆财下榻的宾馆门前守候了4个小时。

郑兆财得知后既感动又抱歉,紧紧握住婷婷的手与她在室内亲切交谈。小李婷听说郑爷爷要离开涟水,第二天凌晨5点就赶到宾馆,向郑爷爷送上一束鲜花,表达了自己的敬仰之情。郑兆财高兴地和她们父女俩合影留念,在回香港的途中,郑兆财忽念此事,又向婷婷转来封信。信中道:

> 亲爱的婷婷,你的天真、你的真诚,你的真情感动了爷爷的心灵,告诉你,爷爷已有八个内外孙儿孙女,最大的已完成大学学业投入社会服务,最小的亦在高中上学,爷爷非常疼爱他们。但是,这次遇到了你,爷爷感动得终身难以忘记。我觉得你对我这位老爷爷的爱心、真心、敬重之心,实在超越了爷爷那八个内外孙儿孙女,谢谢你,谢谢你的父母亲,希望你好好读书,长大了为国家效力……

郑兆财在涟水拥有千千万万的"孙儿",他们都曾受到了郑兆财的恩泽,也立志成为像"郑爷爷"一样热爱家乡、关心祖国的人。从郑梁梅高级中学毕业后考入北京大学的徐亮曾写信给郑兆财先生:

> 那天,是他一生中最难忘的日子!您当时紧握着他的手,眼中满含着

---

① 参见郑兆财先生于2005年在郑梁梅学校四星级学校挂牌仪式上的讲话。转引自淮安市政协文史委员会、涟水县政协文史委员会编:《淮安赤子郑兆财》,黑龙江人民出版社2006年版,第117页。

鼓舞和期望,对他语重心长地说了一番要苦心立志、报效祖国、报答家乡人民的话。他一直将这些话牢记心头,时刻不忘!那个学生就是我——徐亮,一个十分敬您爱您的学生,您的孙儿!真的,郑爷爷,我觉得您和我的爷爷十分相像,一样的慈祥、一样的勤劳、一样的正直无私!如果我改口直接叫您爷爷,您一定不会拒绝的吧?①

郑兆财看完后十分感动,提笔写下了"立志存高远,丹心献祖国"几个字勉励徐亮。而这一句话,又何尝不是郑兆财先生一生的写照?他的义举让无数学子立下了"像郑爷爷一样做人"的目标——成为一个丹心赤子,永怀善念,报效祖国。他善意更是如同春风细雨,滋润了万千学子,也润泽了他们一颗行善、行德之心。

斯人已逝。拳拳赤子之心难言,唯有"慈善"二字镂刻心间,留有遗风供后人仰慕。郑老一生虽历经坎坷,却从不忘却一颗善意的初心,为祖国、为家乡的建设和发展做出了卓越的贡献。受到他恩泽的涟水百姓、无数学子如今生活幸福、学有所成。郑梁梅系列学校也不负所托,被誉为"海内外乡贤实现报国爱乡心愿的示范性工程"和"淮安通向世界的窗口,苏北基础教育的示范区",这是对郑老的告慰,也是对于他善行的最大肯定。

(顾博文、潘伟峰 撰稿)

主要参考文献:

1. 江淮:《我爱我乡——郑兆财》,江苏文艺出版社2007年版。

2. 淮安市政协文史委员会、涟水县政协文史委员会编:《淮安赤子郑兆财》,黑龙江人民出版社2006年版。

3. 张祝林、张煦:《拳拳赤子心 报效桑梓情——记江苏省海外联谊会名誉会长郑兆财先生》,《中国统一战线》2010年第1期。

4. 潘粉珍:《古道热肠 桑梓情深——记淮安市政协委员郑兆财先生》,《江苏政协》2006年第11期。

5. 刘辉:《港胞郑兆财获"感动淮安教育十大人物"称号》,《华人时刊》2011年第11期。

---

① 淮安市政协文史委员会、涟水县政协文史委员会编:《淮安赤子郑兆财》,黑龙江人民出版社2006年版,第221页。

凡人善举,微者博大

——全国最具爱心慈善楷模"磨刀老人"吴锦泉

窄条凳,自行车,弓腰扛背,沐雨栉风。身边的人们追逐很多,可你的目标只有一个。刀剪越磨越亮,照见皱纹,照见你的梦。吆喝渐行渐远,一摞一摞硬币,带着汗水,沉甸甸称量出高尚。

这是"感动中国"2015年度人物颁奖盛典上的一段颁奖词,这位盛典人物名叫吴锦泉,生于1928年12月,老人家住江苏省南通市港闸区五星村,1959年加入中国共产党,也是南通市最年长的红十字志愿者,胸前的党徽和南通红十字志愿者徽章是老人常年的标配。老人以磨刀为生,每天骑着一辆破旧的自行车,走街串巷为市民村民磨菜刀剪刀,人们都亲切地称他为"磨刀老人"。多年来,正是这样一位老人一次又一次地为汶川、玉树、舟曲、雅安等灾区捐款,向残疾儿童、智障孩子,向身边有困难的人提供力所能及的帮助。

做好事善事是老人一生的追求,几十年如一日。他生活十分俭朴,几乎把磨刀挣得的微薄收入都用于帮助别人,尽管每次捐款时,市红十字会工作人员总劝他"人到心到即可,留作自用改善生活",但老人总是执拗地坚持,一路行善不止。因为他以能够帮助别人为最大的快乐,这也是老人一生行善的最纯净的原动力。

"我才八十,我还能挣!"

老人第一次进入公众视线还是2008年"5.12"四川汶川发生大地震之后,当年他已八十高龄。那是5月14号早上,南通市红十字会设在电视台的募捐点来了一位行色匆匆的老人，只见他身着一件污迹斑斑的蓝色旧中山装，一手推着老式的二八型自行车，自行车后座上架着磨刀的家当，一手提着沾满尘埃的塑料袋。他来到募捐台前怯生生地说："我是个磨刀的，这是我平时攒下来的一点点钱，昨天晚上我在家里数了好几遍，这里是 1000 元！听说四川地震了，这点钱捐给灾区，哪怕帮伢儿们买两块砖头，你们看行不行啊？"那双由于长期磨刀而严重变形、龟裂的手扯开塑料袋，哗啦啦地倒出一堆硬币，全是一元、五角、一角的钢镚，在场工作人员语塞了，本以为是来求助的老人竟一下子捐这么多钱！当时，磨一把菜刀 1 块钱，一把剪刀 5 毛钱，这一千元需要三个多月，一把刀、一把剪地磨上千把才挣得来的！现场的志愿者忙问，"老人家，捐了这么多钱您自己的生活怎么办呢？"老人认真地说："我才八十，我还能挣！"老人在登记本上一笔一画地签下了自己的名字——"吴锦泉"。

时任南通市红十字会专职副会长倪瑾敏锐地发现了这位茫茫人海中普通却不平凡的老人的典型价值，心里默默记下了"磨刀老人"这四个字，并跟踪了解老人更多的情况，把老人的故事推介给了媒体，"磨刀老人"吴锦泉从此才渐渐进入公众视线。在此后的日子里，老人的善行一发不可收拾，每有灾害他总是第一时间来到南通市红十字会捐出磨刀积攒的硬币：

向"5.12"汶川大地震捐 1000 元；

向青海玉树地震捐 1000 元；

向甘肃泥石流受灾捐 1000 元；

向四川芦山地震捐 1966.2 元；

向云南昭通鲁甸地震捐 1213 元；

向盐城阜宁龙卷风灾区捐 1091.5 元；

向四川茂县山体塌陷灾区捐 1000 元；

…………

向新冠肺炎疫情防控捐 15004 元。

除了向灾区捐款，老人还通过红十字会向儿童福利院、"磨刀老人"微公益基金、中华慈善博物馆建设、"锦泉一元爱心社"等捐款，累计达 11.43 万余元。

图一　2016年吴锦泉向"磨刀老人"微公益基金捐款

"我们家祖祖辈辈都做好事！"

吴锦泉老人的爱心故事虽然在为汶川地震捐款后才渐渐为公众所知，但老人的积德行善之路却年深日久。曾有记者问，您做好事是受谁的影响吗？老人家不无幽默地回答："我们家祖祖辈辈都做好事，我做好事是祖传的！"

新中国成立前，吴锦泉的父母和爷爷生活在一起，尽管家里很苦，但总是省吃俭用接济更加困难的人家。当时吴锦泉的父母已生养了三个儿子、三个女儿，但只要在外面见到被遗弃的孩子，他们便会带回家抚养。在吴锦泉的记忆里，家里一共收养过三个孩子。当时村里有户人家，丈夫被抓，妻子怀孕在家，家里一无所有，吴家人商定，从家里拿、跟邻居们借，凑了几十斤米、几斤油和几十块钱送给那户人家，帮助她平安渡过产期。

新中国成立初期，吴锦泉曾被传染了"二号病（霍乱）"，多亏乡邻拼命跑了很远请来医生，他才死里逃生。从那时起，吴锦泉更坚定了内心承诺：一辈子，做好人、做好事。吴锦泉清晰地记得，他是1958年8月8日入党的。年轻时曾担任过生产队队长、民兵营长、种猪场场长。那时候，上下班或者外出，他总会在自行车后座上绑把小铁锹，遇路况不好就停下来补一补路。他家附近有几条小路，路面狭窄、坑洼不平，一到雨天经常有人摔跟头。吴锦泉出钱出力，有空就修一点,日积月累将这几条路填平筑实。10多年前,吴锦泉和老伴在一座桥边看到一位路人摔倒,摔得满头是血,他便让老伴回家凑了100多块钱把伤者送去医院治疗。事后,获救者带着家人登门道谢并表示要归还看病花费,吴锦泉坚定地说"我是做好事,不能要你的钱"。吴爷爷的邻居张金余说:"我们在1957年就相熟了,他一贯就是工作踏实,舍己为人。在农田水利工地上,只要有空他就利用废旧材料,维修推车、泥篓、铲锹等运土工具为集体节省开支,别人不愿做的事情,他都主动做。"70多岁的五星村原副主任和吴锦泉相识40多年,他说乡亲们家里有事儿都乐意找吴老帮忙,不仅因为他瓦工木工什么都会,更因为他把人家的事当自己的事去做。

1990年,吴老已年逾花甲赋闲在家。但闲不住的他,拾起了19岁就跟外乡师傅学到的磨刀手艺,打响了"吊金龟"(磨刀人招揽生意的响器),走街穿村磨剪戗刀,从此开启了他磨刀捐款做公益的人生新旅程。早些年,磨一把剪刀收五毛钱,磨一把菜刀收一块钱,现在可收入四五元钱了。老人兴奋地说:"我现在收入蛮高的啦,可以更多地帮助别人了!"现在"磨刀老人"在港闸区可谓家喻户晓,有不少居民会专门留着家里的刀剪等吴锦泉来了才磨,也有人专门把刀剪送到他家里磨,他很满足,也很快乐。现在老人每月磨刀能有千元收入,可他的生活依然十分节俭,从不舍得多花一分钱,出门磨刀,经常是带上一罐八宝粥或两个馒头就当解决午餐了。他说自己岁数大了,口味清淡,不需要吃肉鱼营养,家里养的鸡、鸽子也是留着卖钱的,种的菜自己吃就够了。

吴锦泉的儿子吴汉祥曾是一名军人,退伍时本可以安排到机关,但受父亲影响,他主动申请自谋职业到一家民营企业工作,他说"我是一名懂技术的军人,不需要国家负担,把机会留给别人吧!"2012年南通市红十字会成立"磨刀老人"微公益基金,吴锦泉与儿子、孙子成为基金的发起者和第一捐赠人,刚上大学的孙子表示要用勤工俭学的钱支持爷爷的微

图二　2012年注册的"磨刀老人"公益商标

公益基金,祖祖辈辈将把公益事业传承下去。

"慈善就是大家都一起做好事,一辈子做好事啊!"

2012年3月28日,南通市红十字会收到一份发自国家民政部的邀请函:"吴锦泉,祝贺您荣获第七届中华慈善奖,并感谢您在2011年度对中国慈善事业做出的突出贡献。"这可是我国慈善领域最具权威性和影响力的政府大奖,吴锦泉是本届此奖项的江苏唯一获得者,老人用"人人可为"的凡人善举诠释了慈善的真谛,赢得第七届中华慈善奖评委会和众多网民的赞誉,高票当选"最具爱心慈善楷模",与央视著名主持人崔永元、著名歌手韩红同获此奖,全国一共才19人。

老人得知获奖消息后,如孩子般兴奋,逢人就说,我要到北京领奖了!从来没有出过远门的吴爷爷开始了北京之行的"精心准备"。他先到南通市第二人民医院做了体检,得知一切正常时老人显得更加精神,他说我身体很好,可以继续磨刀把好事一直做下去。按照大会要求所有获奖对象要穿正装,陪同人员特地到老人家中帮助准备衣着,找来找去,最新最好的衣服是一件已经洗得发白的深蓝色中山装,这件衣服吴爷爷已经穿了三四年,是花几十元钱做的。"这件挺好,就穿这件吧!"老人开心地说,大家很心酸地随了老人心愿。也正是这身本色打扮让老人在众多获奖代表中格外引人注目。

4月10日上午,时任副总理李克强在中南海接见获奖代表,第一个就和吴锦泉握手,老人非常激动,摘下胸前的"南通市红十字志愿者"徽章送给总理做纪念,李总理接过徽章,再次握住老人的手认真地说:"好,我一定好好保存!"在接见活动即将结束时,李总理第三次走到老人身边与他握手告别。一位首都记者,得知老人非常想有一张与总理握手的照片做纪念后,奔波了一整天,将照片送到老人手中,这张弥足珍贵的照片一直挂在老人家堂屋里。

次日的"大爱中华——第七届慈善奖颁奖盛典"上,主持人敬一丹深情地望着磨刀老人,说:吴爷爷,看到您就想到您外出磨刀时摇动吊金龟的哐当声和捐款时倒出硬币的哗啦哗啦声,现在我们都想听听您说话的声音。她指着台下获奖代表对老人说:他们当中有捐了几千万、甚至上亿元巨款的,和他们站在一起,您是怎么理解慈善的?老人认真地回答:我和他们没法比啊,我捐的钱很少,我认为慈善就是大家都一起做好事,一辈子做好事啊!台下响起雷鸣般的掌声……"磨刀老人"是百姓慈善的典型代表,代表着力所能及、人人可为的"微公益"行动,每一位有社会责任的公民都可以学得到、做得好。

图三 "磨刀老人"参加第七届中华慈善奖颁奖盛典

吴爷爷生长在旧社会,对毛主席有着深厚的感情。这次北京之行,他最大的愿望就是到纪念堂瞻仰毛主席遗容和看天安门广场升旗仪式。为赶上天安门广场的升旗仪式,他凌晨3点就起床做准备。初春的北京,清晨寒风格外刺骨,但这些都无法阻挡这位84岁高龄老人内心的热情,等了一个多小时,广场上终于响起了嘹亮的国歌,老人尽力站直已经微躬的身体,庄严地向国旗行注目礼。之后步行来到毛主席纪念堂入口处排队等候,这一排就是四个多小时。在毛主席遗体前,老人恭恭敬敬地献上一束白菊花,深深地鞠躬致敬。从毛主席纪念堂出来,一路上,吴爷爷都在流泪。他说:毛主席说一个人做一件好事不难,难的是一辈子做好事。我要听毛主席话,一辈子做好事!

老人第二次进京是2016年,作为"感动中国"2015年度人物参加颁奖盛典。2月14日晚的颁奖盛典上,虽然有郎平、屠呦呦这些共和国的脊梁人物同台领奖,但吴锦泉还是被安排第一个出场。一身旧衣、肩背微弓、满脸风霜,当这个"活到老、磨到老、捐到老"的年近九旬的老人踏着红地毯走来的时候,赢得了经久不息的掌声。在"高节卓不群"的背景幕墙前,位于舞台最前方的吴锦泉坐在小马扎上,安静地磨着刀剪……这成为感动中国颁奖典礼多年来,一个不多见的景象。央视主持人白岩松与老人促膝交谈。"有人估算过,磨好一把菜刀,需要来回挥动手臂300次上下,一把刀一元,1000元就要拉臂30万下,这是名副其实的辛苦钱,饱含汗水和劳累的辛苦钱啊。"当白岩松问他"你累不累"时,老人却用浓浓的乡音回答:"一点都不累,心里想着在做好事就不累。"白岩松说,"和很多慈善家比起来,老爷子捐得不算多,但和自己的生活比起来,老爷子捐得太多了,简直就是以牺牲生活质量为代价,甚至以自己的生命做代价"。老人却并不言苦,他笑着说,自己身子骨很好,一点都不累,而且,他还要"活到老,磨刀到老"。"一撂一撂硬币带着汗水,沉甸甸称出高尚,高尚不在捐多少,高尚却在忘我心。"磨刀石磨出了人间大爱,磨出了铮亮人生,磨出了高尚人格。

"磨刀老人"的善举感天动地,赢来赞誉如潮。在南通,他是公益形象代言人、南通市博爱典型、全市道德模范、南通市文明新风典型,南通市红十字会授予他"特别奉献奖";在江苏,他是省第五届道德模范、最具爱心慈善楷模;在国家,他是助人为乐中国好人、全国社会扶贫先进个人、第七届中华慈善奖、中国公益良心奖获得者,央视"感动中国"2015年度人物。"磨刀老人"的名字和他的事迹广为流传,十多家中央级媒体关注宣传。时任江苏省红十字会会长吴瑞林专门赋诗《赞南通"磨刀老人"》:"寒门耄耋/心灵富翁/感人肺腑/世间楷模/博爱奉献/红会品牌/你我他她/发扬光大。"

"我做的只是大海的一滴水,大家都捐了就汇成大海了!"

为了满足"磨刀老人"吴锦泉"大家都捐就汇成大海"的愿望,南通市红十字会于2012年通过国家工商总局将"磨刀老人"注册成公益商标,这也是全省首个正式注册的公益商标,旨在依法保护和放大"磨刀老人"这一典型的品牌价值。在同年9月7日晚举办的"人道的力量——南通市红十字会公益晚会"上,正式发布了"磨刀老人"公益商标,并由时任省红十字会会长吴瑞林,南通市领导黄利金、章树山、陈宋义与"磨刀老人"吴锦泉一起按动启动球,宣告南通市"磨刀老人"微公益基金正式成立。该基金的建立旨在倡导全民参与、人人可为的微公益行动,并通过创新拓展线上筹资、开展"助力微公益 弘扬真善美"微信助力等活动加大基金宣传推广力度。在此后的各年度,南通市红十字会都以"微公益"为主题之一开展募捐救助活动,截至2020年底,本基金共募集救助款269.34万元,募集款项通过博爱送万家、613爱心助老、关爱最美环卫人等项目,对城乡特困职工、低保户、特困家庭、孤寡老人、因病因灾致贫、遭遇意外伤害的困难家庭等实施救助,支出252.11万元,受益人数7000余人。"磨刀老人"居住地五星村也于2011年5月成立"锦泉一元爱心社",1000多户农民捐款14.54万元帮助村中困难家庭。

图四　2012年"磨刀老人"微公益基金启动

老人的慈善行为还带动培育了一批"粉丝"。2018年7月11日上午,吴锦泉又一次来到南通市红十字会向"磨刀老人"微公益基金捐出了15045元;而这次与往常不一样的是吴爷爷还带来了三位"粉丝",这三位老人是吴锦泉的邻居陈淑兰、包万胜、陈吉林,他们几天前就和吴锦泉约定一起来捐款,3位老人也现场每人捐款1000元。2019年6月12日跟随吴锦泉来捐款的还有高如英、刘炜两位邻居,他们各捐款1000元,高如英老人在捐款时腼腆地说:"我就是一点点心意,和磨刀老人比起来不值一提!"刘炜说:"吴爷爷做好事,我负责他的安全和接送,也是做好事,特别开心。"吴爷爷同时还带来了8位好心人的委托捐款785元。2020年3月份新冠肺炎疫情暴发,老人看到听到那么多医务人员冲在一线,再也坐不住了,捐了15004元,他同样带来了两位捐款的"粉丝"。他们都是如"磨刀老人"一样平凡可亲又可敬的人。

在"磨刀老人"家的百宝箱里,最引人关注的是数本用八开白纸装订成的大本子,这就是老人的"磨刀日记",上面密密麻麻地记着每天磨刀的数量收入,谁多给的磨刀钱,还有接受的社会各界对他个人的慰问金,以及爱心单位和个人委托他向微公益基金捐的款,等等,每一笔收入他都要工工整整记下来,因为这些他都是要全部捐出去的。因此,自2016年起,老人在自己捐款的同时,还担负起受托人的角色。每次,市红十字会也都按照老人提供的清单,逐笔开具捐赠发票和制作证书,或邮寄给捐赠人,或由老人磨刀的时候挨家挨户地送达。每次吴锦泉老人都要把这些票据和证书与自己的记录本子一遍又一遍地核对,因为这是大家对他的信任和尊敬,他无比珍惜。

到儿童福利院看望陪伴残疾孩子也是老人最为快乐的事,智障的孩子记得最牢靠的也是这位最"富有"的磨刀老爷爷。有一个叫谢婷婷的脑瘫孩子,她虽是一位14岁小姑娘,但智力仍停留在7、8岁的水平,她用那双不受控制的手画了一幅画送给老爷爷,画的是一只长着翅膀在飞的小熊。当问她为什么小熊也长翅膀时,她怯怯地说:"爷爷也要像小飞熊一样,这样飞着出去磨刀就不累了!"

图五　2016年4月11日"磨刀老人"在南通市儿童福利院陪伴孩子

爱是需要互动的,爱也只有在传与递的同频共振中才能不断放大。作为一位耄耋之年的老人,吴锦泉在奉献社会的同时更需要他人的关心,一直以来南通市红十字会在帮助老人实现这份奉献的快乐时,也从人道组织的职责出发,对老人的生活与健康给予经常性关怀,安排专人负责联系老人,定期登门看望,了解老人的生活与健康状况,定期陪老人家到医院做体检,并安排南通大学一支红十字志愿者队伍每月上门服务。2010年甘肃舟曲泥石流灾害后,吴锦泉带着老伴一起来南通市红十字会捐款,心细的倪瑾会长发现吴奶奶皮肤有些异常,立即陪同老人到附近皮防所进行医治,使多年的湿疹病得到有效控制。在给吴奶奶体检时发现其患上肺癌后更是给予了全程关怀。每年端午、重阳、春节等传统节日,南通市红十字会领导总会置备一些适合老人的吃穿用品,亲自上门慰问,建立了不是亲人胜似亲人的深厚感情,在南通市红十字会,不论年龄与职务,所有人都会亲切地称呼吴锦泉为"吴爷爷"。

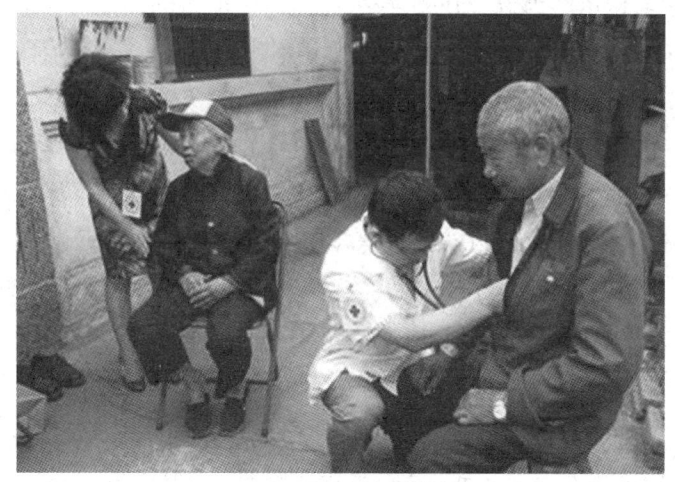

图六　2011年南通市红十字会常务副会长倪瑾率医护人员上门为老人体检

"为别人做好事是一件很有意义的事!"

"为别人做好事是一件很有意义的事。"这是老人常挂在嘴边的一句话,也是南通这方水土孕育出的众多公益慈善人的朴素心理。南通是一座两度蝉联全国慈善最高荣誉——慈善"七星级"的城市,慈善文化指数与北京、上海、无锡等城市并列第一,这座全国文明城市乐善好施、助人为乐的传统美德由来已久。中国近代著名实业家、教育家、慈善家张謇先生,以"国家之强,本于自治;自治之本,在实业、教育;而弥缝之不及者,惟赖慈善""祈通中西、以宏慈善"等公益理念和兴办慈善、扶持弱势的实际行动，感染着一代又一代的南通人，绵延不绝。2020年11月12日，习近平总书记在江苏考察调研时专门前往南通博物院，了解张謇兴办实业、教育和社会公益事业的情况。总书记强调，作为中华文化熏陶出来的知识分子，张謇意识到落后必然挨打、实业才能救国，积极引进先进技术和经营理念，提倡实干兴邦，起而行之，兴办了一系列实业、教育、医疗、社会公益事业，帮助群众、造福乡梓，是我国民族企业家的楷模。正是这种爱国情怀、奋斗精神、社会责任、慈善文化的传承，才会孕育出"磨刀老人"这样可爱可亲的慈善楷模，从而提升了这座城市的格局。

如今学习传承磨刀老人凡人善举、持之以恒的行动在江海大地蔚然成风，在崇川区新时代文明实践中心吴锦泉师徒工作室，磨刀老人吴锦泉向港闸经济开发区通燧、高迪晶城两个社区的志愿者赠送磨刀石，希望大家做新时代"雷锋精神"的传承者；在江苏农垦集团南通有限公司，磨刀老人吴锦泉为同志们作声情并茂的道德讲堂，回忆自己的慈善经历，讲述对于慈善的理解，老人勉励大家做好事并不难，坚持最难，愿字最难。在唐闸街道，《转动的车轮，不变的初心》党课上，吴锦泉为新党员别上党徽并赠送党章。南通市第二人民医院的"吴锦泉爱心服务队"每月深入街道、社区为群众义诊，开展健康讲座、便民服务。

比起几千万、几个亿来，吴锦泉所捐的爱心款确实微不足道，但每一枚硬币、每一张纸币都是老人走街串巷、冒风顶日，一刀一刀、一剪一剪磨出来的。如今91岁高龄的老人早已该安享清福，可他，硬是靠自己勤劳的双手自食其力，不但不要社会接济，反而成了施予者，老人捐的是一份浑金璞玉的爱，一颗"被别人需要是种幸福"的心，发扬的是人人可为、持之以恒的传统美德。

人生的真正价值不能以财富的多少来衡量，爱心事业之所以高尚，是因为她体现的是"人人爱我，我爱人人"的道德风尚。"为别人做好事是一件很有意义的事。"磨刀老人平凡得不能再平凡，却用自己的一颗善良、仁爱之心，光照人间，让人们见识了人性本善的光辉。

（孟纬鸿、陶婷婷　撰稿）

主要参考文献：

1. 张佩佩:《我要一辈子做好事》,《中国红十字报》2012年4月17日第一版。
2. 李昌森:《南通"磨刀老人"用行动书写忠诚》,中国文明网,2017年6月27日。
3. 陶婷婷:《"磨刀老人"进京记》,《博爱》杂志2012年8月。
4. 袁晓婕:《走近"磨刀老人"的世界》,《江海晚报》2012年6月17日。
5. 南通市红十字会编:《南通红字志(1917—2017)》,南京出版社2019年版。

唐仲英:大爱无疆、薪火相传的"钢铁大王"

唐仲英(1930—2018),美籍华人,出生于江苏省苏州市吴江区盛泽镇,著名实业家、慈善家,美国唐氏工业集团董事长、唐仲英基金会董事长。他1950年赴美求学,白手起家,涉足多种行业,在美国创建了唐氏工业集团,被称为"钢铁大王"和"杰出华人"。事业成功之际,唐仲英不忘父志,回馈社会,自1995年起在美国先后创立了三个基金会:唐氏中药研究基金会、唐仲英基金会(中国)和唐仲英基金会(美国)。2004年,唐仲英被美国百人会授予首次设立的"人道主义奖"。唐仲英基金会(中国)自1996年开始在中国大陆教育、医疗卫生、农村等领域实施各类资助项目。2010年、2011年,唐仲英连续两年被授予"中国十大慈善家"称号。他用一生践行了其所创建的唐仲英基金会的组织宗旨——"服务社会、奉献爱心、推己及人、薪火相传"。

一、得诸社会,还诸社会

唐仲英的父亲唐炳麟是民国时期的知名实业家,一生不忘桑梓,热衷于家乡的教育事业。创办于1943年的盛湖初级中学是盛泽镇的第一所中学,抗战胜利后却因经费筹措困难一度陷入困境,校长马蕃英为此奔赴上海向唐炳麟求助。唐炳麟慷慨解囊,筹集资金,承担学校的全部开支,并降低学费标准,设立"炳麟奖学金",捐书数千册建立"炳麟图书馆",此事被家乡人民传颂至今。自幼受家庭环境的熏陶以及早年艰苦创业的经历,使得唐仲英深知生活求学的不易,养成了君子善兼济的品质,始终不忘回馈社会之心。

唐仲英1950年赴美求学,之后白手起家,走上了艰难的创业之路。当时为了生活,必须面对现实,学习独立。换言之,必须学会处理贫困生经常面临的生活问题。他尝试过各种工作,清早三四点起来送报纸,去码头替修船工人提工具,到市场去摆小摊子。曾经,同时兼上两份工作,一天工作十六个小时。经过十年的努力工作,开始学习自己创业,在六十年代的美国,一个华人,创业过程中的艰难,可想而知。但是,他一直能坚持,能吃苦,不轻易放弃。功夫不负有心人,1964年唐仲英独资创建了第一家钢铁服务中心国际物资公司。至1980年,他已在美国创建了30多家企业,唐氏工业集团初具规模。1982年,唐氏工业集团收购美国著名的麦克罗斯钢铁厂,跻身于年销售额逾10亿美元的私营企业行列。1999年,唐氏工业集团被美国《福布斯》杂志排名为全美私人公司第157位。如今唐氏工业集团业务涉及钢铁、家具、医药等多个领域,子公司遍布美国、中国、加拿大和墨西哥。

在取得重大成就后,他经常自问,"如何才算是一个'成功的人'呢"。一般人也许认为是"事业有成",但他认为,"这绝不该是以财富或事业来衡量的。而应该是以这个人是否为社会尽了他的责任,为大众做了什么,有什么贡献而定"。"取之于社会",就该"用之于社会"。[①] 二十世纪八十年代,唐仲英就在美国建立了基金会。基金会在美国实施各类资助项目,最主要的项目包括芝加哥大学唐氏中药研究中心,美国智库兰德的唐氏中国研究中心等。

唐仲英关注亚裔在美国的生活,在美国以"平权"著称的亚裔美国人维权中心(Asia Americans Advancing Justice)资助各种有助于解决亚裔在美国的权益、选举、歧视等各方面的问题的项目,帮助亚裔更好地融入美国主流社会,同时也推进中美两国的交流。他还资助芝加哥菲尔德自然历史博物馆在馆内设立了永久性的唐仲英中国展馆,向各个年龄段的美国人展示中国的魅力,领略中国文化的博大精深,该馆也是在中国以外规模最大的、永久性介绍中国文化的一个展馆。唐氏基金会成为中美文化交流的一座桥梁。

图一　唐仲英基金会官网页面

---

① 唐仲英:《唐仲英先生在第三次唐仲英奖学金交流会开幕式上的讲话》,载《唐仲英奖学金年刊第四期》2005年2月。

"得诸社会,还诸社会",财富在不断地被创造出来,理当在社会中得到再循环。这是唐仲英一生坚守的准则,也是他极具感染力的一生的真实写照。

二、桑梓情深,助医兴农

(一)心系故土,回馈桑梓

自1950年赴美,唐仲英始终没有机会返回故土。他常说:"美国是我的成长地。但是,中国可是我的出生地。我希望到中国来看看,了解一下情况,看看我是否也能为自己的出生地尽一份力。"[①]1995年,在阔别近半个世纪后,桑梓情深的唐仲英终于回到了故乡苏州吴江,参观了父亲当年所捐建的盛湖中学"炳麟图书馆",看到这座历经几十年仍存在的建筑,不禁感慨万千,发自肺腑地说:"我回来晚了,应早些回来看看!"他缅怀当年父亲的慷慨之举,慨然捐资建造盛湖中学"炳麟图书馆"新楼。

2003年,家乡高校苏州大学建设新校区,为了给大学生提供一个埋头学习、开阔创新的最佳场所,他当即决定捐资一千万元人民币,资助苏州大学新校区图书馆建设,并以父亲的名字命名为"炳麟图书馆"。炳麟图书馆建成后,其"水晶莲花"的独特造型成了苏州大学的标志性建筑,并荣获"中国建设工程鲁班奖",有"全国最美高校图书馆"之誉。2011年,唐仲英又将国画大师徐悲鸿亲手为父亲唐炳麟绘制的《奔马图》赠予苏州大学炳麟图书馆永久珍藏。唐仲英说:"虽然《奔马图》原本是唐家的宝贝,但是我们唐氏本就起源于苏州……它来到苏大,也是回到了自己家,而且有更多的人能欣赏到它。"

盛泽镇是唐仲英的出生之地,自古有"鱼米之乡"和"丝绸名镇"之称,是苏州的经济重镇。该镇常住人口近50万,并周边地区总人口逾百万。与之不匹配的是,该区域内仅有两所医院,且设施陈旧简陋、医务力量薄弱,无法满足广大民众的就医需求。唐仲英在了解了实际情况后,2006年出资协助当地政府兴建江苏盛泽医院。该医院于2007年6月开工,2009年11月正式开业,成为

---

① 唐仲英:《唐仲英先生在第三次唐仲英奖学金交流会开幕式上的讲话》,载《唐仲英奖学金年刊第四期》2005年2月。

图二　唐仲英捐资与苏州大学共建的炳麟图书馆

盛泽人民"家门口的省级医院",建成后大力提升了盛泽镇及其周边地区的医疗服务水平。①此外,唐仲英还捐资为吴江人民建设了"仲英大道"和"仲英广场"。之后,他又把唐仲英基金会(中国)的中心设在吴江太湖之滨,集展示、培训、办公、公益等功能于一体,全面展示唐仲英基金会的理念与实践,表达了唐氏基金会将在中国长期发展,在家乡发扬光大的决心。

(二)资助中国医疗卫生事业

自唐仲英开启在中国的慈善事业后,诸事亲力亲为,直至去世。二十多年里,唐仲英回到中国几十次,但他从来不是来旅游,而是到各地的农村、医院、学校去,他希望能够设计一些既适合中国国情,又有意义的项目。

中医药是我国文化宝库中一个重要的组成部分,唐仲英深知,这一祖国优秀传统文化在当代社会仍发挥着不可替代的重要作用。为发扬这一优秀传统医学,唐仲英分别在中美两国设立了中药研究机构,发挥中西方医药研究开发的优势,运用先进的技术和科学的方法研究传统中草药,帮助中外加深对传统中药基本理论的理解,同时对其精髓进行挖掘,进行潜心研究,提高中药的质量和疗效,提升其在国际上的接受度和认可度,最终发挥其在人类健康事业中的巨大作用。为了进一步促进中国中药事业的发展,鼓励致力于中国中药事业的科学研究人员,经国家科技奖励工作办公室的批准,自2005年起,中国中

---

① 李薇:《唐仲英:"钢铁大王"的慈善之心》,《中国企业家百年档案 1912—2012》,企业管理出版社2012年版。

医科学院在唐仲英基金会的支持下，设立了"中国中医科学院唐氏中药发展奖"，奖励在中药基础或应用研究领域取得突出成就，并正在从事研究工作的中国内地科技人员。该奖项每两年评选一次，每次在中药基础研究和中药应用研究领域评选突出成就专家各1人，共2名。奖励金额均为人民币20万元，这是国内同类奖项中奖励数额最高的。在唐仲英及基金会的共同努力下鼓励了科学研究人员的创造性和积极性，促进了中国中药事业的发展。

同时，唐仲英也十分关注医疗教育事业的发展，他相信医学研究基金在学校各方面的努力之下会健康运营并能够取得良好成效。他在关注中药研究的同时也出资在高校建立了多个研究室和基金，用以支持各高校在医疗突出领域的研究。清华第一附属医院在心脏领域有着突出成果。为支持清华大学在此领域有应用前景的科学研究项目，2008年唐仲英基金会与清华大学共同出资建立了"唐仲英医学研究基金"，旨在将心脏中心建设成世界一流的研究机构。2009年捐建苏州大学"血液研究中心"，希望通过五到十年的努力，建成集基础研究、诊断治疗和人才培养为一体的国内领先、亚洲一流、国际先进的血液学研究中心。在此基础上，2013年捐建了苏州大学"唐仲英医学研究院"，为我国的医疗健康、生物产业发展做出了重大贡献。2009年捐建苏州大学附属第一医院骨外科成立"唐仲英骨质疏松症研究室"。同时为创新高校临床医学的人才培养方式，提高整体教学水平，2011年支持四川大学建设"虚拟现实技术临床技能实验教学中心"，以培养更多优秀的临床医务人员，更好地服务社会大众。

（三）重视中国"三农"问题

唐仲英在资助中国医疗卫生事业发展的同时，也关注、重视中国的农村问题，他回到祖国，数次到农村了解情况。正是他的实地考察，让他找到了基金会今后的方向。

随着中国改革开放的步伐，广大的农村面临着迈向农业现代化的问题，特别是进入二十一世纪以后，城市不断现代化，城市居民的生活不断殷实，而在广大的农村仍然面临着农村的进步、农业的发展、农民的小康相对滞后的问题。1988年，邓小平同志提出了"科学技术是第一生产力"的著名论断，1989

年国务院就颁发了关于依靠科技进步振兴农业加强农业科技成果推广工作的决定。唐仲英在这方面做出了重要贡献。

2004年,唐仲英启动了"薪火计划",在江苏省来龙镇、陕西省广济镇和马召镇、安徽省舒茶镇四个贫困乡镇实施教育援助计划,资助当地贫困学生的教育,助其完成学习,提高农村贫困地区的人口素质,并且捐资改善受助地区的教学设施设备,为学生提供更好的学习环境。农业是农民的主业,农民是农村的主体,所以对农民进行培训至关重要,他还资助受助乡镇有外出就业意愿的青壮年农民接受各类职业技术培训,使其掌握一技之长,能够顺利外出就业,改善自身生活。对留在家乡务农的农民进行农业技术培训,帮助他们进行科学生产,提高农业收益,切实感受到实际的收获。为更好地体现"薪火"的内涵,各受助乡镇与附近设立唐仲英德育奖学金的高校合作,德育奖学金的获奖同学义务联系专家、教授和大学生,前往受助地区实施各类志愿活动,传播文化、卫生、法律知识,提升当地农民素质,改变农村的面貌。

唐仲英不仅注重提高农民素质,更切实地推进农业的发展。一是开展农业示范村项目。2005年12月,依托西北农林科技大学的技术优势,由基金会出资在广济镇北双庙村实施"奶牛-沼气-大樱桃"农业循环经济示范项目,在马召镇虎峪村实施"杂果产业示范基地建设"项目,以扶持指导农民发展产业、增加收入、改善生活。经过6年多的努力,建设两个示范村取得了良好成效,初步实现了预期目标,还先后被国务院侨办授予全国"侨爱新村"的称号。[①] 二是资助高校在农业领域的研究,2008年在西北农林科技大学设立"唐仲英育种基金",用于支持西北农林科技大学科技人员从事农作物、园艺、林木和果树育种研究,2012年又出资建设"唐仲英种质资源库"。这些项目和基金进一步激发了科研人员的创造性和积极性,推动了我国中西部农村的发展,加快了中国农村迈向现代化的步伐。

[①] 大成研究院著:《财富的积累与责任:民营企业家财富安排的智慧》,社会科学文献出版社2017年版。

三、教育为本,德育为先

唐仲英的慈善投入涉及诸多领域,不过其投入时间、金钱、精力最多的,还是教育事业。在创立唐仲英基金会(中国)之初,唐仲英就规定这个基金会将来只能在中国捐赠,而且用于教育的不能少于70%。他说:"我知道个人的能力和资源都有限,但如果我能致力于教育方面,培养出优秀的人才,这该是最好的投资吧。"通过教育,可以培养出品质高尚、知识渊博的人才,帮助对社会有责任感的学生完成学业,真正做到"推己及人,薪火相传"。

(一)关注贫困地区教育

唐仲英在1995年回到中国了解情况,走进广大的农村地区,深切感到"越是贫困的地区,越是需要办教育"。1986年我国颁布了义务教育法,但许多贫困地区缺乏办学的条件,甚至没有一所小学,唐仲英希望小学生能够有良好的学习环境,自1997年起唐仲英基金会(中国)先后在全国12个省市的贫困地区捐资设立CTF小学,短短几年,到2003年,就建校251所,为我国实现普及九年义务教育做出极大贡献。

表一 唐仲英捐赠的CTF小学[①]

省份	数量
江苏	55
浙江	34
安徽	25
云南	37
河北	18
湖北	26
重庆	23
四川	14

---

① 数据来源于唐仲英基金会官网,见http://www.tangfoundation.org.cn/。

续 表

省份	数量
甘肃	13
西藏	2
河南	2
陕西	2
合计	**251**

2004年,国家对基础教育政策进行改革,各地方政府也加大了在基础教育方面资金的投入力度。不少偏远地区的学校也合并校区,整合办学资源。基于此,唐仲英基金会(中国)配合国家政策的调整,将捐资助建CTF小学的项目转变为"薪火乡村教育援助计划"项目,在受助的贫困乡镇基金会继续出资兴建支持当地学校设施等。

(二)唐仲英德育奖学金

唐仲英认为,"教育是人生中最重要的环节,德育又是教育中的关键""先学做人,再学做事、做学问"。他希望培养出的人才不是狭义的在学术上取得成就,而是一个人的人品、素质良好以及对社会有责任感,能够将爱心传递下去、能够真正"得诸社会,还诸社会",尽己所能地贡献于社会的人。

自1998年起,唐仲英开始在中国资助高校学生完成学业。他设立了"唐仲英奖助学金",2000年改为"唐仲英奖学金"。当唐仲英看到被资助的大学生能够安心完成学业,心中很是欣慰。当他又看到这些大学生们以个体或组织社团形式参与各种公益活动,不断影响着身边的人时,他感动了,他说"完全超出了他当时的构想",这也让他想到了在基金会宗旨后加上"推己及人,薪火相传",希望这一份爱心能够不断地传递下去。2006年,唐仲英资助高校学生的奖学金也正式更名为"唐仲英德育奖学金",将"德育"二字明白标示在奖学金名称上,也是国内首度以"德育"命名的奖学金。在选拔获奖学生时,强调"德育"标准为先,要求获奖学生有爱心、有诚信、有志向、有知识,更要尽己所能去"服务社会、奉献爱心",从而增强民族责任感和社会责任心。

自1998年起至2017年,唐仲英基金会先后在国内22所知名高等学府和一个地区设立"唐仲英德育奖学金",已奖励一万多名品学兼优、家境贫困且热心公益的优秀大学生。受到资助的大学生也践行着唐仲英为基金会定下的宗旨,各高校的"唐仲英德育奖学金"的获得者组成了多个唐仲英爱心社团,组织获奖同学利用课余时间深入社区或走进贫困地区,开展各种有意义的活动,产生了良好的社会效应。

图三　唐仲英晚年与"德育奖学金"获得者合影

(三)资助中国高等教育

唐仲英不仅资助在校学生完成学业,也关注中国的高等教育的发展,不仅支持学校硬件建设及科技发展,更注重提高学校培养优秀学生及创新人才的软实力,提升学校教学水平。

在支持学校硬件建设及科技发展方面,唐仲英除了出资捐建苏州大学"炳麟图书馆",2004年又与国家科技部、教育部、江苏省共同援建南京大学"微结构国家实验室",建构起一个国家级创新科研平台;2006年,资助南京中医药大学建设"江苏省方剂研究重点实验室",这是江苏省中医药研究与新药创制中心的重要科研平台之一;2010年,出资筹建了浙江大学"传感材料及应用研究中心""智能电网运行研究中心"等一批具有发展意义的教育科研项目。

在促进学校培养优秀学生方面,唐仲英开展一系列人才培养项目,创新高校人才培养方式。在中国科学技术大学实施"唐仲英基金会少年班人才培养计划"和"唐仲英讲席教授奖励计划",创新了教育与科研相结合的教育模式;与清华大学合作设立"清华大学唐仲英学生领导力培养计划基金",为社会培养面向未来的政府部门杰出领导人才;在西安交通大学捐资设立"唐仲英拔尖学生培养项目",提高教学水平,培养具有国际竞争力的一流工程师;唐仲英十分注重教育,坚信有好的教师,才会有好的教育,2011年在北京师范大学捐赠设立了专门针对免费师范生培养的"仲英未来教育家培养基金",该基金培养了许多具有先进教学理念、丰富实践经验的创新型教育人才,为教育事业做出了重大贡献。

四、薪火相传,不熄不灭

唐仲英的慈善足迹遍及教育、科研、医疗、农业等多个领域,他认为,知识、健康、社会责任心是推动社会进步的三大要旨,他一生的慈善事业也是围绕着这三方面展开的。从捐建CTF小学到设立奖学金,从捐建医院到出资设立各个研究中心,从助农脱贫到资助农业科研项目,唐仲英所走的每一程都离不开对社会的一份责任感。他在晚年因为身体情况,各种活动已经很少参与,但每两年一次的唐仲英德育奖学金交流会,他依旧坚持参加,并在交流会开幕式上发表讲话,激励后人。他在生前最后一次参加唐仲英德育奖学金交流会时,仍强调了社会责任,"责任是一种精神,一种自觉意识,一种美德,是一种从小就该培养起来的习惯","为人处世,一切的态度、习惯、应对,都起源于从小对责任感的培养及理解"。

2018年6月23日,唐仲英先生在美辞世,享年88岁。大洋两岸的各界人士深情伤悼。苏州大学、南京大学、清华大学、北京师范大学等多所高校举办了追思会,许多毕业生也回到母校参加仪式,向他们敬爱的"唐爷爷"表达感恩、怀念和敬仰。家乡人民也自发地打扫了唐仲英在盛泽的故居。①

---

① 申斯春、蔡怀平:《老马识途 大爱无疆——追忆著名爱国慈善家唐仲英先生二三事》,《世纪风采》2019年第6期,第43页。

他的一生影响了无数的人，在慈善面前，这位"钢铁大王"毫不吝惜自己的财富，这一态度也在潜移默化中影响着他的儿女。他不仅留下了一个还在日益增长的公司产业，更宝贵的是还留下了一个蓬勃发展中的慈善事业，唐仲英基金会、各地大学生们自发成立的唐仲英爱心社团仍然在将"服务社会、奉献爱心、推己及人、薪火相传"的理念传承发扬。正如唐仲英先生所期盼的那样，"希望我们的工作能如薪火相传，长此永远，不熄不灭"。

（陶杰鑫、潘伟峰　撰稿）

主要参考文献：

1. 唐仲英基金会官网，见 http://www.tangfoundation.org.cn/。

2. 唐仲英基金会编：《唐仲英奖学金年刊》2005年第4期。

3. 申斯春、蔡怀平：《老马识途　大爱无疆——追忆著名爱国慈善家唐仲英先生二三事》，《世纪风采》2019年第6期，第43页。

4. 大成研究院：《财富的积累与责任：民营企业家财富安排的智慧》，社会科学文献出版社2017年版。

韩汝芬：用爱为智力障碍儿童撑起一片蓝天

韩汝芬，女，1931年出生，徐州市彭城培智学校校长。曾获得"感动徐州十大杰出人物""第四届江苏省十大女杰暨江苏省三八红旗手标兵""第八届精神文明建设新人新事先进个人""红十字会先进志愿者""优秀教育工作者""社会力量办学先进工作者""残疾人工作先进个人""徐州市十大杰出母亲""全国首届百名优秀母亲""中华慈善楷模"等荣誉称号。韩汝芬将一生都奉献给了教育事业，尤其是创立了彭城培智学校，为智力障碍儿童撑起了一片希望的蓝天。2004年8月23日，全国人大常委会副委员长、全国妇联主席顾秀莲专门题词勉励她和她的学校："精心呵护，耐心指导，循循善诱，创造奇迹。"

图一　韩汝芬肖像

退休教师，立志特殊儿童教育培训事业

20世纪80年代，韩汝芬从徐州师范大学附属小学退休。在这应该安享晚年的日子里，她却办起了特殊儿童教育培训，并由此开启了轰轰烈烈的特殊教育生涯。这一切，都源于她的大孙子。

1979年，在全家人的期盼下，韩汝芬的大孙子出生了。可是，由于孩子出生时遭遇难产，用产钳夹出，脑部受伤，影响了智力。即便如此，家里人还是小心爱护着这个孩子，有过数十年教龄的韩汝芬更是相信，只要找对教育方法，孩子一定能够成材。

1986年，韩汝芬的大孙子已经7岁，到了入学的年龄。可是，由于孩子的智商只有39，癫痫病还时有发作，学校老师一看到孩子的情况，就拒绝了入学请求。无奈之下，韩汝芬只好找到当时徐州唯一一所办有培智班的学校，希望把孙子送到那里就读。不料，学校负责人一听说孩子的智商只有39，直接就摇头拒绝了，同时还告诉韩汝芬："智商在60以下的孩子，都没有教育意义，就是花钱上学也没有用！"

可是，有哪一对父母愿意眼睁睁看着孩子一辈子痴傻，甚至连接受教育的机会都没有呢？韩汝芬的儿子、儿媳不死心，东拼西凑，凑足了3000元代培费（这在当时是非常大的一个数额），再次带着孩子找到之前的学校负责人，恳求他给孩子一个学习的机会。这一次，负责人直接把眼睛一瞪，厉声道："谁叫你养了个傻子？你自己养的自己教吧！"说完就离开了。孩子的妈妈当场就哭成了泪人，孩子茫然地拉着妈妈的手，愣愣地站在原地。

儿媳一回到家里，就放声大哭。韩汝芬看到她通红的眼睛和孙子呆呆的模样，也忍不住抱住儿媳哭了一场。但是，无论怎样艰难，生活总要继续。学校方面的拒绝，虽然让韩汝芬放弃了将孙子送到学校就读的念头，却也让她产生了另外的想法：自己教孙子！

退休前的韩汝芬，是徐州师范大学附属小学的一名高级教师。多年的教龄，给了她丰富的教学经验，也给了她教好孙子的信心。但这份自信，很快就被打破了。低智儿童与普通儿童不同，教法也迥然相异。韩汝芬并不清楚其中的不同，还是用普通学生的教育方法教孙子。结果，两个月过去，只教会孙子a、o、e三个字母和三四首歌。

正在韩汝芬困惑不已的时候，一个契机出现了。1986年8月，北京中科院心理研究所的刘善循所长来家里做客。听闻韩汝芬孙子的问题，为她指了一条明路：参加中科院函授大学，找到茅于燕教授，向她请教智力落后儿童的教育方法。于是，这年9月，韩汝芬就报名参加了中科院函授大学，学习儿童教育心理学课程。其间，她始终坚持提前到校，认真记笔记。后来，在去北京心理研究所参加学习时，韩汝芬终于见到茅于燕教授。茅于燕教授是我国著名的儿童心理学家，1986年10月创办了北京新运弱智儿童养育院，对智力障碍儿童教育颇有研究。在她的帮助下，韩汝芬不仅学到了不少智力障碍儿童教育方法,还获得了许多办学方面的信息。

在中科院的函授毕业后,韩汝芬没有立刻回家,而是选择继续留在北京,自费学习智商测查。在参加学习的30多人中,韩汝芬是年龄最大的一位,和年轻人相比,她在学习时遇到的困难要多很多。但她都一一坚持下来。她在自述中写道:"我知道像我这样的家庭社会上还有很多很多,一个孩子的不幸往往牵动整个家庭,一般人是不易了解的,更不会去帮助他们。为了让这些孩子有一个学习和改变自己的机会,替国家、家庭分忧,我下定决心,无论遇到多大困难,我一定要办一所培智学校。"

白首老人,创立省内首所民办培智学校

带着在北京学习课程的收获和"办一所培智学校"的坚定信念,韩汝芬告别了北京。临行前,她找到茅于燕教授辞行。望着这位白首老人,茅教授紧紧握住了她的手,说:"你已经学得一些教育智力落后儿童的知识,回去好好用吧。如果有什么困难,我们可以共同想办法解决,但是我主张主要教那些3岁到6岁的学前儿童,达到早期干预的目的。"

回到徐州后,韩汝芬立即把办学提上了日程。然而,办学道路却历尽坎坷。一开始,为了调查社会上智力障碍儿童的情况,她找到儿童医院,并在医院的介绍下,了解到30多个智力障碍儿童的信息。她一家一家上门走访,去了几家后,发现大部分家长都不承认自己孩子智力有问题,而是认为孩子发育慢,长大了就会变好。少部分愿意试一试的家庭,又嫌弃学校办学条件差,不相信能够教好他们的孩子。韩汝芬的一腔热血并没有因此冷却。她怀着对这些孩子的深切关爱,克服种种困难,1989年4月1日,徐州市彭城培智训练辅读班终于正式成立,成为江苏省第一所民办培智学校。

在办学早期,教学条件是非常艰苦的。一开始,辅读班设立在徐州市鼓楼区土山西巷19号一间15平方米的房子里。韩汝芬拿出自己的积蓄购买教具、支付房租,又从建国西路小学借来课桌、板凳和小黑板,才组建成一个简易的教学场所。当时,学校里只有三位老师,其中一位是韩汝芬曾经的同事,一

位是医院的药剂师,还有一位就是韩汝芬自己。包括她的孙子在内的 5 个孩子成了辅读班的第一批学生。

由于学校学生少,收费也低(每生每月 50 元),除去两位老师每人每月 80 元的工资和办公、水电等杂支外,韩汝芬不仅拿不到工资,还要倒贴钱进去。有人跑来劝韩汝芬:"老韩你是响当当的名老师,你退休了,上哪个学校带课不行?自己办高小补习班也可以,难道你真想当个慈善家吗?这个风头可不是好出的,将来砸了锅,这些孩子的家长会上告你。如果说你真想挣钱,到我家给我辅导孩子去,我再给你找几个学生,每月 500 元不成问题。"甚至,连残联的一位干部也劝她早点解散辅读班。在这一时期,最初的两位老师也因种种原因先后从学校辞职。办学之路,可以说是步步荆棘。

"他们太需要人教育了,我不是早下定决心了吗?怎么可以徘徊呢?"一股强烈的责任感在韩汝芬的心头萦绕着,她无论如何也无法舍弃这群孩子。恰好,同是退休教师的魏老师在这时来到学校,加上韩汝芬原来的同事孙树云的加入,学校的发展再次走上正轨。

为了更好地办学,1990 年,韩汝芬去了南京特教师范学校学习取经。时任学校校长的麦进昭了解到韩汝芬经办学校的情况,给她提了两条宝贵的建议:一、找外援,通过徐州基督教会联系南京爱德基金会请求资金援助;二、借助中医,用耳压疗法治疗智力障碍儿童。经过一番努力,学校得到了南京爱德基金会的帮助,开始招收一些因家境困难而交不起学费的学生。

1990 年,学校学生已经增加到 12 位。随着学生数量的增加,新的问题开始出现:原先 15 平方米的房子根本容纳不下这么多人!因此,韩汝芬以个人名义向彭城办事处借款 3000 元,再加上徐州基督教会捐献的 1000 元,终于在八一游泳馆租了一间 40 平方米的房子做新教室。彭城培智训练辅读班在搬到八一游泳馆之后也正式更名为"彭城培智学校"。

在办学的 11 年中,彭城培智学校 6 次搬迁,最困难的时候,学生们只能在院子里上课。直到 2001 年,才在多方帮助下选定建国西路小学为建校地址,正式建校。在多年的坎坷办学路上,韩汝芬一直为学校的事情到处奔波。这期间,她遇到过冷漠的质疑,也收到过善意的规劝。年事已高的她,记忆力不好,身体也有不少疾病,但总有一种对社会的责任感在鼓舞着她、支持着她往前走。她如母亲般小心爱护着这些孩子,悉心培养、用心教育,给他们的生活创造了更多的希望。

图二　2004年建成的彭城培智学校新校舍

以爱之名,助力特殊儿童健康成长之路

早在办学之时,韩汝芬就明确了学校的办学宗旨——"将弱智孩子培养成为自食其力的劳动者"。围绕这一办学宗旨,韩汝芬开展了许多教学实践,逐渐形成了"教育、教学、治疗、训练四结合"的教育方法。

韩汝芬认为,智力障碍儿童与普通儿童相同的地方在于,都喜欢表扬,不同的地方在于,前者自觉、自控的能力很差,遇事更喜欢依赖他人,且由于智商低,大部分记忆力都很差。因此,对于智力障碍儿童的教育,必须坚持以人为本的原则,要善于发现他们的长处并给予肯定。同时,还要最大程度地动员学生家长,配合学校工作。

为了开展多样的课外活动,韩汝芬曾先后聘请多位校外辅导员。他们中既有武警战士,也有交通警察。通过他们的帮助,在彭城培智学校就读的学生不仅提高了思想品德、法治意识,还增强了体质,有了一定的人际交往能力。此外,为了培养学生的劳动技能与责任感,韩汝芬先后在1994年和1998年与新华塑料厂、西关化工厂签订劳动协议,组织校内较大的学生参与厂内工作,积累劳动经验,为将来找工作创造条件。

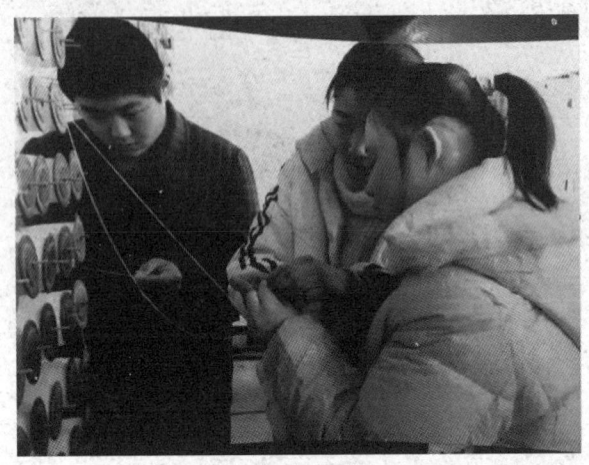

图三　彭城培智学校的学生在工厂实习

在教学方面,由于这些孩子大都智商低,记忆力差,教一个动作不是十遍、八遍,而是一个月、两个月,即使一个很平常的字,也要教上百遍或者上千遍。因此,老师必须具备极大的耐心。韩汝芬曾在中科院的学习中了解到一些特殊儿童的教学方法,但通过具体教学,她才发现,"教育的方法有很多,主要是要对学生有耐心、有爱心,使他认识到老师真的为我好、想把我教会"。

特殊教育需要特殊的爱。对于这些"超低智商"的儿童,韩汝芬的心中一直涌动着一种爱怜的情感。同时,她也在不断地探索更好的教育教学方法。在多年的教学实践过程中,韩汝芬撰写了数篇教学论文,专门探讨培智教育。其中,《对弱智儿童的记忆及语言训练初探》《弱智儿童培训初探》《开启痴愚儿童的良知》先后获奖。

在尝试开展多样化培智教育的同时,韩汝芬还聘请专家运用贴耳疗法、口服中药、穴位按摩训练的方法来改变智力障碍儿童的脑力与体能。

多年的辛勤付出,最终没有白费。那些入学时走路打晃,说话不清,半个月学不会一个"人"字的孩子,竟然一个字、一个字读完了义务教育课程。他们基本上能读书看报,有的能用两种方法查字典,还能写简单的作文,五六年级的学生甚至能看小说。同时,彭城培智学校的规模也不断扩大,社会上越来越多的人了解到这所特殊教育学校和韩汝芬办学的故事。

图四 88岁的韩汝芬和学生们在一起

各种荣誉纷至沓来,上门采访一日日增多,来自各地的求学电话也不时响起。但是,最令韩汝芬感到高兴的,还是学校孩子的成长与进步。

一位名叫罗洁的女孩子,患有先天性智力障碍外加肢体残疾,严重的口齿不清,两手手指不能伸开,双脚站不稳,眼睛高度近视,智商无法测查。她的妈妈也是一位老师,为了搞好学校教学,常常把女儿反锁在家里。只有在下课休息的空隙,才能跑回家去看看孩子。学校领导为了让她安心教学,多方联系,寻找能接收罗洁的学校。有所学校同意以3000元一月的代培费接收,可是,小罗洁一上课就哇哇大哭,严重影响别人学习,最后只能接回家中。后来,小罗洁被送到彭城培智学校。韩汝芬二话没说,直接留下了孩子,一分钱的代培费也没收。孩子的妈妈当时就感动得泪如雨下。经过一段时间的肢体训练和治疗,小罗洁的身体状况大大改善,不仅口齿较以前清楚了,走路也更加稳当,屈曲的手指已能伸拳自如,还识记了三、四千个汉字。为了感谢学校对孩子无微不至的照顾，学生家长专门为学校题词"像母亲一样关爱孩子，像阳光一样温暖人心"。

在彭城培智学校里，像罗洁这样的孩子还有很多。他们来自不同的家庭，却都在这里获得了同样的教育与长足的进步。自学校创办以来，陆续培育了1000多名智力障碍儿童，其中，有93人参加了工作，32个学生转入了正常小学。在这里，无数个家庭收获了新希望。

至死方休，将培智教育传向更远方

"我从未想过靠这个事业赚钱，只是想帮助更多的孩子，我会继续干下去的。"对于韩汝芬而言，智力落后儿童的培育一直是心头上最重要的事情。因此，在彭城培智学校的工作完全走上正轨之后，她开始致力于培智教育的分享与普及工作。

2003年，韩汝芬应香港教育部长杨鸣章之邀赴香港参观考察，分享香港与徐州两地间的特殊教育教学模式，加强教学经验交流；2004年，她赴广州参加了粤港澳台培智教育研讨会，还应维多利亚中心克拉凡博士之邀出访菲律宾，交流智力障碍儿童教育的经验。菲律宾杜邦格省的省长非常赞赏韩汝芬的教育能力，甚至出高薪挽留……在2004至2010年间，韩汝芬先后著成《弱智儿童教师手册》和《智障儿童创意拓展教程》两本书，总结彭城培智学校的办学经验，分享其办学、教学的心得。两本书都得到了世界上培智专家的好评，首版2000册被外国友人索要一空，再版时已成为多地培智教育的范本。

中央电视台《相约夕阳红》、江苏电视台《新闻大写真》等多个栏目先后播出了韩汝芬办学的先进事迹，《徐州日报》《经济新闻报》《香港南中国晨报》也多次发文报道她与学校、孩子之间的故事。2008年12月5日，韩汝芬还在人民大会堂受到了胡锦涛总书记等党和国家领导人的亲切接见。不可否认，彭城培智学校的成功创办给韩汝芬带去了巨大的名气。但这些，对一位白发苍苍的老人而言，不过浮云。名与利，从来不是她的最终目标。从始至终，她都保持着最初的信仰："将弱智孩子培育成自食其力的劳动者"，帮助他们实现自己的价值。

但韩汝芬的贡献并不止于此。除彭城培智学校校长一职外,她还兼任辖区王陵街道关工委副主任,积极参加关工委各项活动,辖区里的人,常常能看到她在街道办事处、社区居委会宣传《未成年保护法》的身影。此外,作为政协委员,韩汝芬还积极建言献策,推动特殊儿童的康复工程建设。针对智力落后儿童不能享受9年义务教育的现状,她多次向政府呼吁,将残疾人教育纳入国家教育事业中,统一规划,确保落实。

《论语·雍也》中说,"知者乐,仁者寿"。1931年出生的韩汝芬,如今已经90岁。但在2019至2020年学校上课期间,她仍然坚持每天到学校,巡查防疫、抗疫情况,了解每个班级的学生到校情况,还听了64节课。

人的生命是有限的,为社会服务却是无限的。韩汝芬将一生都奉献给了教育事业。穷困之时,未坠青云之志;身虽老去,不移白首之心。从普通教育到特殊教育,她跨越的,是智力障碍儿童实现人生价值的藩篱,创造的,是智力障碍儿童充满希望的未来。这位可敬可亲的校长妈妈,值得我们所有人学习!

(商东惠　撰稿)

主要参考文献:

1. 韩汝芬主编:《智障儿童创意教学拓展教程》,中国民主法制出版社2009年版。

2. 丁开明:《侨眷政协委员韩汝芬:为弱智儿童康复呕心沥血感动中国》,《华人时刊》2016年第1期。

3. 《韩汝芬慈善事迹材料》,徐州市慈善总会2020年12月提供。

秉承先志，为国储材

——记"敬文精神"的传扬者朱恩馀

在百度百科上，有这样一个专门词条——"敬文精神"，是指香港慈善家朱敬文先生以毕生精力兴办教育、泽被后世的高尚精神。或许有人并不知道这一精神背后的故事，但对于在江苏读书求学的万千学子来说，"朱敬文奖（助）学金""敬文图书馆""敬文书院"一定陪伴他们走过了大学生涯。"敬文精神"始于百年前的动乱年代，而近四十年来，将"敬文精神"传扬光大、播誉神州的关键人物则是爱国港胞、企业家、慈善家朱恩馀。

朱恩馀，1932年出生，祖籍扬州江都，少年时代成长于上海、苏州。1949年后，随父朱敬文迁居香港。他创办香港翔龙有限公司，继承父亲助学报国理想，积极支持祖国各项事业发展，不求回报，先后被苏州、扬州、广州、安庆等多个城市授予"荣誉市民"称号。2009年，新中国六十华诞，他应邀前往天安门观礼。2011年，他获评江苏省首届"江苏慈善奖·最具爱心慈善捐赠楷模"。

图一　朱恩馀

2020年12月15日，民政部发布《民政部关于对第十一届"中华慈善奖"拟表彰名单进行公示的公告》，他名列其中。

一、父亲助学报国理想的熏染

"敬文精神"的故事得从朱恩馀的父亲朱敬文说起。

朱敬文，原名朱朝钦，字敬文。1906年，朱敬文出生在扬州江都县的一户农家。因家境贫寒,他年少失学,16岁便到上海谋生。在从学徒工做起的日子里,朱敬文体会到了生活的艰辛,更目睹了洋人对中国人民的剥削和欺压。他深刻认识到,国家之贫弱,根源在于大量青少年缺乏受教育的机会。朱敬文18岁时,便萌生了助学报国的理想。为此,他从不停止对自己的提升。21岁时,朱敬文成功进入德国孔士洋行做职员。洋行每天中午有两个小时的休息时间,其他人都用来睡觉或娱乐,唯有他不愿浪费光阴,除去必要的就餐时间,剩下时间都用于自学。由于勤于思考,他很快就掌握了商品市场的运作规律,成了一名销售员,继而成功创办了属于自己的"朱敬记进出口行"。

随着事业渐佳,朱敬文的助学事业也不断开展,并终生不辍,改变了众多青年学子的命运。简要总结其一生助学功绩,有三件事影响颇大。一是抗战期间在苏州建义务小学。1942年,朱敬文在妻子杨畹珍家乡苏州腾出40余间平房,购置旧桌椅长凳,招聘教师创办"敬文义务小学",并亲自担任校长,动员因战争失去上学机会的孩子入学。他不仅为孩子们免除一切学杂费,还供给教材,并告诫孩子们"要尽量争取创造条件上中学、大学,培养自己成为一个真正的有用人才,改造社会,服务于大众"。二是自1942年起,在江苏南京、扬州、常州多地中小学设立奖助学金。1944年,为培养更多农村医生,又筹措经费,将这一助学善举扩展至大学,资助"国立中央大学"(今南京大学等校前身)的医科和理科专业学生,并通过当时的南京《民国日报》,呼吁各界人士"本育英之旨,源源倾助"。三是二十世纪六十年代在香港创办"敬文留美奖学金",资助香港学子留学深造。他广告宣传,亲自走访,确定资助名单,并给予学子无微不至的关爱,亲自带领他们赴美入学。[①]

朱敬文一生为学子们花去的精神与时间是难以估量的,对自己的子女也从不宠溺。他为子女接受教育提供足够的机会,但主张其他方面都靠自己创造。朱恩馀等儿女不论留英留美,他都只资助船票一张,与半年的学费和生活费,其余开销都要靠他们自己兼职解决。朱敬文坚持数十年的助学报国事业给子女们树立了榜样。尤其是长子朱恩馀,长期受父亲熏染,在十几岁时便跟

[①] 陈克潜:《朱敬文先生助学事迹》,载陈克潜主编:《为国储材 自助助人》,苏州大学出版社2012年第2版,第3—15页。

图二　1944年8月6日南京《民国日报》对朱敬文捐办助学金的报道

随父亲到南京等地为助学工作四处奔波，早早地领悟到了父亲"自助助人，为国储材"的助学深意。

二、承父宏愿，播誉神州

1961年，朱敬文与他人合办的工厂因经营不善陷入困境。为此，朱恩馀辞去原有工作，花了四年，帮助父亲转亏为盈，并在之后创办了自己的制衣厂，使父亲的助学事业有了更为充实的经济后盾。在之后的日子里，他与妻子谢玲玲一起协助朱敬文选送留美学生，并逐渐开始自己的慈善之路。

1981年，阔别故乡多年的朱恩馀回到苏州探亲，与苏州市侨办工作人员商议搬迁祖墓至苏州西郊的东山。其间,他发现东山小学的操场只是一块泥地,教室十分简陋,为了让光线充足,屋顶只能留一个大洞。他当即决定,拿出10万元给学校重建校舍,改善学生的读书环境。第二年清明,当朱恩馀再去扫墓时,看到东山小学已面貌一新。苏州人踏实、热情的工作作风,给朱恩馀留下了深刻印象。他也因此与苏州市、苏州人民建立了较好的互信关系。1983年,朱恩馀还专门参观了父亲当年创办的敬文义务小学(当时名为北寺塔小学),并捐资建造育才教学楼。

1985年,年近八旬的朱敬文在香港设立了朱敬文教育基金会。然而,第二年朱敬文就患了大病。面对刚刚成立的基金会,作为长子的朱恩馀毅然接手,继承父亲为国储材的宏愿。鉴于香港社会日渐繁荣和祖国大陆亟待发展的新形势,朱恩馀做出了一个重大决定,把朱敬文教育基金会的工作重点由香港转向祖国大陆的高等学府,大力支持内地的文教事业建设。

1987年,经三次调研,朱恩馀与苏州大学时任校长陈克潜达成了设立朱敬文奖助学金的协议。1988年9月15日,朱敬文奖学金在苏州大学首次颁发,朱恩馀亲临苏州参与了颁奖,表达了对苏州大学助学工作的满意,并主动提出要将基金会在苏州大学的奖助模式向部分省内外高校(特别是师范类)推广。在之后的1990—1998年间,朱敬文奖助学金在南京师范大学、扬州师范学院、江苏农学院、扬州工学院、徐州师范大学、南京中医药大学、苏州医学院、安徽师范大学相继设立,覆盖学生范围达到十多万人。从1999年起,朱敬文教育基金会每年在大陆资助总金额达三百万元,资助学生近三千人。朱敬文奖助学金也因此成为上述各校改革开放以来设定时间最早、年投入资金最多、奖励面最广、影响最大的奖助学金。三十年来,仅苏州大学就有15490名优秀学子获得逾2200万元的资助。[①]

在高校设立奖助学金后,朱恩馀并不认为任务就此完成。他特别重视对学生思想教育与爱国情怀的培育。他经常参加各校的颁奖座谈会,以自身经历、海外见闻,现身说法,鼓励学生自强,热爱祖国,振兴中华。他多次告诫学

[①] 《朱敬文奖助学金设立30周年——每年资助300万元 惠及学子3000人》,《新华日报》2018年3月22日第11版。

图三　2018年苏州大学举办朱敬文奖助学金设立30周年纪念大会

生,在全球交流的趋势中,要提高识别能力,吸收有用的知识,自觉抵制外来不健康知识,并与妻子将海外报纸上的有关信息汇编为"西方社会的一瞥",寄到各校,作为学生了解西方的参考。多年来,面对高校扩招、物价上涨等新情况,他多次调研、座谈,不断调整朱敬文奖助学金的资助模式。此外,他还推动朱敬文教育基金会在合作高校建立现代化的"敬文图书馆",为青年学子营造优越的读书条件。

各高校严格贯彻基金会的奖学助学宗旨,多年来,获得过朱敬文奖助学金资助的学生多已成长为各界先进人物。许多用人单位甚至把获得朱敬文奖学金作为优先录用的条件,一些独立学院如扬州广陵学院、徐州科文学院还主动提出自筹资金设立该项奖学金。2016年,徐州幼儿师范高等专科学校还成为国内唯一一所设立朱敬文奖学金的专科院校……凡此种种,充分说明朱敬文奖助学金的意义已经远远超越了金钱的价值,体现了朱敬文教育基金会在为国储材方面的突出作用及良好声誉。

三、善源筑基,大爱升华

朱恩馀对祖国的热爱和奉献是发自内心的。自80年代重返故土,除了推进朱敬文基金会的助学事业,他还以个人名义在苏州捐助了敬文小学、东山幼山小学、三元小学、苏州电视大学、苏州职业大学等多所学校。1994年,在上述捐赠的基础上,朱恩馀在香港建立善源基金会,其宗旨以支援小学为主,兼顾其他层次的教育机构。善源基金会成立当年,朱恩馀就在江苏省侨办协助下,首先在苏北沭阳等县实施了"筑基计划",资助贫困地区小学重建危房,为江苏省成为全国第一个九年义务教育达标省做出了重要贡献。此后几年,"筑基计划"走出江苏省,覆盖至广东、广西、安徽、云南、河南、陕西、四川、甘肃、山西、重庆、新疆等地区,几乎遍及全国。

1996年,善源基金会捐资500万,在甘肃兰州榆中县的一片荒芜土地上兴建了"恩玲中学",并于次年正式招生。二十余年来,在朱恩馀的持续关心下,恩玲中学已成为一所拥有现代化教学设备的重点高中、省市级示范性中学,向高等学府培养输送了大批人才。

此外,善源基金会也对儿童健康、医疗等领域予以关注。2006年,朱恩馀主动出资加入江苏省慈善总会"心蕊工程",使众多先天性心脏病患儿重获健康。同时,他还加入江苏省红十字会,参与苏北新建农村卫生室的活动。

随着国家财政对教育、卫生事业投入的不断加大,如今的善源基金会已不局限于小学和儿童医疗事业,而是成为朱敬文教育基金会的重要补充,重点支持其各项活动。目前,各高校朱敬文奖助学金已有80%来自善源基金。[①] 可以说,朱恩馀创设的善源基金为朱敬文奖助学金在祖国高校持续发挥育材作用夯实了经济基础。

在父亲朱敬文和其自身数十年的助学经验积累下,当前朱恩馀的助学理念进一步升华,他愈发注重开拓普通学子的视野与境界。他捐建学生活动中心,在南京大学建立敬文学生活动中心及大剧场,在苏州大学设立恩玲艺术中心,为广大师生开展各类文化、艺术、展示活动提供良好空间。他倡导书院教育,将海外和香港的书院式教育理念引入国内,指导国内高校探索高等教育大众化条件下精英人才培养模式。2015年,他捐赠1500万元,资助苏州科技大学的敬文书院建设。他创设海外交流奖学金,为品学兼优、家庭经济困难的学

---

① 陈克潜主编:《为国储材 自助助人》,苏州大学出版社2012年第2版,第69页。

生提供走向国际名校的机会。自 2015 年起,他每年向南京大学捐赠善源海外交流奖学金 100 万元,至今已资助 50 余名南大学子赴全球知名学府进修学习。

图四　朱恩馀为南京大学捐建的敬文学生活动中心

四、敬文精神,薪继火传

　　毫无疑问,朱敬文先生是"敬文精神"的开创者。早在民国时期,当时的报刊就对朱敬文的助学义举有所报道、称誉。但因为此后朱敬文先生迁居香港,很长一段时间,我们没能充分认识到朱敬文对教育的贡献。改革开放以后,朱恩馀重新将敬文助学事业带回内地,并将"敬文精神"进一步阐发、传扬,推向了更高更远的境界。

　　1996 年,朱敬文先生在香港仙逝。在长兄朱恩馀带头和影响下,朱敬文的所有子女决定将父亲的遗产全部捐给朱敬文基金会。同年,在苏州大学举办的朱敬文追悼会上,朱恩馀和妻子谢玲玲积极联络参加大会的朱家弟妹,发起"一对一"助学活动。1999 年,朱敬文的长女朱婵英、长婿蒋宁熙、二女朱婉英、二婿潘占熙四人在苏州大学正式设立"敬爱基金",以"一帮一"的形式支持新生中的特困生完成学业。

1997年,朱恩馀的大女婿李承东事业小成,有意回馈社会。朱恩馀随即建议女婿资助扬州大学农学院的学生,说:"攻读农学院的学生大多来自农村,经济条件很差,应对他们予以资助和鼓励",并亲自致函扬州大学农学院领导,推动相关事宜落实。当年,由李承东、朱承青夫妇资助的"承善基金"即在扬州大学落户,并持续至今。

在朱恩馀的推动下,"敬文精神"不仅延伸至朱氏家族的第二代、第三代人,更在万千受惠朱门的学子之中生根开花。求学于南京师范大学的侯晶晶虽身有残疾,但在敬文奖学金与敬文精神的支持下,不仅顺利完成学业,还成为中国首位"坐在轮椅上的女博士",被评为"全国自强模范""全国十大杰出青年",当选为党的十七大代表,受到国家领导人的亲切接见。徐州师范大学第一届朱敬文奖助学金获得者李凤亮在发言时曾对朱恩馀说:"要把获得奖励的激动化为增长知识、敬业创业的巨大精神动力,在未来的教育岗位上充分施展自己的才干,为祖国教育事业的发展和腾飞贡献自己的绵薄之力!"李凤亮刻苦钻研,在毕业十年后即成为暨南大学中文系教授,2008年还当选为深圳大学副校长。在南京中医药大学,受助的学生们饮水思源,自发组织起来,成立感恩爱心社团,定期开展公益活动,原先常挂在嘴边的"回报社会"承诺得到落实,不再空洞……可以说,"为国储才、自助助人"的敬文精神已根植于学子们的灵魂深处。

图五　朱恩馀向父亲朱敬文像致献花束

自二十世纪八十年代至今,朱恩馀累计已在江苏省捐赠超2亿人民币,在全国捐赠达3亿元人民币。[①] 只要国家需要,他总会慷慨解囊。他早就向自己子女们宣布,"全部资产不留给子女,让他们自己做人、生活、立业,我要把全部挣来的钱捐献给祖国的教育事业"。然而,他自己为人低调,对于自己的贡献从来不愿多谈,不管是设立基金还是捐赠项目,都尽量不用自己的名字。1988年,朱恩馀给苏州儿童医院捐赠200万元,购买医疗设备,并建造儿童急救中心大楼。大楼建成时,医院刻了《仁爱楼记》石匾,以示铭记。但朱恩馀夫妇看到后,坚持要把它拆掉,诚恳地说:"我们是普通港胞,只是对儿童福利事业略表寸心,你们若要宣传,就说是港胞捐赠即可,不要写上我们的名字。"每当人们提起他的事迹,他总是说自己只是"上帝派来的账房先生",努力把钱用在最有意义的地方,"在有生之年,很高兴能为祖国做点小事情"。[②]

　　2018年8月,朱恩馀回到祖籍地扬州江都区,关心受善源基金资助的敬文小学建设发展情况。在相关新闻报道下,一位扬州网友"随风"留言道:"在上小学的时候,就知道朱恩馀这位爱国爱教育的港商资助七里小学建教学楼的事！不过一直以为他本人字'敬文',今天才知道是他父亲！惭愧！"

　　是啊！朱敬文这个名字,已成为我们心中不朽的名词。朱恩馀这个名字,同样需要我们铭记！

（潘伟峰　撰稿）

　　（附记：感谢香港朱敬文教育基金会内地代表苏州大学陈克潜先生、赵阳女士为本故事撰写提供部分素材！）

主要参考文献：

　　1. 陈可潜主编：《为国储材 自助助人》,苏州大学出版社2012年第2版。

　　2. 程子：《朱氏父子：舍家之小财培育姑苏之大材》,《现代苏州》2012年第10期。

---

　　① 《情系家乡接力捐赠！苏州"荣誉市民"、港胞朱恩馀回乡扫墓祭祖》,苏州统一战线微信公众号,2019年3月28日。

　　② 陈秀雅：《苏州市荣誉市民、香港企业家、慈善家朱恩馀：很高兴能为祖国做点小事》,《苏州日报》2017年6月30日A4版。

3.《我校举行朱敬文奖助学金设立30周年纪念大会》,见苏州大学微信公众号,2018年3月22日。

4.《情系家乡接力捐赠!苏州"荣誉市民"、港胞朱恩馀回乡扫墓祭祖》,见苏州统一战线微信公众号,2019年3月28日。

5.《记朱恩馀先生|上帝派来的账房先生》,载南京大学教育发展基金会官网,见https://njuedf.nju.edu.cn/f6/9d/c4367a325277/page.htm。

播撒希望,情暖人间

——记"希望老人"周火生

周火生(1934—),江苏省昆山市千灯镇人,1951年参与工作,1956年加入中国共产党。在工作期间,他教学、科研工作成绩卓著,被江苏省人民政府评为劳动模范,获"江苏省先进工作者"和"全国儿童少年先进工作者"称号,1989年又获得"全国优秀教师"荣誉。1994年从学校退休后,周火生开始致力于"希望工程",多年来心系革命老区贫困学子,以图书义卖筹集善款,自己却过着苦行僧般的生活。在周火生的感召与动员下,昆山各界数千人投入希望工程,捐款数千万元,帮助上千名贫困孩子完成学业。周火生的坚持感动了许多人,人们亲切称呼他为"希望老人""希望骆驼""昆山捐资助学第一

图一　周火生

人",其本人也入选《江苏省当代教育人名录》。2008年,周火生成为"感动昆山"年度人物,次年成为央视"感动中国"候选人之一。在省外,周火生也获得极高声誉,2013年获评"安徽好人"。

一、心系乡村:结缘希望工程

1934年,周火生出生于江苏省昆山市千灯镇的一个农民家庭。1951年,刚从昆山中学简师班毕业的他"响应党的号召",成了一名乡村教师。当时他这样对组织说:"苏联有个乡村女教师,我要做中国乡村男教师。"

周火生的这一决定可相当不易。要知道,20世纪50年代江苏的乡下可不像今天,水网地区的张浦、西贤、南港乡的稍里、渡头、巴城、荷花等乡村地带,学校的条件极差,老师只能住在祠堂和破庙里,吃的是萝卜干和腌菜,点的是煤油灯,睡觉的床由旧门板充当……但周火生对这些都不在意,他的眼里只有衣衫褴褛但天真烂漫的孩子们,他说:"农村教育需要人,只有尽多地培养农村人才,才能缩小城乡差别",并暗下决心,扎根农村办学一辈子。

之后四十四年里,周火生也确实一直在条件艰苦的乡村小学工作,而且对学生们十分关爱,雨天时主动送没有雨靴的孩子回家,冬天时准备几十个盐水瓶给孩子捂手,家访时常带上剃头工具提供免费理发……在教学上,他借鉴美国和苏联的经验,在从事单班复式教学①工作时取得丰富成果,在全国各类教学杂志上发表几十篇教学论文,所著《复式教学》一书于1896年出版,被列为师范学校的选修教材,其本人事迹也被编入2014年南师大出版社出版的《中国复试教学史》。由于周火生在教学上成绩不凡,所以组织上多次调他到县市工作,但他总待不到半年又申请调回乡村小学,直至退休。周火生用一生的执教历程证明,"甘当乡村男教师"不是随口说出的豪言壮语,而是他真正贯彻终身的人生追求与理想。

退休后,周火生也闲不下来,总思考着再为人才培育与乡村教育做些奉献。1994年6月1日,金寨县希望小学副校长彭大海与少先队大队辅导员孙用琦收到了一张通过邮局汇出的1000元捐款单,就当时人们的收入水平而言,这绝对是一笔数额不小的捐款!再看汇款人署名,正是周火生。原来,1993年,临近退休的周火生从电视、报纸上得知,全国第一所希望小学——"安徽省金寨县希望小学"于1990年正式建成开学②。他从报纸上看到了金寨女孩苏明娟那双"渴望读书"的大眼睛,被深深震撼了,当即便决定向该希望小学汇款。随后的一年中,周火生陆续又汇出了5000元。

---

① "复式教学"是教学的一种特殊组织形式。是指一个教师,在同一课堂,在同一节课里对两个以上不同年级学生进行的教学模式。

② 1990年,团中央青基会开始部署实施希望工程,预备在全国19个省区37个国家重点扶贫县救助1万名失学儿童。1990年2月17日,团中央考察团来到金寨县的祠堂小学,一个月后援助两万元启动资金,当地政府又筹措了8万元,第一所希望小学就这样破土动工。

自此，退休后的周火生仿佛重新找到了自己的"用武之地"，萌发了"为希望工程奔走呐喊""为希望工程添柴助燃"的念头，八旬老人与希望工程就此结缘。

二、风雨无阻：义卖集得善款

安徽省六安市的金寨县，地处鄂豫皖三省交界，是安徽省面积最大、人口最多的山区县和库区县，也是著名的革命老区，在战争年代走出了59位共和国的将军，被誉为"将军县"，同时它也是全国第一所希望小学的诞生地。1995年，退休后的周火生带着2000元现金，背着一大包书和衣物，经过16个小时的颠簸亲自来到金寨县，但眼前的情景深深刺痛了他的心："两层小土楼，一间小小的教室挤着70多个学生，课桌就是一块板子，板凳高高低低，都是学生自己从家里带来的，窗户是纸糊的，没有电，学校连厕所都没有，一部分孩子的学费都是老师帮垫付的……"[1]

回忆起当时的情景，周火生久久难以平静，从金寨回来后，周火生下定决心，誓要"把希望工程作为余生的生命工程！"

为了帮助这些渴望求知的孩子们圆梦，周火生开始从自己的衣食住行中一分一分节省，省出的钱全部寄往大别山孩子们的手中。但他很快意识到，即使自己每年竭尽所能省吃俭用，节余不过三四千元，全部捐给希望工程也只不过是杯水车薪，怎样才能得到更多的捐助资金？怎样能帮到尽可能多的孩子？这些问题久久萦绕在周火生的心头。经过深思熟虑，周火生从批发图书中得到灵感，想到了一个一举两得的办法：图书义卖——把精神食粮送给昆山的孩子，再用义卖收入捐助金寨希望工程。[2]

主意已定，周火生一边给附近的学校发送图书义卖的信函，一边赴上海批发图书。为了批发到质高价廉的书籍，他往往要跑10多家出版社和书店挑选进书。1995年年初的一天，周火生用一根绳子穿起数十本书，前面一捆，后背

---

[1] 李勇华等：《"希望骆驼"——周火生》，2017年9月9日，见 https://www.sohu.com/a/191150213_747199。

[2] 唐晓玲：《城市底色 苏州好人》，江苏教育出版社2011年版。

一捆,两手各提一捆,以这样的形象走进了昆山市千灯中心小学。学校的老师和同学得知义卖缘由后,纷纷伸出援助之手,仅一个小时所有书销售一空,共计赢利53元。虽然钱不多,但第一次图书义卖活动的成功大大坚定了周火生以图书义卖积累捐助资金的信心。自此,一个年逾花甲的老人开始了早出晚归、风雨无阻的图书义卖生涯。为了扩大义卖范围,提高卖书效率,周火生又花403元买了一辆三轮车,以好几次摔跤为代价学会了骑车,日夜往返在昆山市十几个乡镇的70多所学校,最远行程竟有40多千米,而且一走就是20多年!

图二　蹬车义卖图书的周火生

　　对于父亲的选择,周火生的儿子周志刚开始很不理解。有一次,周火生要到30里外的王家库小学义卖图书。凌晨四点半,正当他准备出发,突然下起了暴雨,志刚劝父亲这次先别去了,可周火生坚持动身。乡间的小路本来就不平整,大雨一冲更是泥泞,骑不动车的周火生只好下车推车,等到了学校,他已经满身泥泞。还有一次,走到一半车胎爆了,周火生只好手推肩扛,但因为车技还不熟练,竟连车带人翻到了田沟里,手和额头摔破了血,可他不觉得痛,只可惜书散落后弄脏了。家人担心他也数落他:"你要是把胳膊摔断了,可怎么办?"他一边整理图书一边乐呵呵道:"我福大命大,还要为希望工程多做点事哟,马克思现在还不会让我去的。我死不了,小车不倒只管推!"一次又一次,周志刚终于被父亲的精神打动,也加入爱心义卖的活动。

三、爱心延伸:一人带动一城

俗话说得好:"众人拾柴火焰高。"周火生十分明白个人的力量有限,必须动员更多人为山区的希望工程添柴助燃。因此,他经常呼吁人们学习先贤的奉献精神,用自己的爱心浇灌山区里的"花朵"。

在搬运义卖图书的三轮车上,周火生插了一面小旗,上书"为希望工程"五个字,后来又添制一块展板,粘贴了他一次次去到山区拍下的图片和资料。在售卖图书过程中,他向人们讲述金寨县的历史和现状,讲希望工程的来龙去脉,每到动情处他都语带哽咽:"金寨人民为祖国的解放事业做出这么大的牺牲,今天他们的孩子却连学都不能上,我们难道不应该为这些孩子做点什么吗?"渐渐地,周火生忙碌在街头巷尾的图书义卖活动和为山区孩子求援的真挚呼唤受到了越来越多人的关注。

1998年,昆山商厦在商场一楼专门设立"周火生希望工程捐赠箱"为金寨县希望小学募捐,总经理花敏率先带领员工捐款1万多元,之后每年开学前夕或"六一"儿童节,商厦都要筹集学习用品和衣服等捐赠给希望小学。2008年商厦20周年店庆时,又把节约下的烟火费、广告费10万元用于成立"周火生希望工程奖学金",20余年来捐资捐物超过百万,结队资助数百人。捐赠箱自设立后每年进项万元。其中正义镇的张美芳虽然是个下岗工人,仍原意捐出50元,之后还多次义务帮助周火生的书摊卖书,经周火生再三劝说才作罢。[①]2000年,苏州电视台约周火生参加《谈话时间》栏目,节目播出后,苏州双塔八宝街72岁的基美英老太太亲自到电视台找周火生,周火生听说后从昆山赶回苏州,从这个老人手中接过了2530元的捐款,后来她还资助了金寨县5个贫困学生,累计捐款近万元。昆山中医院2002年就开始与金寨县希望小学五六名贫困学生结对子,资助每人每年500元,并组织医疗队到南溪镇开展义诊。

---

① 周火生:《众人拾柴火焰高》,王书亮主编:《千里送希望 周火生希望工程二十年》,黄山书社2015年第1版。

在医院的帮助下,烈士后代曾群的眼睛接受了手术,现在视力恢复得很好。另外,昆山地税局干部关泉不仅自己捐款,还带动十多位同事分别与贫困孩子结对子,2005年组织所在机关三十多名党员干部到金寨县接受革命传统教育,开展捐助活动;昆山气功研究会解散时,会员们把拍卖所得资产全部委托周火生,为金寨县花园小学建立一幢教学楼,取名为"昆山育才楼";昆山的台商对希望工程也很热心,优德精密工业有限公司总经理曾正雄与昆山巨峰机械制造有限公司董事长蔡一明多年来坚持捐款,用于资助学生和学校的危房改建。

同时,周火生的希望工程也得到了昆山市委市政府方面的大力支持。时任昆山市关工委主任的王道伟称赞道:"周火生的义举,昆山人的爱心,是善举,是大爱;已经进入小康社会的昆山对中西部欠发达地区,特别是革命老区给予支持,也是责任。"[①]2001年11月,王道伟率昆山市关工代表团30多人,在周火生的陪同下访问金寨县,随后召开办公会议,决定与金寨县关工委建立手拉手友好关系。次年金寨县关工委主任姜师信回访昆山,向昆山市关工委赠送写有"千里送友谊,携手育新人"的锦旗。从此,两地关工委一直保持密切联系,互通工作信息,不定期互访交流。2003年,周火生的家乡昆山市千灯镇与金寨县的南溪镇结成友好乡镇,同年11月江苏省昆山市和千灯镇相继举办《周火生老区资助图片展》[②]。2004年,经千灯镇党委考察决定,大唐集团捐资40万元用于金寨县希望小学的教学楼建设,次年一幢五层教学大楼落成,全校师生欢呼雀跃。周火生回忆第一次到金寨县希望小学见到的教室,感慨不已。

2010年4月,刘昆堂、李建学、欧小华、吴卫林等人发起建立"昆山市周火生希望工程志愿者协会"。同年10月14日,协会在昆山市民政局正式注册成立。昆山市周火生希望工程志愿者协会以开展爱心助学活动为载体,吸引了更多的社会各界人士参与进来。如今,协会的志愿者们在周火生的带领下,义卖的脚步遍及昆山每一个学校、企业和机关,义卖的金额少到几元多到上万元,志愿者们还多次自费坐大巴颠簸着前往金寨县捐款与助学。随着志愿者

[①] 李新:《千里送友谊,携手育新人——金寨·昆山关工委联手为周火生希望工程添柴助燃》,王书亮主编:《千里送希望 周火生希望工程二十年》,黄山书社2015年第1版。

[②] 熊杰:《南溪、千灯无限情——写在南溪、千灯两乡镇结为友好乡镇十一周年之际》,王书亮主编:《千里送希望 周火生希望工程二十年》,黄山书社2015年第1版。

图三　周火生希望工程志愿者协会第九十九次赴南溪镇捐资助学

队伍不断扩大,他们的足迹也越来越远。志愿者李梅在采访时这样告诉大家:"原本只是周老师一个人行动,现在变成了一个爱心的大家庭在行动,原先主要支持大别山区,现在拓展到西部贫困地区。"①

就这样,在周火生的带头作用下,一个是大别山里的"将军县",一个是拥有两千多年历史文化底蕴的模范市,因希望工程拉近了彼此的距离,共同谱写了一曲"大爱无疆、希望如炬"的美好佳话,熊熊的"希望之火"已成燎原之势。

四、"周火生现象":从好人到传奇

希望工程,本是由共青团中央发起并由中国青少年发展基金会通过各级希望工程机构实施的一项社会公益事业。但从事实的情况来看,这项工程某种程度上成了由周火生个人发起,社会力量广泛参与,最后由政府协作、规范、指导的一项从自发到自觉再到深入民心的体制外的希望工程,还有人把周火生参与组织的希望工程活动称之为"周火生现象"。② 对此,我们不由感叹,一个耄耋老人几十年来从自己带头做起,动员万千家参与希望工程,集资千万余元,惠及成千上万的贫困学子,这样一种行动力与影响力,堪称传奇。那么,周

---

① 李勇华等:《"希望骆驼"——周火生》,2017 年 9 月 9 日,见 https://www.sohu.com/a/191150213_747199。
② 胡玉先:《周火生现象之思考》,王书亮主编:《千里送希望 周火生希望工程二十年》,黄山书社 2015 年第 1 版。

火生是如何从一个普通的好人变成今天的传奇呢？

从周火生的出身来看，他出生在江苏省昆山市，这里是人文荟萃之地，从古至今涌现了一大批先贤名人、道德模范，如南宋诗人范成大、明朝大文学家归有光、明末清初著名思想家顾炎武、清末教育家朱伯庐等。他们"修身、齐家、治国、平天下"的人生追求，"达则兼济天下，穷则独善其身"的立身处世标准，千百年来渗入昆山人的血脉，逐渐形成了这里崇尚礼逊、好艺尚能的民风及谦和温顺、兼容有度的人文气质。而生长在此的周火生从小受到浸润，逐渐成长为了一个标准的知识分子。同时，周火生成长在革命的年代，深受各位优秀共产党员的影响，在《我的心》中周火生直白："张思德、大庆人、雷锋、王杰、焦裕禄、陶行知是我一生的榜样。"[①]所以，在参与希望工程以前，作为昆山文化中长成的青年，作为革命年代培养出的共产党员，周火生已然是一个热心的好人，坚守乡村执教。1951年刚刚工作时每月工资仅16元，他就拿出3元支援抗美援朝；20世纪60年代，为了支援越南战争，每学期都捐50元；1989年，把获评全国优秀教师的500元奖金全部捐给老山前线；邢台、唐山大地震，1991年、1998年南方大洪灾等凡重大自然灾害，他的捐款、捐物从没落下一次。

接着就是1994年，他与希望工程开始结缘。这一年，他无意中得知金寨县的孩子们因贫穷而失学，于是把1000元助学款寄到了金寨县希望小学，原只是和往常一样略尽心意，但隔年退休后，亲赴金寨县南溪镇的他看到了革命老区最惨淡的情状。十几个小时的跋山涉水，一路上周火生的心逐渐下沉，等到了目的地一看，满眼是荒凉萧瑟、破败墙垣，破烂桌椅上抬起的一双双求知的眼睛，让他突然想起那些为新中国成立抛头颅洒热血的烈士。他震惊、愤怒、悲痛、迷惘，心中升起了一团火，它从悲痛中燃起，誓要燃烧自己为这些孩子照亮前行的路。于是，周火生决定由自己率先行动起来，要帮助他们在人生起步阶段有一个相对平等的起点。

又有人问，图书义卖，为希望工程筹款不乏其人，周火生的行为缘何会产生如此大的影响力呢？对此我们想说，他靠的不过是脚踏实地，几十年如一日

[①] 李彦春:《周火生:施比受快乐——昆山市退休老师为希望工程九年募捐一百万》,《北京青年报》2003年3月6日。

的坚持罢了,一辆三轮车,一面插着"希望工程"的旗子就是他的全部武装。但一天又一天、一本书再一本书、一分钱再一分钱,那百折不挠的精神魅力与生命不息、行动不止的崇高信仰难道不更令人敬佩、更令人动容?其次,周火生立足实践、总结经验、勤于思考、独辟蹊径,在传统的捐钱捐物方法中逐渐增添了送教下乡、德育实践、红色旅游等方式,推出"救助—跟踪—发展"的希望工程新模式,这是他对希望工程项目的一大突出贡献。最后,若是简单将"周火生现象"视为周火生一人之所为,这是极其狭隘的。周火生的义无反顾背后,是妻子儿女毫无怨言的付出,有万千师生与昆山热心市民的出手相助,更有政府、媒体对他的认可与支持。

20多年过去,小人物办成大事业,平凡人造就新传奇。希望老人周火生点燃的第一簇火引燃一片,无数的人加入希望工程的队伍中来,"周火生现象"已经在全社会形成向上行善的道德力量,向我们传播着时代的正能量。

(李霖　撰稿)

主要参考文献:

1. 唐晓玲:《城市底色 苏州好人》,江苏教育出版社2011年版。

2. 王书亮主编:《千里送希望 周火生希望工程二十年》,黄山书社2015年第1版。

3. 王中民主编:《昆山家风故事》,古吴轩出版社2019年版。

4. 安徽省创建文明行业活动指导委员会办公室编:《感动心灵的故事》,中国工人出版社2008年版。

汤淳渊：匿名助学、爱汇江海的"莫文隋"

对于今天的南通人来说，"江海志愿者"是一个熟悉而又温暖的名字。他们的脚步踏遍了江海大地：扶贫济困、敬老助老、科普宣传、治安巡逻……城市的每一个角落里都有着江海志愿者们默默奉献的身影。一座城市，因为有了这样一群既平凡又伟大的人而充满了爱的光辉。两百多万名志愿者、四千多个志愿组织、近三十万个志愿项目[①]，今天的南通将"奉献、友爱、互助、进步"的志愿者精神发挥到了极致。而这一切都要追溯到一个人，他就是汤淳渊。

汤淳渊(1936—2019)，南通人，历任原南通纺织工学院教务处主任、党委委员，原南通工学院(现南通大学)党委委员、副院长，"莫文隋"原型。1995年3月，南通工学院一名学生石洪英因母亲去世，失去了唯一的生活依靠。正当她一筹莫展时，汤淳渊得知此事，以"莫文隋"的名义给她寄了100元生活补助费。此后的每个月，石洪英都能收到来自"莫文隋"的善款。不仅如此，"莫文隋"还给南通工学院学生处寄了一千元人民币，请求他们资助来自徐州、淮阴、盐城、连云港的贫困学生。受助人求助南通地方媒体帮助自己找到这位好心人。媒体的报道引发了寻找"莫文隋"的社会关注。然而几经寻找，"莫文隋"一直没有在公众视线中露面。二十多年来，"莫文隋"作为重大典型被《人民日报》《光明日报》、中央电视台焦点访谈栏目等媒体集中宣传报道，群众纷纷效仿，促进了乐善好施、助人为乐的良好社会风气的形成。

---

① 数据来源：南通市江海志愿者服务平台，截止日期2021年1月28日，见 http://www.jhzyz.gov.cn/。

一、三尺讲台育桃李

汤淳渊于 1936 年生于江苏南通,他出身医学世家,从小就为人热诚、爱做善事。中学读书时,一同上学的同学没钱乘车,汤淳渊主动帮助他支付车费。20 世纪 60 年代,汤淳渊考入清华大学机械工程系热处理专业。毕业以后,他在镇江农机学院任教,后调回家乡,进入南通工学院工作,为学生讲授机械原理课。[①] 为人师表的他一生爱岗敬业,培养了一代又一代的社会英才。

熟悉汤淳渊的人都说,他是个外表冷峻却内心温暖的人。也正是这份严厉鞭策着学院师生不断努力、不断进步。汤淳渊批改学生作业从不敷衍了事,字体娟秀,认真负责,任何错误都不会被他轻易放过。他不容许学生在学业上有任何马虎,明令禁止迟到早退、考试作弊等不良行为。他还要求学院教务处严抓上课纪律,还亲自带人到教室检查学生上课的情况。正是在汤淳渊的坚持之下,南通工学院形成了良好的学风,为社会输送了一批又一批优秀人才。

汤淳渊不仅对学生严厉,对同事和学院的其他教师也有着高标准和严要求。学校里曾经有位老师提前下课了三十秒,便被汤淳渊公开批评。很多汤淳渊的同事回忆,他为人严肃,很少笑,不仅是学生,青年教师们也都很敬畏他。

学校升格为南通纺织工学院后,汤淳渊出任学校的副院长,分管教学工作。当时省里就教师职称评定一事规定:教师评中级职称最好要有研究生学历,但不是必需条件。作为分管领导,汤淳渊却规定"一定要有研究生学历"。一大批青年教师在当时并不具备这个硬性条件,只好去读硕士和博士。但也正是因为这个特殊的倒逼机制,当年南通纺织工学院教师中,研究生的比例在全省排名靠前。如今,一些高校的南通籍领导,也从当年汤淳渊看似"不近人情"的严格要求中受益。倘若没有汤淳渊定下的规定,也许今天会有一大批人因为没有在学业上继续深造而悔不当初。

汤淳渊不仅在学业上鼓励青年教师奋发求进,还要求年轻人到工厂中实践锻炼。他认为,凡是工科类的教师,一定要去工厂锻炼半年或一年,提高自

---

① 陈妍、张露莹、温才妃:《汤淳渊:永远的"莫文隋"》,《中国科学报》2019 年 7 月 17 日。

己的动手实践能力,有实践经验后才能够把课上好。他在校内推出"青蓝工程",老中青教师提携共进。正是在这样严格的要求下,南通工学院成为全国第一批本科教学工作评估合格单位,江苏省仅此一家获此殊荣,汤淳渊功不可没。

在工作上,汤淳渊是一个严谨细致的人,但在生活中,他却从不吝啬自己对他人的关爱。汤淳渊的父亲汤承祖是南通有名的中医,但凡教职员工有求医需求,他总是二话不说,手写一封"介绍信",让来人去找自己的父亲。同事孤身在家突然身体不适,汤淳渊接到电话后就立刻放下手中的事情,赶过去将同事送往医院。这份温暖感动了学校里的每一位老师和学生。因此很多人第一次得知汤淳渊就是"莫文隋","莫文隋"就是汤淳渊时,都丝毫不惊讶,纷纷表示这就是汤老会做的事情。

二、大爱无言莫问谁

"莫文隋"的故事要从1995年开始说起。1995年9月12日,南通工学院学生处收到一封南通市工农路5号的来信,信上写着:"寄上人民币壹仟元,请在徐州、淮阴、盐城、连云港94级在校特困生选一学生,每月发给100元,作为生活补贴,谢谢协助。"落款署名"莫文隋"。学生处根据来信人的意愿,比较各系推荐的特困生,决定将这1000元用来资助服装系1994级鹿梅同学。[①]

南通工学院党委宣传部在得知"莫文隋"的善意捐款后,决定让院报记者沙银芬报道此事。"莫文隋"究竟是谁?沙银芬去询问学生处的工作人员,那里的人告诉她:"我们已经去找过了,南通市工农路5号是南通市纺织科研所,科研所里并没有这个人。"同时,工作人员还告诉她,"莫文隋"不止捐助了一千元人民币,有一位叫石洪英的学生也多次收到了来自"莫文隋"的善款。

沙银芬又找到了石洪英。石洪英是染整专业1993级的学生。说起好心人的捐款时,她泪流不止。石洪英家中贫困,从小母亲因风湿性关节炎而无法劳作,全家人的生活都依靠父亲独自经营几亩薄田来维持。当石洪英上高一时,父亲不幸去世了。全家唯一的依靠倒下,母亲拖着病体抚养女儿上了大

---

① 沙银芬:《莫文隋,您究竟是谁?》,《江海晚报》1995年10月20日。

学。1995年3月,就在石洪英大二的时候,母亲也因心脏病突发而去世了。生活的重担一下子全都压在了石洪英的肩头。

正当石洪英绝望之时,她收到了一张100元的汇款单,附言栏中写着"生活补助费",署名"莫文隋",地址是南通工农路555号。"莫文隋"还在附言中嘱咐石洪英要努力学习,成为一个对国家有用之人。后来的每个月,石洪英都能按时收到"莫文隋"的汇款,沙银芬找到她的时候,已经收到了500元。石洪英也曾试图通过各种办法寻找这位好心人,然而工农路根本没有"555号"。她也曾通过院广播寻呼,到邮局打听,均毫无所获。

沙银芬首先给南通市人民广播电台写了一封信,希望能够通过新闻媒介找到"莫文隋"。1995年10月18日,电台迅速播出了这封来信。同时,该台新闻中心做出决定,要通过各种方式寻找"莫文隋"的下落。10月20日,《江海晚报》刊登沙银芬的稿件《"莫文隋",您究竟是谁》,此后陆续刊登系列报道,寻找"莫文隋"。

第一个线索自然是汇款单上的地址,然而按照"工农路5号"和"工农路555号"寻找,均毫无结果。很快人们就明白过来,"莫文隋"是"莫问谁"的谐音,"5"谐音"无",是指工农路无此号。显然,汇款人并不想让人找到他。

根据汇款单邮戳上的邮政编码,媒体记者来到了南通工学院附近的易家桥邮电局询问,获得了新线索。邮局工作人员告诉记者:"'莫文隋'是个男同志,年龄在六十岁左右,中上等个头,每月中旬总要来汇款,而且总在下午五点左右,估计是领了工资后来的。"他们还表示,"莫文隋"的字迹很特别,用钢笔书写,有棱有角,特别小。

11月3日,《江海晚报》发表了《"莫文隋",您在哪里》的报道,描述了易家桥邮电局工作人员讲述的"莫文隋"外貌特征和汇款情况。或许是害怕身份暴露,当再次给石洪英汇款时,"莫文隋"将落款改成了"文峰新村5号楼505叶中恭"。邮局工作人员看到信件后,凭笔迹一下子就断定,这位"叶中恭"就是"莫文隋"。11月18日,《江海晚报》的记者找到石洪英,征得她同意后,将信件的原文公布[①]:

[①] 施亚、王金霞:《隐名助困不改初衷 "叶中恭"就是"莫文隋"》,《江海晚报》1995年11月21日。

石洪英同学：

支助你的方式必须改变，不然我将会暴露。今筹集捌佰元存入市建行文峰储蓄所(在文峰医院附近)。你每月自行提取100元作为生活补助费，直至你毕业。希望你努力学习，成为一个对国家有用之人。今后我不再和你联系。

莫文隋

1995.11.17

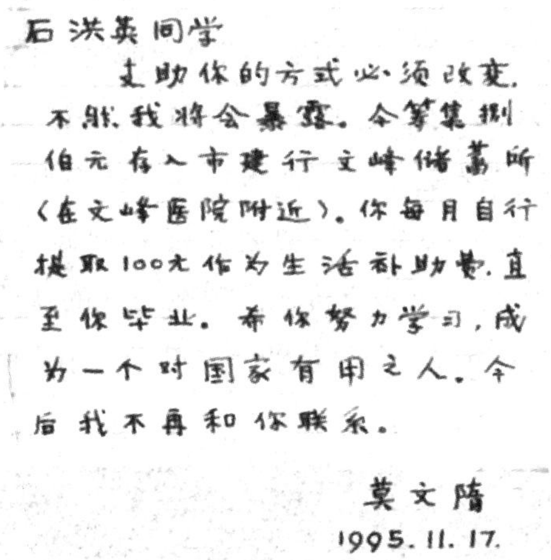
石洪英同学

支助你的方式必须改变，不然我将会暴露。今筹集捌佰元存入市建行文峰储蓄所（在文峰医院附近）。你每月自行提取100元作为生活补助费，直至你毕业。希你努力学习，成为一个对国家有用之人。今后我不再和你联系。

莫文隋

1995.11.17.

图一 “莫文隋”给石洪英的留言

石洪英去文峰新村5号楼查找，结果505室并未住人。大家猜测，“叶中恭”就是“一个中共党员”的谐音。南通市人民广播电台的记者仍没有放弃对“莫文隋”的寻找。经过29天的穷追不舍后，记者终于找到了真正的“莫文隋”，对资助特困学生一事，“莫文隋”表示：“一点力所能及的小事，根本不值得夸奖，能为别人提供一点帮助，我很高兴。”交谈中，“莫文隋”再三要求记者，绝对不能报道他的名字和身份，更不要宣传他，他说：“我不希望让别人知道，也不希望让受资助的学生知道。”[①]“莫文隋”的本意是不希望受资助的学生产生

① 易于迅、顾晓冬：《追寻“莫文隋”》，《扬子晚报》1996年2月6日。

任何不必要的压力,他认为帮助别人是一件特别正常的事情。看到特困生的难处,他心里也十分着急,希望自己的微薄之力能够缓解他人的燃眉之急。他也希望受资助的同学不要再到处打听他,还是安心读书,成为有用之才,更好地报效祖国,这样他的资助也就有了意义。参与报道的记者信守承诺,并没有在后续报道中公开他的身份,只是透露"莫文隋"是一名中共党员,资助特困生的钱是他从工资中挤出来的。

三、人人都是"莫文隋"

汤淳渊在最初接受记者采访时表示:"我做的是一件小事,而不是英雄壮举,不值得宣传我个人。"[①]这也是他一贯的坚持。在过去的二十多年里,虽然"莫文隋"在省、市的各类表彰会上多次被评为道德典型,但是,汤淳渊却坚持不在媒体前露面。直到2008年北京奥运会前夕,奥运圣火将在南通传递,汤淳渊被推选为奥运火炬手,他才短暂地出现在公众的视线中。火炬传递结束以后,汤淳渊又很快"销声匿迹",只是默默将奥运火炬捐赠给南通大学档案馆收藏。

图二　汤淳渊传递奥运火炬

---

① 王金霞、施亚:《"莫文隋"叙说心里话》,《江海晚报》1996年10月15日。

虽然汤淳渊没有出现,但"莫文隋"的事迹却鼓舞了无数人加入慈善事业中去。

南通市人民广播电台的记者在寻找"莫文隋"的过程中,发现了一位老教师,也曾多次资助贫困学生,他用的化名是"莫问谁"。据老教师的房东介绍,这位退休教师曾用自己的存款资助过徐州师院、南通医学院的多名学生。起初,记者们以为这个"莫问谁"就是资助石洪英和鹿梅的"莫文隋"。不过,老人在得知具体情况后却否认了,并表示自己也不愿意公开身份:"像我这样的人还有很多,你们呀,不一定能找到那个'莫文隋'。"

受"莫文隋"的影响,20世纪90年代,南通全社会掀起争相学习、效仿"莫文隋"的热潮,涌现出一个又一个"莫文隋"。南通市社会福利院五名残疾儿童需要修补兔唇,但缺乏医疗费。社会各界纷纷捐款,筹集到了数万元善款。其中一位化名"魏群(为群)"的人寄来1200元,至今也没有找到"魏群"是谁。南通市房管局收到了两封寄给"吴铭(无名)"的感谢信,一封是本市一对孤儿姐弟写来的,一封来自湖南娄底,都是感谢"吴铭"在他们困难时给予的帮助。"吴铭"在汇款单上的地址是南通市建设路33号,正是房管局,但房管局却没有"吴铭",几经寻找,也查不到这位好心人究竟是谁。一对青年工程师夫妇,主动从民政部门了解到线索,拿出3000元积蓄,帮助了五个特困家庭。通州有位共产党员借"王留英"这个名字,一次捐款3800元帮助贫困群众。一位叫"任友琴(人有情)"的好心人为南通市两百多位没有子女的孤寡老人捐助了一笔善款,却不肯留下姓名和地址。最早出现"莫文隋"的南通工学院,设立了"莫文隋"基金,全院的教职工都在物质上和精神上给予贫困学生帮助。各系还成立了"莫文隋服务队",师生们用自己的知识和技能广泛地为社会服务……一时间,凡人善举遍布通城。①

"莫文隋"的故事带动了一群人,也带动了整个城市,这些善意的举动就像一颗颗耀眼的明珠,在江海大地上闪耀着道德的光芒。越来越多的普通人开始用实际行动,力所能及地帮助困难群众,他们奉行着"但行好事,莫问前程"的观念,将慈善的荣光带到了城市的每一个角落,却不奢求回报。南通市在

---

① 顾勇华、恭永泉、徐爱民:《南通:群起效仿"莫文隋"》,《人民日报》1997年1月5日。

1997年将3月5日"学雷锋日"同时定为"学莫文隋日"。1998年3月31日，由南通团市委等3家单位发起成立了"江海志愿者服务站"。据南通市慈善会、社会福利院和希望工程办公室不完全统计，从1995年涌现"莫文隋"开始，在两年多的时间内，就收到捐款近百万元，其中不留名的就有一百多笔。[①] 二十多年以来，在"莫文隋"精神的浸润和传承下，乐善好施、扶危济困、无私奉献的美好品德成了南通的精神符号与文化名片。南通也成为一座名副其实的"爱心之城"。

四、斯人已逝灯长明

2015年，汤淳渊被诊断为重症肌无力。日益严重的病情让汤淳渊感到了行动不便和呼吸困难，后期甚至影响到了说话和进食。2018年底，南通大学离退处原处长刘能驯前去探望他，在重症监护室里，汤淳渊用手指蘸着碘伏，拼尽全身的力气，在白纸上写下了36个字："谢谢医生护士，谢谢组织关爱，人总是要走的，不要再抢救了，把药用到需要用的病人身上。"在场的每一个人都被深深地感动。

2019年7月12日，83岁的汤淳渊因病去世。第二天，他的遗嘱被公之于众，令所有看到的人都为之动容。这份十一年前的遗嘱是

图三　汤淳渊的遗嘱

[①] 朱旭东：《南通"莫文隋现象"：不留名的好人与一群见贤思齐者》，《新华每日电讯》2019年8月5日。

这样写的：

　　一生送走亲友不计其数，深感身后事极须从简。今已七十有二，当今虽身心尚健，但"神龟虽寿，终有期时"，何况人乎！故趁今思维清晰之时，作一安排，实为明智。

　　1. 余离世后，不发讣告，不添"寿衣"；不进行任何形式；不购骨灰盒，不保留骨灰。

　　2. 当日或第二日即行火化，火化当日或第二日即将骨灰撒入狼山外口长江中。

　　3. 操办人员，除亲属外，友人包括南通大学离退处人员应在十人以内。

　　4. 请按上述意见办理，亲属不得提出异议。

汤淳渊亲笔
2008 年 6 月 12 日

　　汤淳渊走了，但是"莫文隋"却永远活在了人们的心间。他的精神就像是一盏明灯，永远照耀着人们前行，鼓舞着人们身体力行地投入慈善事业中。在今天，江海志愿者发展成为一个拥有两百二十多万名注册志愿者的庞大组织。他们在南通市范围内参加各种志愿活动，力所能及地帮助他人。南通大学作为"莫文隋"精神的发源地，将其不断弘扬、不断传承。学校多次组织"莫文隋"研究生支教团前往教育欠发达地区进行支教，提高了当地的教学质量；"莫文隋"青年志愿者协会的队伍不断扩大，他们服务他人，将爱心奉献给社会。"莫文隋"基金会在二十多年来收到了校内外无数善款，并始终坚持资助贫困学生，给予他们继续学业的机会。

　　始于 1995 年的"莫文隋"精神在南通已经传承了二十五年。其背后内涵被不断理解，不断诠释，不断学习，不断加深。相信在未来，"莫文隋"精神仍将继续发挥它的价值。汤淳渊用实际行动生动诠释了什么是"慈善"，他的榜样力量激励着无数人传承慈善义举，用爱奉献社会。或许，汤淳渊本人在给石洪英寄去最初的 100 元时，也没有想到自己的一个小小善举会引起如此之大的关注。汤淳渊用一个人的行为点亮了一整座城市,自此,慈善的星空里群星闪耀、光芒万丈。

(周子仪　撰稿)

主要参考文献:

1.《汤淳渊慈善事迹材料》,南通市慈善总会 2020 年 12 月提供。

2.施景钤、黄振平主编:《世纪之交莫文隋》,江苏人民出版社 1998 年版。

3.朱旭东:《南通"莫文隋现象":不留名的好人与一群见贤思齐者》,《新华每日电讯》2019 年 8 月 5 日。

4.陈妍、张露莹、温才妃:《汤淳渊:永远的"莫文隋"》,《中国科学报》2019 年 7 月 17 日。

颜正明:为 636 名困境学子圆梦

如果以 24 年作为一个时间单元,你会否在脑海中生发出一丝闪念:人的一生能有几个 24 年?如果用这 24 年只做一件事情,你会做什么?

在淮安市淮安区苏嘴镇,有这样一位老人,今年 84 岁,自 1996 年从镇农经助理的岗位上退休后,24 年来只做一件事情:帮贫困学子"化缘"筹集学费和生活费。

24 年,春夏更替,秋冬换季,有风有雨,有雪有晴,老人意志如铁,为寒门子弟通向知识殿堂"铺路架桥",托起了 636 个沉甸甸的"书包",点燃了 636 个家庭的"希望",成就了 636 个火热的"梦想"。他也因此被贫困学子亲切地称为"圆梦爷爷"。

这位老人,就是"全国关心下一代工作先进工作者"——前不久刚刚荣获首届"长三角慈善之星"荣誉称号,受到苏、沪、浙、皖四省(市)慈善部门联合表彰的苏嘴镇关工委原主任颜正明。他还先后获得了淮安市政府首届"淮安慈善奖""最具爱心捐赠个人"称号;淮安市政府第二届"淮安慈善奖""最具爱心慈善行为楷模"称号;江苏省第四届"春蕾"计划爱心捐助先进个人;江苏省慈善总会 2017—2018 年全省"慈善之星";2020 年"感动淮安慈善人物"。

为了"摸底",他年复一年奔波在全镇 11 所中小学校、23 个村庄之间。在他的帮助下,636 名贫困学子得以"圆梦校园",其中 176 人是面临失学的大学生。

颜正明会计出身,能写会算。退休那年,开办商店的女儿满心欢喜,以为父亲终于可以到店里给自己搭把手。没曾想,镇领导找颜正明,希望他把镇关工委的"担子"挑起来。

一听说"关工委",颜正明来了精神:"做积德行善的事,好!老父亲生前是

图一　颜正明获奖证书

小学教师,那时候1个月工资才30多元,班里念不起书的娃娃,都是老父亲帮忙垫的学费,我要能把关工委这副'担子'挑在肩上,为娃娃们做点事,也算是传承呢。"

20世纪90年代的苏嘴镇,家家户户并不富裕,子女上学的费用是一笔重要的家庭开支。可全镇究竟有多少寒门子弟上不起学,颜正明一无所知。

毛主席说过,"没有调查,没有发言权"。到镇关工委"走马上任"后,颜正明精神矍铄,带着几个离退休的老伙计,早出晚归,全镇11所中小学校、23个村庄挨个走访,凡是上学有困难的贫苦娃,统统造册登记,拢共108人。

颜正明至今都记得第一次走访的情形:"有一户家庭家徒四壁,冬天只有一床棉被,孩子小手被冻得通红溃烂。"颜正明说,一个孩子拉着他的衣角哭着说:"爷爷,我想上学!"颜正明的心被刺痛了。"我看在眼里,急在心中,解决失学孩子的上学问题就是我的职责。"从那时起,颜正明暗自在心中许下一个承诺:"不让一个孩子失学。"

有了"底数",开始"找米"——募集助学善款。"今天跑东家,明天找西家,敲门'化缘',第一年林林总总加起来,募集到1万多元。"颜正明回忆,尽管钱不多,但一分一厘都用在了刀刃上。当时每个娃娃一个学年的费用只需80元左右,再送一套学习用品,108个寒门子弟,没有一个因贫辍学、失学的。

颜正明每天忙助学，2019年已过世的老伴许梅英，生前同样有一副菩萨心肠。2018年，贫困大学生小裴因腿部病变，手术后回家修养，81岁的许梅英先后三次捐款1400元，还特地上菜场买了乌鱼、猪蹄膀，让女儿送到小裴家里，给小裴补营养。

11所中小学、23个村庄，24年来，颜正明年复一年调查走访，日复一日募集善款，累计帮助636名贫困学子"圆梦校园"，包括176名面临辍学的大学生。24年来，得益于他的助学善行，有60名寒门学子考上大学，其中2人被清华大学录取；500多人已从学校毕业，走上了工作岗位，有了自己的事业和家庭。

为了"化缘"，他磨破了8双皮鞋，骑坏了5辆自行车，总行程8万多公里，相当于绕地球赤道两圈；在他的带动下，10余名离退休人员一路相伴，投身"助学长征"，募集了"含金量高、含情量浓"的善款210万元。

淮安区是周恩来总理的家乡，崇德尚善是淮安区人代代相续的基因。仅2010年以来，该区已涌现出各级各类道德典型1000余名。2014年1月入选"江苏好人榜"的颜正明，就是其中的一位。

24年来，颜正明一直珍藏着17本记事本，每本记事本上，记录着全镇所有的贫困学子名单、所在村组地址、资助金额，还有每笔助学善款的捐赠单位、捐赠人姓名。

24年来，颜正明每天开门"三件事"：进学校问需、跑村庄摸底、募善款助学。"近一点的地方就腿走，远一点的地方就骑自行车，如果上市区去，镇政府就会安排小汽车接送。"颜正明乐呵呵地说，走路费鞋，骑行费车，这些年光是去"化缘"，就磨破了8双皮鞋，骑坏了5辆自行车，总行程达8万多公里。

田津津是一名孤女，2010年初中毕业后无钱上学，准备外出打工。颜正明了解情况后，主动和远在湖北的某学校董事长徐总联系，徐总当即表示，上学的所有费用全包，并帮助联系了南通的一所职业技术学校，一次就给了12000元。

马逻村的宋春华自己有两个孩子，前几年弟弟夫妇去世，留下两个年幼的孩子随他们生活，这使原本就贫困的家庭经济雪上加霜，四个孩子学费没有着落。颜正明到他家了解情况后，多方奔走帮助解决了孩子的上学费用。

20岁的于静,现在是淮安生物工程高等职业学校经济贸易系三年级学生。很小的时候,父母就不幸离开人世,她一直和年迈的奶奶相依为命。后来,奶奶也离开了她,当时正读初一的她面临着生活无以为继和辍学回家的困境。得知于静的情况后,颜正明主动给她带来了学费,帮助她慢慢走出了亲人离世的悲痛。此后9年,颜正明无时无刻不牵挂着于静:开学了,上门送学费;放假了,把于静接到自己家里,照顾她的起居生活。直到于静上大学,颜正明还一如既往地资助她。

80岁的王连璧提到这样一件事:2010年冬天,镇上的孤儿小于因为付不起住校费,打算开春后辍学去打工。当时寒风呼呼,下着大雪,颜正明得知情况后,骑上自行车直奔小于家里,给小于打气,想办法帮小于筹够了住校费。"一不沾亲二不带故的,为了助学,风雪也愣是没把他挡住,叫人佩服。"王连璧说,"24年来,包括我在内,有13位离退休人员都跟着他走上了助学路,年龄最大的陈启文今年已经90岁,事事到场"。

颜正明的助学善行,温暖了身边人;慷慨解囊的好心人,也感动了颜正明。"小顾父亲去世,母亲病重,他考上了大学,没钱报名,我把情况跟区烟草专卖局一说,人家当场就资助了3500元,连续四年,直到小顾大学毕业,有了工作。"每笔善款,颜正明都烂熟于心,"捐款最多的是淮安曙光双语学校董事长,从2007年一直到现在,已经资助了70名大学生、60名中学生、60名小学生,去年一年就资助了6万元"。颜正明掰着手指算了算,24年来,市、区、镇三级总计有51家单位、60位企业老板伸出援手,捐赠总额达210万元,"每次我找上门,他们从来都是热情相迎,没有一次让我白跑"。

颜正明坚持规范助学,坚持学费透明,切实保证善款能100%落实到受助学生手中。24年来,资助方对此甘心,受助者对此称心,牵线搭桥者对此悦心。他坚持"做明白人,记明白账,办明白事"。他用心良苦制定了"学费到位清单",详细注明捐款单位、金额、到人方式、学生签收的日期和金额,他的"三明"做法赢得了社会各界的认可和称赞。

为了"报恩",他时常提醒自己:"作为一名有着40年党龄、受党教育多年的老党员,余生已屈指可数,唯有发挥余热,才能对得起党,只要还能动,助学这条路,就要走下去。"

退休之后，时间完全由自己支配，晚年生活应该如何度过？这个问题，颜正明在退休之前就不止一次琢磨过。退休至今，24年过去，已是四代同堂的颜正明，用行动找到了答案。

"闲也是一天，玩也是一天，能为社会、为老百姓做些力所能及的事情，心里才踏实，这把年纪，才算没白活。"颜正明时常提醒自己，作为一名有着40年党龄的共产党员，为人民服务的宗旨不能丢，受党教育多年，这份恩情要报答。

宗旨就是信仰，有信仰的人就不怕辛苦。24年来，颜正明坐公交、转长途，先后去过镇江、南京、南通、徐州、苏州等地，领着30多名考上大学的贫困学子入校报名，只

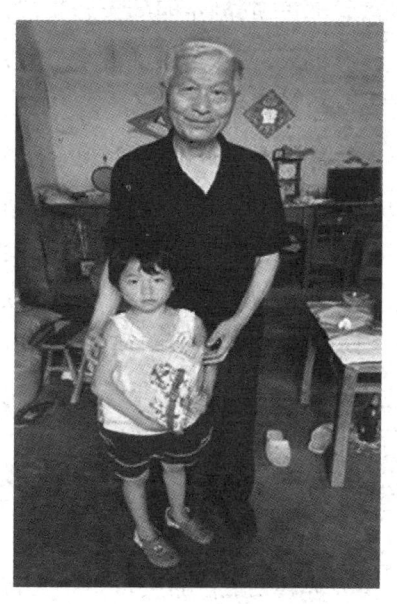

图二　颜正明近照

为找校方"求情"，给娃娃们减免学费。"有一年，小郑考上清华大学，四年的学费要16000元，我正好在忙着给几个小学生'化缘'，抽不开身去北京，就给清华大学寄了一封信函，请求学校给小郑减免学费。学校知道情况后，免掉了小郑大学四年期间的全部学费。"颜正明说，"富人得一斗，穷人得一口，有这一口，就能改变命运呢"。为此，除了东奔西跑"化缘"，这位"圆梦老爹"，还帮助70多名寒门子弟申请到了助学贷款，使他们得以安心学业。

报恩就要行动，莫道桑榆晚。"每年清明节，我都请来大客车，组织孩子们到盐城新四军纪念馆、大胡庄八十二烈士纪念馆、周恩来纪念馆等红色基地，接受爱国主义教育；孩子们向捐款单位、企业老板汇报学业情况，也是一年一次，雷打不动。"颜正明高兴的是，受资助的中小学生，已有60多人相继考上大学，在大学里年年都拿奖学金。

孩子们不但争气，也懂得感恩。"写给我的感谢信有上百封，送来的锦旗有几百面，一放假都朝我家跑，来看我。"颜正明说，看着娃娃们欢快的模样，自己就是再苦再累，心也甜。

如果说，颜正明的爱心是涓涓细流，那么，一个个受其影响走上扶困助学之路的人，便让这条细流变成爱的海洋。如今，他身边有越来越多的人，投入这项事业中来。

获得颜老资助的清华大学毕业生曾杰在赠给苏嘴关工委的锦旗上写道："有心育才是前辈，矢志报国看后生。"他准备组织苏嘴受恩大学生关爱联盟，点燃关爱接力棒，和颜老一起齐心协力帮贫困学子圆求学梦。

2016年，颜正明80岁。镇关工委的"接力棒"，传到了年轻人手里，他则被聘为镇关工委的顾问。"既是顾问，就不能不顾不问。"彻底"退休"的颜正明，担任顾问4年来，激情不减，热情不散，每天开门还是"三件事"：进学校问需、跑村庄摸底、募善款助学。

2020年4月28日，淮安市慈善总会会长陈洪玉、副会长李玉国在淮安区慈善总会会长王国权的陪同下，专程赴淮安区苏嘴镇祝贺和慰问被长三角慈善一体化发展联席会议表彰为首届"长三角慈善之星"的"圆梦爷爷"颜正明。这位老人感动不已并且动情地说："今后只要身体条件允许，将继续为贫困学生顺利完成学业而努力，直到走不动为止，尽力而为让贫困学生都能完成学业，引导他们成人成才，做一个真正对社会有用的人。"有道是夕阳无限好，晚霞别样红。"圆梦爷爷"颜正明这抹火红的晚霞，绚烂了这片行德向善的明亮的天空。

图三　淮安市慈善总会慰问颜正明(右三)

（淮安市慈善总会　供稿）

生命不息，回报不止

——记"中国好人"姜达敖

唐代诗圣杜甫在《茅屋为秋风所破歌》中吟道："安得广厦千万间，大庇天下寒士俱欢颜。"中国好人姜达敖说："一位古代诗人，心中尚且装着天下寒士，何况我们当代共产党人！"

姜达敖是江苏省宜兴市欧亚华都环保有限公司的党支部书记，现年80岁。他原是穷苦出身，好不容易考取杭州大学，却在1962年因家境艰难而不得不中途辍学。离开校园时，那种锥心的痛让他终生难忘。回到老家宜兴高塍镇后，他拖过板车，当过电工，后在码头当了18年的搬运工，尝尽了人生的苦辣酸咸。后来，改革开放的春风让他在乡镇企业的大舞台上迅速崛起，他与妻子王腊华联手创办的环保企业日益发展壮大，让他不仅摆脱了困境，而且过上了小康生活。他深知，是社会给了他机遇，他理当回报社会。于是，怀着一颗感恩之心，自1991年起，姜达敖把自己的工资奖金和历年的积蓄，外加妻子、子女的资助，亲友的馈赠，全部用于资助弱势群体。30年来，捐助总额已达680多万，受助人次已逾3500，走南闯北扶贫济困的脚印遍及北京、辽宁、吉林、陕西、甘肃、深圳等10多个省市，行程达30多万公里。数字是有限的，可贵的是其间彰显的一份爱心，一种执着，一个境界。

如果把学生比作花朵，那花的事业是美丽的，果的事业是甜蜜的。老姜则是一片绿叶，在党的阳光下进行着光合作用，孕育着花和果，同许多好心人一起，培育着神州大地上的万千学子。

遥想当年，姜达敖就是因家境贫寒而从杭州大学辍学回乡的，离校时的那种凄惨无助的伤痛之情至今尚刻骨铭心，所以他特别关注品学兼优的特困生，愿竭尽全力资助他们完成学业。不少贫寒学子在老姜连续多年的关爱下，顺利完成了大学本科甚至研究生的学业，走上了工作岗位，不仅改变了自己的命

图一 "中国好人"姜达敖

运,而且一个个成为建设四化的栋梁之材!看到这些,老姜心里比什么都高兴。他曾让他资助的大学生跟高滕镇上受他资助的36名中小学特困生、北京希望工程的10名中小学生结对签卡,开展"结对手拉手,爱心代代传"活动,以榜样的力量来激励孩子们苦学成才。这些天南海北的贫困学子因他的牵引而走到一起,组成了一个特殊的家庭,开始了"爱心接力"。

令人欣慰的是,在他的感召下,受助学生张铎在大学里就把自己勤工俭学的部分收入用来资助与他结对的小朋友,到西北支教后常用微薄的薪金资助班上的特困生,一些毕业生参加工作后也努力资助跟自己结对的中小学特困生。前年,老姜去看望已在北京工作的当年的受助生,大家非常兴奋,当下商定成立一个爱心基金会,就以姜达敖的名字命名,专门用来资助特困生。老姜当即承诺出资10万元,同学们有的出三五千,有的出七八千,很快筹集到15万元。其中有个叫王全的同学,当年是北京希望工程推荐的一名孤儿,老姜把他从小学一年级资助到大学毕业,如今已成为中国电建集团铁路建设有限公司的会计,尽管参加工作时间较短,但也承诺每个月从工资中挤出一点钱来,捐资2000元给这个爱心助学基金会。中国对外经贸大学副校长王正富说:"老姜啊,你不仅用爱心为贫困学生撑起一方希望的天空,而且用爱心塑造了更多的爱心!"

2008年"5.12"大地震震惊了世界。就在地震发生的第二天,老姜率先到宜兴市红十字会捐款1万元,又在中组部发出交特殊党费的号召前率先交了5120元特殊党费。四川东汽高等职校在地震中毁于一旦,有18名学生离开故土,来到江南水乡,就读于宜兴技师学院。他得知这一消息后,立即带了1万元钱前往看望他们。当他给这些学生发放助学金时,看到孩子们一个个神色黯然,一点没有青少年的那种朝气和活力,不由心疼地想道:孩子们突然失去了家园,失去了母校,有的还失去了亲人,心头的创伤还在流血,在这举目无亲的陌生城市里,更需要爱的抚慰呀!他经常抽时间去看望他们,跟他们促膝谈心,勉励他们用奥运精神来面对灾难,学好功课,开创未来。学期结束时,他跟爱心徒弟张志坤一起捐资一万六千元,给孩子们作为回家探亲的往返路费,还另外拿出3600元带着孩子们前往大统华超市,兴致勃勃地选购土特产,让孩子们带回家过年。然后悄悄对他的爱心助理赵老师说:"你带孩子们去吃个饭,把他们送上车回学校。我前些天查出患了糖尿病,血糖高达30多,医院里已几次打电话来催我去住院治疗了……"

住院期间,老姜身在病床,心想灾民,他发出倡议,号召亲朋好友和厂里职工春节时少上几道菜,少买一条烟,捐点钱让灾民过个好年,最终筹集到119个爱心红包。他自己出资1万多元,买了100多条棉被,委托赵老师随陈光标组织的春节慰问团一起到四川灾区慰问灾民。临行,他嘱赵老师大年初一看看那18名回家探亲的学生,给他们每人发200元压岁钱,一条棉被,给正在建房的叶霜家里送上2000元帮助其重建家园,给刚失去父亲的叶丹家里送上1000元慰问金。在地震一周年之际,他买了许多慰问品亲临灾区发放给灾民,并到那些学生的家里看望他们的家人。叶霜的父亲激动地拉着老姜的手说:"这些孩子能遇上你,真是三生有幸啊!"如今,孩子们已完成了学业,成了宜兴利通电子公司的员工,而且全都加入了民政局组织的宜兴市义工团。在陶都人民的关爱下,这些来自灾区的学子不仅治愈了心灵的创伤,而且长大成人,从老姜手里接过了爱的火炬!

2010年对姜达敖来说是极不寻常的一年。一方面,他再度荣膺"中华慈善奖——最具爱心行为楷模"的称号,这给他的爱心善行注入了一股更大的活力,他在公益事业的舞台上干得更欢;另一方面,他经历了一场生死考验——在北京空军总院查出右侧颈动脉堵塞了86.4%,当立即做手术,而手术存在着极大的风险，一旦落下后遗症"脑瘫"，那这辈子就算完蛋了！面对着生命的威胁，老姜心里沉甸甸的，他不光是担心自己的身体，更担心万一有个三长两短，原先对弱势群体的那些承诺怎么办？他身上负着许多社会责任——他认养了一对干孙：深圳丛飞的女儿和东海烈士丁照前的遗孤，他承诺资助抚养到18岁；他长年资助着89名大、中、小学特困生，其间有中国对外经贸大学、西北农科大学、新疆大学的本科生，有甘肃会宁、榆中的中学生，也有海勃日戈的蒙古族小学生。高塍、屺亭4个敬老院200多名孤寡老人期盼他一年三节的温情慰问，高塍镇上25个特困户，鲸塘、芳庄的29名特困妇女期待着他的热情帮扶……

他实在放心不下这些天南海北的弱势群体，趁着还在做术前的各种检查，他从北京空军总院"开小差"回到宜兴高塍，写下了一份委托书，连同一张10万元的现金支票，郑重其事地交给他的爱心助理。他说："赵老师，万一我有所不测，就请你按照委托书上列出的项目，一一兑现我的那些承诺……"赵老师接过委托书一看，不禁心潮澎湃，热泪盈眶。因为一般人假若生命受到威胁，想到的身后事往往是把财产留给子女多少、亲友多少，哪里会想到这些非亲非故的人呀！她说："老姜，你都病成这样了，还在想着这些人这些事，什么时候想想自己的身体呀？"他故作轻松地说："没事的，不怕一万，就怕万一呀！这些事安排好了，我就可以无牵无挂地去北京做手术了！"

所幸手术十分成功，他又一次战胜病魔，重新站起来了。没等身体完全康复，他就又活跃在公益事业的舞台上。朋友们劝他悠着点，等身体好了再说。他说："等不得呀，新学期已经开学，特困生急等着助学金呢！能在有生之年为弱势群体多做点事，我比什么都开心！"从甘肃会宁中学考取上海应用技术学院的石一耸同学代表大西北特困生来到宜兴，接过老姜发放的助学金时，无限深情地说："我是在姜伯伯的资助下完成了中学六年的学业，又是在姜伯伯的资助下跨进了大学的门槛。前些日子，我们那些特困生听到姜伯伯手术的消息，都很着急，祈祷好人能一生平安。如今，经磨历劫的姜伯伯仍在尽他的全力托起明天的太阳，他就是活着的丛飞！"

众所周知，丛飞的爱心善举感动了整个中国！他带着一身光环走了，却给遗属留下了一堆债务。姜达敖从报纸上看到丛飞的遗属生活陷于困境，立即亲赴深圳，送钱送物，还把丛飞的遗孤张叶娜认作干孙女，承诺每年资助她一万元生活和学习费用，直到她长大成人。如今，当年才6岁的娃娃已长成了19岁的大姑娘，进了丛飞的母校沈阳音乐学院附中，跟丛飞一样能歌善舞。丛飞的父亲张万军深情地说："都说丛飞生前是爱心使者，老姜呀，你比丛飞做得更好哪！"

可惜岁月不饶人！近些年来，年奔八十的老姜动过几次大手术，头上因临界肿瘤开过2刀，颈动脉因堵塞植入了支架，前几年又因胃癌被切掉大半个胃，而后肺部又出现了许多结节，得定期去接受靶向治疗，还有糖尿病、高血压等多种病痛困扰着他，使他元气大伤，体重急剧下降，从168斤降到102斤，消瘦虚弱连得路都走不稳了，不得不辗转于上海、南通等大医院求医问药。但他的心中依旧装着弱势群体。每逢传统佳节，他总要到敬老院慰问孤寡老人，嘘寒问暖，给他们送去节日的祝福和礼品。他了解到宜兴那些被评为"中国好人""无锡好人""陶都好人"的人员之中，有因种种原因造成经济困窘的，便发起了"好人帮好人，爱心暖宜兴"的活动，为生活有困难的好人安装屋顶光伏电站，并入国家电网，不仅让他们用电不花钱，而且还能每月从供电所返还多余的电费补贴家用。

图二　姜达敖慰问生活困难的孝老爱亲典型

2020年初，新冠疫情突然袭来。大年三十那天，老姜从电视里看到，武汉告急！湖北告急！党中央一声令下，全民奋起，八方支援。多少医疗用品，飞向疫区；多少医护人员，慷慨赴难。老姜着急，感动，心潮起伏，彻夜难眠，恨不得插上双翅,飞到疫区当个志愿者。可他年届八十,重病缠身,连生活都不能自理,又能做些什么呢?折腾了一夜,大年初一清早他找来驾驶员,驱车前往宜兴市红十字会。形容憔悴的他,由两个人搀扶着,一步一颤,一步一喘,艰难地登上红十字会大楼,把六万二千元现金交给常务副会长李莉。他边喘边说:"我老了,没有能力为灾区人民做多少事了,捐出这点钱,让他们买些抗疫物资,也算尽我一点心意吧!"这可是这次疫情中的宜兴第一捐哪!在他的感召下,他的爱心徒弟王普华到村里捐出2万元,他公司里的党员踊跃捐出1.2万元,他的孙子和孙女还只是小学生,也捐出了自己的压岁钱6千元,给地方用于抗击疫情。

今年重阳佳节姜达敖去敬老院慰问时,看到他消瘦憔悴的样子,老人们怜惜地说:"老姜呀,你为我们操心了这么多年,如今年老体弱,也成了弱势群体了,也该大家来关心你了!你就歇歇脚、省省心吧!"老姜笑道:"没事,我还能尽点心的,我对社会有过承诺:生命不息,回报不止!"

好一个"生命不息,回报不止"!正是这八个字,掷地有声,支撑着这位老党员在公益慈善的大道上,不忘初心,砥砺前行!

老姜在病中写下一首打油诗:"扶贫济困三十年,散尽千金心犹甜。向天再借三五年,全民小康尽欢颜。""全民小康尽欢颜",这就是姜达敖的梦,也是我们共同的梦——中国梦!

宜兴市原市长张立军评价姜达敖"是社会爱心的标杆,正能量的基石,宜兴和谐社会建设的模范",要"让更多的人接过爱的火炬,照亮自己,温暖别人"。

是的,姜达敖,这个社会爱心的标杆,和谐社会建设的模范,中国好人,无锡爱心大使,正以他"生命不息,回报不止"的铿锵言行,弘扬着中华民族尚德向善的传统美德,践行着社会主义的荣辱观,为我们在构建和谐社会的征途上点亮了一盏明灯,激励着大家把心中的爱,化作和煦的春风,吹遍海角天涯!

(宜兴市慈善总会　供稿)

淡泊明志，大爱无名

——当代"炎黄"张纪清的故事

谈到"炎黄"，许多人会想到上古时期那两位部落首领——炎帝神农氏与黄帝轩辕氏。传说两位领袖播种五谷、种植草木、兴修宫宇、发明文字、创建音律，创造了最早的中华文化。因此，"炎黄"这个词，也成了中华民族优秀文化的代名词。

而在我们的身边，同样也有这样一位"炎黄"，自1987至2014年，他每一年都向希望小学、敬老院、贫困家庭、地震灾区等地捐赠善款。但令人不解的是，这位捐款者从不在汇款单上署上自己的名字，而是用"炎黄"二字作为自己的代号。二十七年间，无锡、苏州、上海周边的邮局，都曾留下他汇款的身影。

在他第一次汇款后，人们便一直苦苦查询他的真实身份，但始终没有结果。直至2014年的一次意外，他的真实身份终为世人所知——江阴祝塘镇的居民张纪清。第二年，张纪清老人登上了央视《感动中国》节目，面对镜头，他表示"因为这是小事情嘛，人家困难帮一把，有啥大事情呢"，"（这件事）人人都在做，只是我做的时间长一点罢了"。

张纪清老人的故事，或许没有那么惊天动地，轰轰烈烈。把一件件平凡的小事认真做好，把一个个优秀的品德重新拾起，张纪清展现的，是一位平凡人为社会默默的付出与不求回报的帮助，从他身上，我们看到的是"炎黄精神"在当代的延续。

图一　正在读书的张纪清

一、耳濡目染，积极行善

张纪清自幼生活贫困，小学时便经常利用课余时间帮助祝塘第十初级合作社饲养母猪和耕牛挣钱。自幼失去亲生母亲的他由继母抚养长大，继母虽目不识丁，但通过自己的言传身教，为张纪清树立了一个坚定的信念："做人很简单，帮人也不复杂，有时就是搭把手的事。"

青年时期，张纪清在祝塘镇担任大宅浜河边上的"义务救生员"。那时候，他经常会从河里救起三五个落水者，有时还会自掏腰包将落水者送去医院。

20世纪70年代，张纪清在无锡火车站救助了一位与亲人走失的女孩。那时他刚从上海回无锡，才出火车站，就发现火车站附近有一位疑似落单的小女孩，热心的张纪清上前询问，得知小女孩是从内蒙古赤峰前来看望住在无锡的外婆，但因为书信沟通的问题，原本会来这里接他的舅舅一直没有出现。

这位小姑娘"瘦小的模样，像个初中生，看上去很无奈"[1]，于是，张纪清主动提出帮助她寻找外婆家。他一面带着小女孩去电报局给外婆家发送电报，一面向当地人打听小女孩口中所说的"南门冷宿街"这一具体地点究竟在哪。等到他从路人那里知晓了具体的地址和交通线路后，回到邮局的张纪清发现小女孩被几位社会青年围住，正一脸茫然、不知所措。张纪清当机立断，迅速把小女孩带出了电报局，并一直带她找到了外婆和舅舅。这件事对张纪清有不小的触动。事后他回忆，"我不能告诉她，刚才的风险很大，否则会影响她对社会的认知，变得胆小起来"[2]。

改革开放后，张纪清在祝塘镇从事养殖业，从孵化幼虫、饲料喂养，到成熟后捞出烫死、晒干、交付，每一个环节他都兢兢业业，不久便成了镇上少数几个万元户之一。20世纪80年代，他就拥有了三间楼房以及四间门面房，还曾一度考察新项目，购买新设备，准备建公司，开工厂。

---

[1]《江阴好心人"炎黄"27年后意外现身》，2014年12月3日，见http://www.wenming.cn/sbhr_pd/hrhs/201412/t20141203_2323746.shtml。

[2]《江阴好心人"炎黄"27年后意外现身》，2014年12月3日，见http://www.wenming.cn/sbhr_pd/hrhs/201412/t20141203_2323746.shtml。

那段时间里,张纪清曾将一位素不相识的陌生人带到自己家中,自费为其寻找医生看病。那是在一次出差时,他在上海遇到了一位名叫阿毛的瘸子。通过聊天,张纪清得知阿毛家在浙江嵊山,家里条件比较差,还需要赡养一位双目失明的老父亲,这次到上海,是专程来治疗风湿病。知晓了阿毛的悲惨遭遇,张纪清十分同情,主动向他推荐了江阴祝塘镇专治风湿病的老中医陆建元先生。

几天后,他就带着阿毛回到祝塘,将阿毛安顿在自己家中,耐心照顾。阿毛病情好转以后,张纪清又为其准备盘缠路费,帮助阿毛回到自己老家。在阿毛回到浙江以后,张纪清还给他寄去了新药。阿毛家中盖新房时,张纪清还曾向他汇去了五千元贺喜。

1983年时,因为工作原因,张纪清又关注到一个特殊的群体——在押青年。这群人中有的年纪轻轻,却已被判处无期徒刑,在本该学习的年纪里与铁窗相伴。这一段经历让张纪清认识到,家庭关爱与文化教育的缺失是这些孩子误入歧途的最大原因。他认为,自己有责任去帮助别的孩子,避免他们误入歧途,让失去学习机会的孩子重新步入课堂,走上正路。于是,他卖掉了已经运进厂房的设备,辞退了聘请的员工,通过行动帮助周围的贫困家庭。

二、匿名捐款,不求曝光

1987年开始,张纪清便不定期向希望小学、敬老院、贫困家庭、地震灾区等地捐赠善款。

1987年6月28日,张纪清第一次以"炎黄"的名义进行捐款。当天,他用"无锡汉昌路1439号"这个假地址给祝塘镇党委汇款1000元,并备注附言"以此来表孝敬老人之心,请转交敬老院"[①],表明想请党委转交给正在筹建中的祝塘敬老院。

1989年6月24日上午,祝塘镇政府又收到了一封来自"上海市虬江路160号"的来信以及一笔捐款,信中写道"烦请镇领导将这500元人民币转交给

---

① 徐向东:《炎黄,你在哪里》,《新华日报》1989年7月14日三版。

镇敬老院"，并且寄信人表示自己"以后每年将履行这一义务"①，只是去年因为生病耽搁了，信中的落款人处写的是"非党职工炎黄"。这一封信引起了祝塘镇政府的重视，寻找"炎黄"的行动也迅速展开。

1990年春节前，"炎黄"又给祝塘镇的宣传干事徐向东写信，表示自己在祝塘镇的一家企业里工作，希望祝塘镇党委别再在《新华日报》等媒体上刊登寻找自己的文章。并且"炎黄"提到，自己要的不是名，而是中国人民的心。这一年的"七·一"前夕，祝塘镇党委又一次收到了来自"炎黄"的信件以及寄给祝塘敬老院的捐款，这一次的寄信地址变成了"无锡黄泥桥13号"。

事实上，为了达到隐姓埋名的目的，张纪清还用过"荷叶新村34号""广丰三村38号"等虚拟地址。甚至以防万一，他在写汇款单时采用不同的笔迹形式。

1994年"七·一"前夕，张纪清在给江阴祝塘汇去300元的同时，也向镇长表达了自己希望每年资助一位失学儿童的意愿。就这样，在中国青少年发展基金会的帮助下，黑龙江黑河市爱辉区西峰乡中心小学一年级女孩温海燕成为第一位在"炎黄"帮助下坐进课堂的孩子。1995年9月，江西省万年县梓埠镇五合小学二年级学生罗贤敏在"炎黄"救助下复学；次年9月，云南省维西族傈僳县永春乡二年级的傈僳族少年余民华受"炎黄"救助返校。

1995年4月，"炎黄"亲自给《江阴日报》周末副刊部打去电话，请对方不要继续寻找自己。在电话中，"炎黄"第一次谈起了自己做慈善的动机：1987年农村实行改革开放以后，人们的财富观念日趋上升，反而丢失了许多中华民族的优良传统。为此，自己以"炎黄"的名义进行捐款，是希望能够保持和发扬中华民族的优良传统。此外，张纪清还向社会发出了自己的呼吁：与其费心寻找他的真实身份，不如关注如何找回炎黄子孙千百年来的优良传统②，多去关心公益事业。这封采访稿刊登在了《江阴日报》周末版1995年4月7日的第一版，在当时引起了社会的广泛讨论。

---

① 徐向东：《炎黄，你在哪里？》，《江阴日报》1989年8月21日三版。

② 《8载化名行善为哪般？炎黄向本报电话吐真情——"寻找炎黄"周末特别报道之七》，《江阴日报》周末版1995年4月7日一版。

实际上,坚持慈善事业的张纪清,生活并不富裕。因为生意的中断,不是正式编制员工的他每个月只有78元退休金以及500元失地农民补贴,加起来只有578元。

尽管如此,张纪清并没有因此暂停他的善行,但这么做的代价就是他家里的房子越换越小。1987年时,张纪清的住宅还有300平方米,之后这个数字一步步缩小,从300平方米,逐渐变成了200平方米,90平方米,70平方米,但他对此没有丝毫怨言。

三、寻找"炎黄",几经波折

从"炎黄"第一次出现开始,许多人便明察暗访,希望可以找出"炎黄"的真实身份。

1987年,当第一次收到"炎黄"寄来的1000元善款后,祝塘镇一位名叫徐向东的宣传干事特地前往无锡市汉昌路,寻找线索。但是当他赶赴现场,才惊讶地发现这一条路仅有70多户居民,根本不可能有所谓的"1439号"。不甘心的徐向东后来又联系了邮局的工作人员,却依然毫无结果。

两年后,"炎黄"再次来信捐款,这一封信引起了祝塘镇党委和政府的重视。为找寻"炎黄"本人,时任祝塘镇党委副书记王才甫和宣传委员孙银龙共赴上海,却发现信中提到的地址"上海市虬江路160号"虽然真实存在,但周围却没有符合"炎黄"身份的住户,寻找计划再一次中断。

1990年"七·一"前夕收到"炎黄"来信以后,祝塘镇党委火速派人前往邮局,寻找线索。邮局的营业员对这一位寄款人颇为熟悉,据她回忆,"炎黄"45岁模样,1米65左右身高,穿白色衬衫,微胖,但这样的形象,对于寻找"炎黄"的真实身份来说,太过模糊了。

1995年时,江阴日报社周末副刊部与祝塘镇党委宣传科联合成立了"寻找炎黄小组",在发动全体江阴人寻找炎黄的同时,也鼓励人们积极来信,举荐身边像"炎黄"一样不求名利的平凡人物,评说"炎黄"现象,短短二十天便收到了50余封来信以及上百个电话。人们开始猜测"炎黄"的身份,并鼓励他站出来,展现自己的真面目,带动社会精神文明建设。

祝塘敬老院的老人们甚至将"炎黄"的事迹编成故事,讲给自己的子女。在一次寻找"炎黄"的活动中,祝塘镇一位名叫浦仁华的独居老人自称与"炎黄"熟识,并且称他"学识渊博,周游列国,精通多国语言,是三国留学生,名叫黄明晕,草头黄,家住杭州黄灵洞"①。细问之下,人们才发现这位老人将"炎黄"看作了佛经故事中助人为乐的化身。

受"炎黄"资助的江西三年级学生罗贤敏后来也曾多次给"炎黄"写信,其中一封信写到,"如果没有您的帮助,我也没有读书的希望,我一定好好读书,认真学习,做一个有知识、有道德、有理想的接班人"②,但因为无法找到收件人,这些信件就一直躺在祝塘镇党委宣传科的抽屉里,直到"炎黄"身份大白。

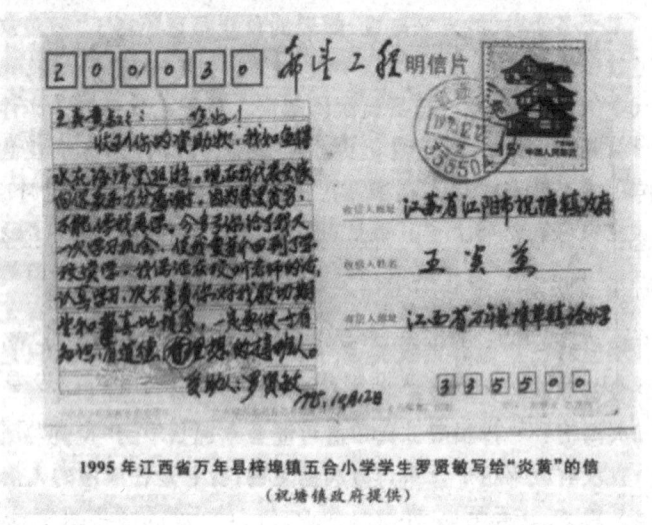

图二　1995年江西省万年县梓埠镇五合小学学生罗贤敏写给"炎黄"的信

2006年,中央电视台国际中文频道也曾专程来过江阴祝塘,拍摄纪录片《走遍中国·江阴》,其中一个摄影小组专门负责拍摄反映江阴精神文明建设风貌的纪录片《谁是炎黄》。

二十余年过去,这位神秘的"炎黄"始终不曾露面,没有人知道。他究竟是

---

① 《祝塘幸福院老人们心中的"炎黄"——"寻找炎黄"周末特别报道之四》,《江阴日报》周末版1995年3月16日一版。

② 徐向东、苏坚:《"炎黄":捐助失学儿童远达黑赣滇三省》,《江阴日报》1996年10月11日四版。

谁,又为何会选择匿名。

这个秘密终于在 2014 年 11 月 20 日揭开。那一天,"炎黄"前往张家港市人民路中国邮政储蓄银行,打算向云南鲁甸灾区汇去 1000 元善款。但汇款结束后,他忽然身体不适,突发脑梗晕倒在地。周围人翻看其口袋,找到了三张汇款人为"炎黄"和"黄炎民"的汇款单。通过祝塘敬老院院长吴军政的确认,"炎黄"的身份终于浮出了水面。这一场持续了 27 年的"寻找炎黄"行动,终于画上了句号。

"炎黄"的身份曝光以后,人们感动于他几十年来默默无闻的付出。2014年,张纪清成了当年的感动中国年度人物。他的颁奖词这样写道:涓滴见沧海。一个善良的背影,汇入茫茫人海,你用中国人熟悉的两个字,掩盖半生的秘密,你是红尘中的隐者,平凡的老人,朴素的心愿,清贫的生活,高贵的心灵,炎黄不是一个名字,是一脉香火,你为我们点燃[①]。

在现场,张纪清老人又一次被问起,为何要用"炎黄"这个名字行善,对此,他做出了坦诚的回答。在他看来,中国人都是炎黄的子孙,助人为乐、济贫帮困是传统美德,起"炎黄"这个名字意在明志,希望自己能够坚持不懈,将这种美德传承下去。至于为何用化名和假地址,张纪清解释说,自己不想受捐助者得知自己的真实身份。既然选择了帮助人,就别想着留名。

四、"炎黄"精神,影响深远

在"炎黄效应"的带动下,许多社会人士也积极为福利事业奉献自己的爱心。

1994 年,祝塘镇个体户颜其忠为祝塘镇敬老院捐赠了 3500 元,随后,各界人士纷纷慷慨解囊。这样的"炎黄效应"开始在江阴市蔓延。

1995 年,江阴青阳中学一位高三学生家中突生变故,即将高考的她面临辍学的风险,全校同学向他伸出援助之手,更有几位不愿留名的"青中炎黄"(青

[①] 《2014 感动中国年度人物曝光 江阴炎黄当选感动中国 2014 年度人物》,2015 年 3 月 1 日,见 https://news.e23.cn/content/2015-03-01/2015030100099.html。

阳中学的"炎黄")匿名捐出善款,助其渡过难关;同年,祝塘中心小学围绕学习"炎黄"开展"献爱心"浪潮,最后全校累计捐款1200余元,用于资助家庭困难学生;同样是这一年,江阴市长泾中学高二学生朱麟悄悄将自己省吃俭用攒下的300元捐赠给了北京"希望工程",这个秘密直到中国青少年发展基金会寄来感谢信才被班主任发现。

在这样的"炎黄效应"下,一批批新的"炎黄"开始出现在人们视野中。同时,"外地炎黄"的故事也在祝塘镇上演。

1995年,祝塘镇居民朱国忠家中遭遇变故,急需一笔数千元的医疗费。正当其一筹莫展的时候,一位退休工人主动向其伸出援助之手,为他送来了一笔治疗费,鼓励他坚持下去。从仅有的交流中,朱大叔得知,这位退休工人是常州人,似乎姓"黄",因此误将他认为祝塘镇上有名的好心人"炎黄"。这一件发生在"炎黄"诞生地的故事,也很好地说明了"炎黄"精神的延续。

同一年,祝塘镇中外合资香江毛纺有限公司的港方董事长施少恒获悉公司一位职工家属病危,便带头捐款1000元,最终帮助员工家属渡过难关,随后,他又向被严重烧伤的连云港救火英雄苏贻宏捐款一万元。

此外,祝塘镇还涌现了一批小"炎黄"。1995年5月31日,祝塘中心小学少先队大队被团市委命名为"江阴炎黄大队",积极参与扶贫助困。第二年"六·一"前夕,"江阴炎黄大队"还组织了"五个一"活动(一期专版、一次慰问、一台文艺节目、一件好事、一次关于"炎黄"精神的讨论),献礼"六·一"。

1996年,为了学习"炎黄",弘扬"炎黄"精神,祝塘镇党委和政府筹建成立了"炎黄"陈列馆。展馆陈列了"炎黄"自1987年第一次向镇敬老院捐款以来19年间共9次捐款3900元人民币的有关汇款单、收款收据、希望工程结对救助卡和信件等,此外,展馆同时展出了各级新闻单位对"炎黄"捐款事迹的报道文章、通过学习"炎黄"所涌现出的"炎黄"式的人和事。让人惊喜的是,在江阴市祝塘镇"炎黄"陈列馆筹办时,"炎黄"写信给《江阴日报》,希望建馆节约资金,同时也寄去了他在1989年资助河南桐柏革命老区一位贫困女孩入学的"希望工程百万爱心行动志愿者证书"和资助上海一名贫困大学生继续上学的500元汇款证明。

事实上,许多在"炎黄"陈列馆中展出的故事,同样值得细细品味。比如,在得到"炎黄"捐款以后,祝塘敬老院又陆续收到了化名"金盈""欧阳""周睿"的捐款人送来的捐款;江阴西郊敬老院连续11年收到一位新"炎黄"共计5200元的捐款;南通市希望工程收到一位神秘江阴人10万元的捐款;江阴一名退休党员化名"党吴黄"资助10位湖北十堰的贫困儿童读书……当然,也有许多曾经的受助者在长大后,投身回报社会的公益事业。曾受祝塘镇帮助的居民黄秋芳工作的第一个月就将自己的200元工资捐给镇妇联,希望帮助其他贫困学生完成学业,而当时她一个月的工资只有500元;桑阳公司董事长陆文昌一直被祝塘镇居民称为身边的"炎黄",白手起家致富后,多年来,他已为慈善事业累计捐资数百万元,不仅帮助镇上修公路、建公园,也坚持每一年资助贫困学生继续学业……这样的故事还有很多,"炎黄"所带来的爱心效应,在江阴这片土地上生根发芽。

图三 炎黄陈列馆

真实身份揭晓以后,张纪清依旧在继续他的行善之路。祝塘镇政府曾奖励他一笔5000元的慰问金,用于他看病治疗,但张纪清将这笔钱全部捐献给祝塘敬老院,让敬老院为老人特地定制了过冬棉被,保证每一位老人可以顺利过冬。从2015年开始,他积极参与市镇两级的道德讲堂、公益宣讲等志愿服务活动,通过自身经历向群众宣传公益志愿服务精神。无论酷暑严寒,只要能够坚持,他都毫不推辞,每一次当地社区组织"学雷锋"志愿活动,张纪清总会带着自己的孙子一起参加,希望这一份对"炎黄"精神的坚守,能继续为自己的后人传承和发扬。

(马昊天　撰稿)

主要参考文献:

1.《张纪清慈善事迹材料》,江阴市慈善总会2020年12月提供。

2.江阴市祝塘镇党委宣传科:《祝塘炎黄传奇1987—2006新闻作品选》。

周其钧：倾心慈善，"树德"助人

2018年7月27日上午，扬州城折射出一束耀眼的慈善光芒。时年74岁的江苏扬农化工集团原党委书记、董事长兼总经理周其钧先生，在女儿周云的陪同下来到扬州市慈善总会，捐出个人拥有的扬农化工集团股权分红所得的486万元现金，设立树德慈善基金，帮助品学兼优的困难家庭学生和因见义勇为、抢险救灾等义举而陷入困境家庭的学生。

图一　2018年树德慈善基金签约现场

世界级著名的实业资本家和慈善家、美孚石油公司创始人约翰·洛克菲勒说过："财富属于上帝，我们只是上帝派来的财富管家，财富最终都要回馈社会。"中国著名的企业家、慈善家曹德旺说："钱对你们来说是钱，对我来说是在减肥，是在消除赘肉。"两人关于财富支配的比喻，一个阳春白雪，一个下里巴人，最终都回归到了财富的德行使用这个根本问题上来。人类千百年来的慈善发展史表明，富人需要带头有德行地支配财富，多干对人类有益的慈善事业。正是约翰·洛克菲勒、曹德旺等众多企业家、慈善家胸怀正确的财富观、

263

价值观，倾力奉献慈善事业，给全球富人树立了德行支配财富的典范。而在千年古城扬州，周其钧先生奉献大爱的义举，是第一笔个人设立的超过400万元的慈善基金，为扬州树立了德行支配财富的典范。

周其钧一直生活低调简朴，热心公益慈善40载，常年参与赈灾、助学、急难救助、"慈善一日捐"等活动，为扶贫济困和弘扬慈善文化做出了突出贡献。40多年来，他累计捐款超过500万元，被表彰为2017—2018年度江苏省慈善之星、2018年度扬州市慈善楷模人物、2019年首届扬州市十大善星、2020年第五届"江苏慈善奖"最具爱心捐赠个人。

为什么捐赠486万元？

这次为什么给扬州市慈善总会捐赠486万元并设立树德慈善基金呢？周其钧解释，是党和国家改革开放政策给了他富裕的机会。有能力的人带头奉献爱心，资助因见义勇为而困难的家庭、家庭经济困难却品学兼优的学生，对培养社会奉献爱心的互助风尚十分重要。他有能力先富起来了，觉得理所当然带头多做善事、好事，帮助有困难的人。捐486万，是他认为自己与486很有缘。首先，扬州建城始于公元前486年，吴王夫差开邗沟，筑邗城，自己正是生活在这座拥有2500多年历史的城市里。其次，2002年扬农化工股票上市时，他选择了600486的股票号码，后面三个号码是486。"486"用扬州话说系"是发了"之意。周其钧认为，只要扬农人认真踏实做事，就不会有不好的事情发生，并且财源滚滚而来。后来，扬农化工集团在扬州二十四桥宾馆召开了一个重要的股东会议，宾馆地址是扬子江北路486号。因此，这次中化集团收购扬农化工集团，让自然人股份变现，他就决定捐出486万元给扬州市慈善总会，而不是三百万或五百万。

至于取名为"树德"慈善基金的原因，周其钧解释说："主要是受我母亲和前妻的影响。我母亲叫陈树珍，前妻叫程德宏，两人生前都很节俭，很有爱心，对我个人支持、影响都很大。取她俩名字中的各一个字，设立'树德'慈善基金，帮扶需要救助的困难群体，相信是她俩的心愿，也是我的心愿。"

爱心呵护寒门学子

周其钧长期关注品学兼优的寒门学子,为贫困家庭雪中送炭,助力学子圆梦,呵护下一代健康成长。

自 2005 年第一次以其妻程德宏之名参与希望工程资助后,他每年都认领 3—5 名贫困大中小学生,捐赠善款 10000 元左右,支持他们学习一技之长,自食其力,至今已资助学子近百名。

图二　周其钧以妻子程德宏之名资助特困生

2007 年,他请木工修理家具时,得知其妻去世,孩子多,经济十分困难,即委托公司团委出面和其正就读高中的孩子所在学校联系,个人出资数约 6000 元资助三年学费,直至高中毕业。

2007 年 8 月,他委托公司团委出面,资助录取南京师范大学,却交不起入学学费的韦女士的儿子 5000 元,帮助其顺利进入大学。

2011 年 2 月资助家庭突遭变故、买不起比赛乐器的裴同学(化名)5000 元购买一把新二胡,又资助 2000 元路费,帮助该生前往北京参加器乐考级。该生不负周其钧先生的期望,获得最高级别十级第二名好成绩,后考取南京艺术学院。

2011年11月,资助央视报道的云南省丽江市宁蒗县烂泥箐乡永进完小困难学生2000元,以改善孩子们的伙食。

2013年6月捐款5000元参与《读者》杂志社开展的救助弱视儿童行动。

2015年8月资助《扬州晚报》刊载的交不起费用上学的14岁女孩小萍(化名)2000元,帮助孩子解决校服、晚餐等费用。

这些感人的资助故事,在扬州传为美谈。

一生践行慈心善举

周其钧对外行善慷慨解囊,对内生活却十分简朴。他家里洗脸洗脚用过的水,都收集在一个大水桶里冲马桶用,实现"废水"的二次利用。

周其钧长期关注、支持扬州慈善事业发展。自2001年扬州开展"5.19慈善一日捐"善举活动以来,他每年参与"一日捐"活动,从不间断,即使出差在外,回来后也及时补捐,捐款金额从1000到6000元不等。2016年5月携几位朋友以"杨农"之名向扬州市慈善总会捐款131668元。

周其钧带领企业集体行善。1982至2005年,担任江苏扬农化工集团公司主要负责人期间,他大力推崇乐善好施、守望互助的慈善文化。在他的带领和影响下,江苏扬农化工集团有限公司和江苏扬农化工股份有限公司于2007年在扬州市慈善总会设立了留本捐息冠名基金,分别认捐4000000元和3000000元,分20年捐赠完毕。集团职工全员积极参与扬州市"5.19慈善一日捐"、无偿献血、职工互助等公益活动,形成了企业浓郁的人文关怀传统和慈善文化氛围。江苏扬农化工集团有限公司2017年被扬州市人民政府授予首届"扬州慈善奖·最具爱心慈善捐赠组织"称号。

周其钧聚焦国内灾害事件并及时伸出援手。每当国家出现地震、龙卷风等自然灾害时,周其钧都在第一时间捐款。2008年5月汶川发生8级地震,他通过扬州市慈善总会捐款一万元。2013年4月四川雅安发生地震,他通过扬州市慈善总会捐款5000元。2013年8月,云南鲁甸发生地震,他通过扬州市慈善总会捐款5000元。几年前,高邮发生龙卷风灾害,盐城发生龙卷风和冰雹灾害,他都以不同的方式奉献爱心,助力灾民渡过难关。

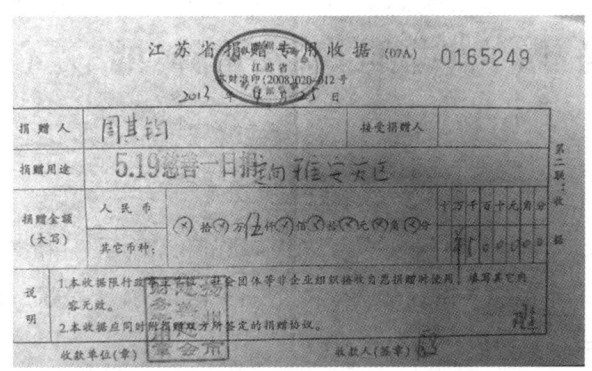

图三　2013年周其钧为四川雅安灾区捐款

孟子说:"人性之善也,犹水之就下也。"人心本善,就像水自然而然地向下流淌一样。周其钧认为,善良是人的本性,人们做慈善不分大小、先后、贫富,只要人人都把内心的善良发挥出来,尽己所能来帮助别人,就十分可贵。人人行善,持之以恒,勿以恶小而为之,勿以善小而不为,就能打造幸福美好的大爱人间。

周其钧,以一个共产党员的初心、一个企业家的素心,一生践行着扶贫济困的使命,把温暖和大爱源源不断地奉献给社会。

(扬州市慈善总会　供稿)

陈启兴：做了半个世纪"活雷锋"的"爱心爷爷"

在江苏省兴化市南沧社区，有位老人叫陈启兴，他平日粗茶淡饭，却热心慈善事业，40多年来他多次为地震灾区、寒门学子、困难家庭捐款，总额达45万多元，被乡亲们亲切地称为"爱心爷爷"。

"我一开始做好事，是从15岁时开始的！"陈启兴说，那是1963年，毛主席向全国人民发出"向雷锋同志学习"的号召，他积极响应，这一做就是57年。"学习雷锋好榜样，不是光挂在嘴上的，要用实实在在的行动，才能寻觅到人生的真谛。"陈启兴深有体会地说道。

免费跟班学习，让百余人学成会计上岗

陈启兴今年72岁，在农村当过插队知青、担任过生产队会计，后进入兴化市化肥厂工作。2001年企业破产，陈启兴因此下岗，自主创办了"兴化市诚信会计咨询服务有限公司"，生活日益改善，渐渐走上了致富路。

"吃水不忘挖井人。"陈启兴说，当初贫困的时候，是社会各界给予了他帮助，现在日子好了，他就要带头做善事。工作中，他发现不少青年想学习会计业务，于是便利用自家会计咨询服务公司这个平台，先后接纳百余人到他的公司免费跟班学习，这些人之后一一学成会计走上了工作岗位。

40岁的女工吴芹，已成乌巾荡文化旅游公司的主办会计。吴芹中专毕业后，先后在面点店、商场当过收银员，工作不稳定，收入低。2018年6月，吴芹来到诚信会计服务公司跟班学习会计业务，4个月后获得助理会计职称，应聘进入乌巾荡文化旅游公司。"吴芹任职一年多，已是公司的一名干将了。"乌巾荡文化旅游公司负责人称赞说。

图一 20世纪90年代,陈启兴在指导学员学习财会知识

正在跟班学习会计的女青年周春花告诉记者,她毕业于中国矿大建筑管理专业,几月前来到诚信会计公司免费学习。

兴化市晋益温室设备有限公司是陈启兴的代账服务单位。2018年3月,随着晋益公司的发展,公司需要一名专职会计,便将女工唐秀推荐过来跟班学习。陈启兴亲传帮带,委培5个月,唐秀成长为助理会计。

公司收入源自代账服务,为工厂培训了会计,自然就会减少代账概率。"老陈你为何要免费培训会计输送到企业,你就不怕他们抢了你的饭碗?"有人问。"我们不怕培训出来的会计'抢'饭碗。"陈启兴说,一方面,公司服务企业的量是有限的,而企业发展的量是无限的;另一方面,只要通过自己的服务让企业获益多多,企业即便有会计,仍然需要你服务。

难忘知青经历,10万元资助贫困村

帮助人给陈启兴印象最深的是1981年。那一年9月,他从《山西青年》杂志上看到该省一则资助办学的募捐启事,于是他化名陈哲,向当地捐款92.4元。"我当时每月的工资只有54.5元,虽然透支了些,但能够帮助别人是我最快乐的事。"陈启兴说,小时候,母亲经常讲一些历史典故,教他许多做人的道理。"人要多行善、做好事"是母亲常挂嘴边的一句话。母亲在世时,总是一心一意为别人着想,她的善良形象一直深深地影响着自己。不仅如此,陌生人的一次慷慨解囊也深深地感动了他。那是1972年,陈启兴因公务去南京出差,下了公交车才发现钱包被偷了,身无分文的他无法购买车票回家。在车站门口徘徊许久,一位40多岁的盐城人似乎看出了端倪,主动向他伸出了援助之手,借了钱替他买了车票。"母亲的教导和好人相助,一直激励着我学雷锋做好事,做一个品德高尚的人!"

"当年,乡亲们把节省下来的咸菜给我们,把罱泥、扒沟捕到的鱼、虾、蟹给我们解馋,我忘不了他们,也感激万分。"1964年9月,陈启兴响应党和政府的号召,插队到兴化市中堡镇谭家村。那时生产队在经济上还比较困难,每个工分只有0.37元。在他担任生产队会计期间,有时穷得连打水机买机油的钱都没有,只好向其父亲和大姐借。"当时经济条件虽然艰苦,但是村干部和广大社员群众给予他们很多帮助。在农业技术上,他们都是手把手地教我们,使我们学会了栽秧、施肥、踏水车、割稻、收麦等农活。"在陈启兴看来,正是有了50多年前的那段知青经历,劳动人民具有的勤劳俭朴、忠厚老实的优秀品质,对于自己的人生观、世界观、价值观的形成和确立发挥了重要作用。

2015年12月10日,陈启兴向其当年插队的贫困村中堡镇谭家村捐款10万元,用于支持该村的道路建设。那一年,他还向中堡镇慈善会捐款3000元,用于资助因病致贫的困难户。

在陈启兴看来,能够帮助人是很幸福的,但帮助人也是需要实力的。他通过兴办公司为企业服务,手头渐渐宽裕了,在自己的经济能力范围内,尽可能多地去帮助社会上遇到困难的人。

生活艰苦朴素,捐款已达45万多元

前几年,陈启兴从媒体上了解到,兴化市还有不少家庭困难的孩子缴不起学费。"失学对一个孩子来说是一件痛苦的事情,当看到那些孩子们期盼和渴望的眼神,我就决定要尽己所能,帮助孩子们实现他们的梦想,让他们在快乐中成长。"陈启兴说道。

2014年,作为该市昭阳街道南沧社区关工委常务副主任的陈启兴,牵头组织开展"助飞雏燕"关爱行动,当他了解到社区贫困学子小许考上苏州大学后,上大学的学费仍有缺口时,他立即捐款 5000 元支持她上学。当年,老陈还拿出 5000 元,支持社区困难学生小潘到南京晓庄学院求学。并且一直资助小许、小潘完成学业。老陈告诉记者,从 2014 年至 2019 年初,他先后拿出 6 万多元资助 10 多位困难学生上学。"感谢陈爷爷的资助,没有陈爷爷,我就上不成大学了!"2019 年初,小潘同学买了水果专程到陈启兴家中探望,感谢陈爷爷的鼎力相助。

图二　陈启兴向困难学生家长送助学金

为了做大扶贫帮困助学的"蛋糕",以帮扶更多需要帮扶的人,2019 年初,陈启兴自筹资金 30 万元成立了首家民营慈善会——"兴化市昭阳街道文林景苑慈善会",以吸引更多的爱心志愿者加入扶贫帮困的行列,把南沧社区"助飞雏燕"的品牌做大做强。"成立慈善会主要是依法开展帮扶活动,实行专款专用,积极组织会员走访调查贫困学生,对贫困学生实施经济帮扶,积极发动社会力量,接受社会捐赠,让更多的困难家庭和贫困学子得到资助。"陈启兴告诉记者,从 2019 年以来,他又通过南沧社区关工委及昭阳街道向贫困生等困难群体捐赠 18300 元,其中向困难大学生小辉捐款 5000 元;向困难大学生小星捐款 2000 元;向贫困户老张捐款 1000 元。

2020 年初,突如其来的新冠肺炎疫情让国人措手不及,2 月 3 日上午,陈启兴老人风尘仆仆地赶到昭阳街道捐赠了 1 万只口罩,支持街道人员防控新型冠状病毒疫情。"街道几千人都奔赴在兴化城区的大街小巷和各个小区，他们的口罩肯定不够用，我今天来主要是表达我的一点心意，同时祝愿抗击疫情早日胜利，全国人民吉祥安康。"陈启兴说道。

8月30日下午，陈启兴又来到兴化城区困难大学生小敏家中，了解小敏在大学里的学习情况，并现场向小敏捐款5000元，资助小敏上学。当天，陈启兴还承诺每年帮扶小敏5000元学费，直至她大学毕业。

陈启兴的老伴杨巧珍告诉记者，老陈平时非常节俭，一日三餐都是粗茶淡饭，但他非常关注教育事业，每年春秋两季开学前夕，他总会慷慨解囊，尽力帮扶贫困学生。

这么多年来，陈启兴通过南沧社区、兴化市慈善总会及昭阳镇慈善会向汶川、玉树地震灾区和兴化市的贫困学子、困难户等捐赠善款累计达45万元。

上善若水，美美与共。陈启兴的善举温暖着别人也快乐着自己，他善心为民的事迹多次被《扬子晚报》《江苏老年报》《今日文艺报》《泰州日报》《泰州晚报》《兴化日报》、中国老区网、兴化电视台等新闻媒体宣传报道。他于2015年度当选"2015·最美兴化人"，2017年2月9日被评为"兴化市五好文明家庭标兵"，2018年4月1日江苏省道德模范现场交流会期间光荣入选"兴化市道德模范与身边好人"。

"我只是为建立和谐社会做了一点有益的工作，为了使做好事、做善事的精神传承下去，我经常叮嘱儿子要有爱心，提醒孙子不要忘了向爱心储蓄罐投硬币。今后，我将一直关注教育事业，关注弱势群体，尽己之力帮助困难学子完成学业，帮助困难家庭渡难关。"陈启兴表示。

（薛宏金、冯兆宽撰，泰州市慈善总会供稿）

高德康：以服暖人，以善暖心

高德康，男，1952年出生于苏州常熟白茆镇山泾村，波司登品牌创始人，波司登集团党委书记、董事局主席兼总裁，常熟市古里镇康博村党委书记。2011年成立"德康博爱基金会"，曾荣获"中华慈善奖"、2017年度"全国慈善会爱心企业家"、2017"CCTV年度慈善人物"。[①] 在他的带领下，2011年波司登集团被授予中国慈善领域的最高政府奖项"中华慈善奖"，2014年被中华慈善总会授予"中华慈善突出贡献奖"。

图一　高德康近照

一、致富思源，回报乡梓

1976年，凭借从裁缝父亲那里学来的缝纫手艺，高德康和其他11位农民

---

① 《高德康慈善事迹材料》，苏州市慈善总会2020年12月提供。

以 8 台家用缝纫机和一辆永久牌自行车白手起家，成立了山泾村缝纫组，由高德康担任组长。

高德康创业的过程中充满了艰辛，吃苦他是能忍的，难以忍受的是城里人的白眼。缝纫组的盈利起初都来源于给上海的一家服装厂加工服装。夏天，他背着几百斤的货骑自行车跑上百里路到上海，费好大力气才挤上公交车，却常常被人赶下车，还要被骂上一句"乡下人"。这种被别人看不起的经历深深地刺痛了高德康的自尊心。他发誓要脱贫致富，让乡下人生活得像城里人一样，甚至更好。从那时起，高德康下定决心，要用自己的双手打造出自己的品牌，把美好的愿望变成现实。正是在这个梦想的激励下，1980 年，高德康正式成立了山泾村服装厂，通过来料加工为上海一家工厂制作中式棉袄罩衣、盘各种花钮。

1984 年，高德康的工厂开始为上海飞达厂加工羽绒服，由来料加工向贴牌生产转变。第一次接触羽绒服，高德康就敏锐地察觉到这个市场的巨大潜力。他认为，羽绒服物美价廉，虽然季节性强，但需求量大，只要稍加改进就可以产生无限的发展空间。由此，高德康又萌发出一个梦想：让中国的老百姓都穿上又轻又暖又合适的羽绒服。

于是，高德康一边加工服装，一边潜心研究羽绒服市场的未来走向。在掌握了一套从生产、加工到制作羽绒服的成熟技术后，他以改革开放政策为契机，抓住机遇，在白茆工业开放区投入 2000 万元，兴建了占地 7 万平方米的厂房和办公楼，引进先进流水线，建设了一座现代化的羽绒服基地。

波司登 40 多年的成长发展，得益于改革开放的政策，得益于党和国家的培养。正如高德康所说："我是农民的儿子，是党培养的企业家，我要时刻牢记党的宗旨，把我的一切全部奉献给我的家乡和人民。"[①]

在 20 世纪 80 年代，他就尽自己所能，帮助村里的老人，送给他们冬天暖手脚用的"汤婆子"，并且想方设法地帮助村民做些好事。企业有了一定经济实力之后，高德康就开始给村里的敬老院捐款，给 60 岁以上的老人发放养老

[①] 《高德康慈善事迹材料》，苏州市慈善总会 2020 年 12 月提供。

金,给村里的贫困户送去羽绒服、慰问金等,并一直延续到现在。[1] 正如波司登公益基金会秘书长朱军说:"慈善工作实际上是从高总创业的时候就开始了。正因为是贫苦农民出身,他才对于基层一线的贫苦群众有着更深的情感,所以多年来一直热衷于为贫困群众奉献自己的爱心。"

1999年,高德康以高票被村民们选为村党支部书记,他时刻不忘富民强村责任,出资1.3亿多元为村民们兴建了427幢漂亮宽敞的现代化庭院式别墅,并聘请专家学者,对整个村子进行了现代化新农村规划和改造,将原先普普通通的山泾村改造成了中国十佳小康村之一、江苏省文明村——康博村。村内环境优美,布局科学,水电、液化气、有线电视、通讯、物业管理等设施配套完善。为帮助村里人解决就业问题,让村民们有一个稳定的经济收入,波司登集团以工哺农,扶持村级经济建设,推动农业和农村现代化建设,变"输血"为"造血",同时,充分发挥示范及辐射带动作用,开发经营项目。目前,康博村有波司登总部、雪中飞总部和一家大型物流公司三大基地。高德康利用企业优势,积极吸纳录用本村、本镇的青年。至于一些上了年纪的村民,高德康也为他们广开就业门路动脑筋,先后开发了本村农田2700多亩,形成西片金唐市水产养殖基地,王成圩片集体农场水稻种植基地,东片康博田园生态园,无公害果品、蔬菜基地。通过科学规划,"田成块、河成网、树成行",规模化的康博生态农业有机稻米示范基地也已经逐步形成,既实现了现代高效农业专业化生产,还解决了广大村民的就业问题,使全村劳动就业率达到100%。[2]

除了物质上的帮助外,高德康也不忘加大文明法治建设力度,丰富村民精神生活。康博村内健身室、图书室、棋牌室、篮球场等全年免费开放,还设置了健康体检一站式小屋,制作村民健康电子档案,保障村民们的医疗卫生健康。高德康充分利用现代先进科技,在康博村内建成了全省首个农村"智慧社区",让村民足不出户就可以办理各种便民服务。通过设立"百姓茶馆",为村民们共同参与、讨论乡村建设提供渠道,党员可以零距离倾听村民们的意见;借助

---

[1] 《高德康荣获2017"CCTV年度慈善人物"》,央广网2017年9月11日,见http://www.cnr.cn/hd/20170911/t20170911_523943381.shtml。

[2] 《高德康慈善事迹材料》,苏州市慈善总会2020年12月提供。

图二　康博村

"康博乡村振兴展示馆",向大家展示康博乡风文明的建设硕果,传承并发扬康博人的奋斗精神。康博村的村民说:"他这个人就是这样,挣了钱以后不忘乡亲们,他要回馈社会。"

二、富而思进,回馈社会

高德康在小时候吃过许多苦,对苦难有着深刻的感受和理解。正因为这样,他对社会上的弱势群体始终怀着深切的同情心和深厚的社会责任感,每当他看到贫苦的百姓,都发自内心地想要帮助他们。

2008年,我国南方地区遭遇特大雪灾,波司登及时捐赠价值1亿多元的羽绒服支援灾区。"5·12汶川地震"后,波司登以各种方式援助灾区百姓,累计捐款达到8300多万元,其中捐资1000万元援建北川中学。玉树地震,雅安地震,鲁甸地震……每一次自然灾害之后,高德康都在第一时间施以援手,帮助受灾群众恢复生产、重建家园。长城内外、黄河南北、雪域高原、塞外边疆,处处都有波司登的爱心身影。[①]

2011年,为了更好地开展慈善事业,高德康个人出资5000万元,成立了由国家民政部直属管理的非公募基金会"德康博爱基金会"(后更名为波司登公

[①] 《高德康荣获2017"CCTV年度慈善人物"》,央广网2017年9月11日,见http://www.cnr.cn/hd/20170911/t20170911_523943381.shtml。

益基金会）。该基金会以传承文化、传播公益、传递温暖为宗旨，积极响应国家脱贫攻坚号召，致力于公益慈善事业，弘扬中华扶贫济困的传统美德，积极开展扶贫济困、抚孤助残、赈灾救援等公益慈善工作，主要设有"情暖中国"项目、"橙爱基金"项目等。从2011年成立到2020年为止，波司登集团和波司登公益基金会累计向社会捐款捐物超过12亿元，公益足迹遍布全国29个省、108个地级市、558个县，惠及109.2万贫困群众。①

（一）情暖中国，传递温暖

传递温暖是波司登公益基金会的重要使命。"情暖中国"项目每年向西藏、新疆、四川、陕西、甘肃等地的贫困学生、孤寡老人等捐赠羽绒服数万件，是波司登公益基金会传统不变的基本项目。从2014年到2018年，波司登公益基金会"情暖中国"项目为全国二十多个省区捐赠总价值5000万元以上的羽绒服，为众多有御寒需求的贫困人群提供了帮助，温暖了千千万万颗心，以实际行动兑现温暖承诺。

图三　高德康与中华慈善总会会长签署战略合作协议

2017年，为了更好地进行长期持续的慈善行为，波司登公益基金会和中华慈善总会进行了非公募基金会和公募基金会创新合作形式的积极尝试，达成

---

① 《关于基金会》，载波司登公益基金会，见 http://www.bsdfund.cn/About。

战略合作。波司登公益基金会将在10年内向中华慈善总会捐赠2亿元财物，主要用于"一带一路，民心相通"沿线国家交流活动、中华慈善总会每年的春节送温暖活动，以及自然灾害、国家重大慈善事件捐赠等双方合作的其他活动捐赠。①

从2018年起，波司登公益基金会携手中华慈善总会每年向青海、云南、西藏、甘肃、新疆等地的困难群众捐赠2万件羽绒服，专项用于开展"慈善情暖万家"活动。2020年11月24日，由中华慈善总会、四川省慈善总会、波司登公益基金会联合主办的"慈善情暖万家活动——波司登情暖四川"启动及捐赠仪式在四川省汶川县映秀镇举行，就此掀开了中华慈善总会与全国各地、各级慈善会联合主办的2021年度"慈善情暖万家"活动序幕。本次活动中，波司登公益基金会共向四川甘孜、阿坝、凉山州捐赠4000件羽绒服，价值240万元，充分彰显了一个爱心企业的情怀与担当。中华慈善副会长刘伟说："慈善组织在扶贫济困、扶老救孤、助残优属、灾害救助、支教助学、保护环境等方面发挥了重要作用。在我国全民实现小康社会之后，也要认识到贫困并不会彻底消灭，还会出现因病返贫、因灾返贫的现象，社会组织就是要继续助力，织密民生兜底保障网，在第三次分配中发挥独特的作用。慈善组织自己的力量是有限的，但是只要有爱心企业、爱心人士参与，有社会各界善良认识的支持，就会发挥巨大作用。波司登国际控股有限公司就做出了良好表率。"②

(二) 产业扶贫，精准帮扶

除了物品的捐赠外，高德康还尝试了其他帮助贫困群众的方法，试图从根本上帮助贫困群众实现脱贫。

《淮南子·说林训》有言："临河而羡鱼，不如归家织网。"农业产业化扶贫是精准扶贫和农业供给侧结构性改革的重要内容，是实施乡村振兴战略的重要抓手，产业兴则农民富，农民富则经济活。深耕服装行业数十年，高德康对这一行业有着独到的见解。他认为，羽绒服行业一头连着全球服装市场，一头

---

① 《高德康慈善事迹材料》，苏州市慈善总会2020年12月提供。
② 《中华慈善总会"慈善情暖万家——波司登情暖玉树"暨九牧厨卫"全民守卫、健康中国之乡村振兴、美丽中国"捐赠仪式在西宁举行》，云南网2020年11月26日，见http://m.yunnan.cn/system/2020/11/26/031143993.shtml。

接着千万农民的鸭舍,具有充分吸纳农村就业,精准开展产业扶贫的特殊行业优势。基于这样的认知,高德康在全国范围内展开调查,将波司登产业向农村基层扎根,先后在中东部地区建成了7大生产基地,推动区域经济产业集群和品牌集聚,促进产业链和谐平衡发展,为上下游产业链创造30多万个就业岗位。① 通过在贫困地区建立扶贫项目,波司登盘活了当地的自然资源和人力资源,打造扶贫产业链,切实带动了当地群众共同富裕。2019年10月17日,全国工商联、国务院扶贫办在北京召开2019年全国"万企帮万村"精准扶贫行动先进民营企业表彰大会,授予波司登集团全国"万企帮万村"精准扶贫行动先进民营企业荣誉称号,充分表达了对波司登集团在扶贫事业中做出贡献的肯定。

(三)深入基层,关注环保

除了帮助新疆、西藏、四川、甘肃等地的贫困群众外,高德康还积极地帮助环卫工人。他说:"我每次坐车经过看到他们不停地在扫地、打扫,一身汗、一身汗地出。给他们来发一点礼品,刚好他们需要的时候你给他们是最好的。"波司登公益基金会专门设立"橙爱基金"项目,用于关爱环卫工人和城管队员,特别是为家庭困难的环卫工人们发放生活补助金。"橙爱基金"项目设立了环卫工人慰问金,主要用于补助家庭困难的环卫工人,并给各地环卫工人捐赠羽绒服,帮助保障环卫工人的基本生活。

每年7月份,我国百分之八十的城市处于35度以上的高温状态。在这种炎热的天气情况下,平均每位环卫工人每天依旧要清扫面积近4000平方米的地方。高德康从小就深受母亲教导:"不要总是想着自己,要做好人,帮助别人。"每年夏天,高德康都会与基金会志愿者一同进行环卫工人慰问活动,为环卫工人送上包含毛巾、风油精、硫磺皂等防暑用品的"清凉礼包",感谢他们为城市环境整洁做出的贡献。冬天寒冷的时候,基金会则向环卫工人捐赠羽绒服,让他们在寒冬里感受别样的温暖。2019年1月28日,波司登公益基金会举行"波司登冬暖常熟环卫关爱"仪式,向奋战在一线的环卫工人和城管队员捐赠380件防寒服,为16户家庭困难的环卫工人送去慰问金共8万元。活动

---

① 《高德康慈善事迹材料》,苏州市慈善总会2020年12月提供。

仪式上,志愿者将一件件防寒服递到环卫工人手中,并诚挚地感谢他们为美好家园建设付出的辛勤劳动。同时,高德康也呼吁广大市民爱惜环卫工人的劳动成果,不乱丢垃圾,一起为环卫工人减负。①

波司登一直以产业报国为使命,以承担社会责任为己任。当爱伴随着一件件羽绒服传递到其他人身上时,高德康也能感受到他们回馈给他的真诚、淳朴、友善,这些真挚的情感更加激励了高德康,使他坚定自己前进的方向。在进行慈善事业的数十年间,高德康不断探索慈善方式,从而使公益活动更规范化,价值最大化,更有效地帮助弱势群体,扩大自身慈善事业的影响范围,打造"波司登公益基金会"的慈善品牌,引导更多的社会力量参与慈善事业。

三、厚德载物,兼善天下

"有力者疾以助人,有财者勉以分人,有道者劝以教人。若此,则饥者得食,寒者得衣,乱者得治。"(《墨子·尚贤》)墨子在言行中展现的兼善天下,苦难力行的精神和乐善好施、积极参与的慈善风范与高德康的慈善思想不谋而合。正如第四届"CCTV慈善之夜"上给予高德康的颁奖词所说:"业始于青蘋之末,你懂得黑夜离不开星光的闪烁,用一根根温暖的丝线,编织成美好世界的辽阔,这是你对家乡的承诺,那把爱的天梭,始终在手里紧握。"秉承着"饮水思源,造福乡里,惠及大众"的思想,高德康带领着波司登坚持以服装暖人,以慈善暖心,将一件件暖身的羽绒服化作一份份暖心的社会担当,用作羽绒服创造的财富,来温暖家乡,温暖社会。

高德康的慈善事业也正是以服务家乡为起点的。从20世纪80年代开始,他就立志要回报家乡。古人曰:"落其实者思其树,饮其流者怀其源。"(《征调曲》)饮水思源是中华民族自古以来的传统美德。早在高德康还是一个小裁缝时,善与爱的种子就已经在他的心里扎下了根。心中的善与爱和自强的精神支持着他在常熟与上海之间一趟趟奔波,在每一个夜晚裁剪一根根丝线,在

---

① 《波司登冬暖环卫工人》,载《常熟日报》2019年1月30日,见 http://www.csxww.com/xwzx/2019/0130/271044.shtml。

企业发展的过程中渡过一个个难关。出身贫苦的高德康通过不懈的努力和奋斗,与乡亲们相互扶持,带领着村里人创业致富。在取得成就后,他也不曾想过离开家乡,而是扎根农村基层,用自己的力量帮助家乡发展,村企共同进步,通过从基础设施到经济再到精神文化层面的一系列建设,使康博村成为新时代乡村建设的典范。康博村孕育出了高德康和波司登,而高德康也以实际行动做出回报,成就了如今的康博村。

在回报家乡的同时,高德康也不忘为他和他的家乡带来发展机遇的改革开放政策。作为伴随着改革开放成长起来的民营企业家,高德康深觉自己和企业的成长发展得益于改革开放的政策,党和国家的培养。这使得他心中厚植实业报国的家国情怀和民生意识,奉行并实践着"跟党同心同向同行,与群众同甘苦共命运"的思想。高德康说:"我们这一代企业家生在新中国,长在红旗下,实业报国、品牌强国是流淌在血液里的情怀。"在这样的思想引领下,高德康带领着波司登集团诠释并践行"波司登温暖全世界"的企业使命,以高度的责任感和使命感,积极承担社会责任,用实际行动回报社会,锻造专属的温暖,并积极参与到扶贫事业中,为决胜全民小康社会贡献智慧和力量。

专家指出,慈善事业是社会经济发展的产物,慈善捐献是慈善事业存在和发展的前提。[①] 随着苏南地区经济的发展进步,当地的慈善意识逐渐觉醒,慈善捐献行为也随之增多,其中的发展空间巨大,正需要慈善事业的领头人为慈善事业发展做出引导作用。从 20 世纪 80 年代至今,高德康 40 多年的善行不仅影响了波司登集团的所有员工,还带动了当地的企业家,在将公益慈善精神发扬光大的同时,引导了更多的社会力量参与到公益慈善事业之中。青海省玉树市发生地震时,高德康闻讯火速前往玉树灾区并捐赠衣物,成为苏州地区首家自发向玉树灾区进行捐赠的企业。在他的示范带动作用下,苏南地区众多企业纷纷伸出援助之手,积极参与到抗震救灾的活动之中。正如高德康所说:"一个人的成就,不是以金钱来衡量的,而是看你善待过多少人。"他将社会责任放在首位的精神值得众人学习。

慈善事业的发展是没有终点的。目前阶段,在各级政府部门、慈善组织、

[①] 张奇林:《论影响慈善事业发展的四大因素》,《经济评论》1997 年第 6 期。

爱心企业、志愿者等社会各界的共同努力下,我国的慈善事业已经取得了众多令人瞩目的成就。慈善事业不仅在扶贫济困,扶老救孤,抗震救灾等方面发挥了不可替代的作用,还在激发社会活力,参与社会治理,促进教育、科学、文化、卫生等事业发展等方面做出了诸多贡献。但在改革开放新时代,我国的慈善事业仍有很大的进步空间,需要更多如高德康一样的慈善人士弘扬慈善文化,传递正能量,引领更多社会力量加入慈善事业的队伍中,促进慈善事业的建设。

(崔心悦 撰稿)

主要参考文献：

1.《高德康慈善事迹材料》,苏州市慈善总会2020年12月提供。

2.《高德康荣获2017"CCTV年度慈善人物"》,央广网2017年9月11日,见http://www.cnr.cn/hd/20170911/t20170911_523943381.shtml。

3.《中华慈善总会"慈善情暖万家——波司登情暖玉树"暨九牧厨卫"全民守卫、健康中国之乡村振兴、美丽中国"捐赠仪式在西宁举行》,云南网2020年11月26日,见http://m.yunnan.cn/system/2020/11/26/031143993.shtml。

曹龙祥：奉献是人生最大的快乐

在济川药业的同心园公寓里，有一座"饮水思源"的主题雕塑，一位老人从井里提上一桶水，舀了一瓢给井旁的小男孩，小男孩喝了甘甜的井水，脸上露出了微笑，眼睛里也闪烁着光，他似乎也感受到一种力量，触发了一种温暖的情愫。这座雕塑引来了无数人为之驻足，在雕塑的基座上镌刻着这样一句话：

> 甘甜的泉水漾动着琥珀的光泽，也映着济川人心田间深厚而纯真的情愫。感谢阳光春风的赐予，感谢社会各界"岸上踏歌声"的悠悠厚爱，感谢创业者"风雨故人来"的滴滴真情。即使一眼泉水化作汹涌壮阔的大海气象，岁月长河中最初的生命源头也不会在记忆中风干。

在每天上班下班的路上，曹龙祥都要从这座雕塑旁走过，如果说当初策划树立这座雕塑是为了告诫每一位济川人心中要存一份感恩之情，倒不如说，更是告诫自己要饮水思源，"常怀慈善之心"。

曹龙祥，出生于江苏泰兴大生镇一户农民家庭，兄弟姐妹七八个，全靠父母种田养猪挣工分，出生不久就遇上了国家"三年困难时期"，少年时代就是在贫困、饥饿中长大的，虽然日子艰辛，但同样不缺乏温暖和快乐。他忘不了生病发热是邻居大妈抱着他去了医院，他忘不了是左邻右舍凑齐了自己上学的学费，他忘不了是老师用

图一　济川药业集团党委书记曹龙祥

雨伞把自己从学校护送到了家，"助人为乐"四个字像种子一样种在他幼小的心灵里。

长大后的曹龙祥，踏上了"三缘"人生之旅。他走进军营，与医结缘，当上了卫生队的班长，做牙医和麻醉师，为基层军民服务；他受泰兴市委市政府的任命，担任济川药业的总经理，与药结缘，把一个濒临倒闭的制药企业发展成泰州地区第一家医药上市公司；他与大健康结缘，规划建设了济川健康科技产业园，描绘"百年企业、百年品牌"的双百战略，推进"中西医药、中药日化、中药保健"三大产业。曹龙祥从一个农民的儿子成长为优秀企业家，并荣获全国劳动模范光荣称号，成为中华人民共和国70周年纪念章获得者。事业的成功让曹龙祥赢得了无数的鲜花与荣誉，但他始终不忘初心，心存感恩，演绎了许多令人感动的故事。

一、特别的庆典

2011年，是济川药业由地方国营改制为民营企业的第十个年头。想当初曹龙祥接手济川药业时，企业资不抵债1749万元，拖欠员工工资200多万元，企业处于倒闭的边缘。面对困境，曹龙祥大胆地进行了体制和机制的改革，大力引进人才，进行了GMP改造，实施了产品结构调整，提出了"一切服务于市场，一切服从于市场"的理念，编织覆盖了全国的市场营销网络，种种举措的落地，终使企业起死回生，并走上了健康快速持续发展轨道。截至2011年，企业销售规模已达20亿元，连续多年蝉联泰兴市第一纳税大户，企业已从活起来、站起来到大起来。

为了做好民营企业十年庆典活动，曹龙祥要求公司相关部门制定了"一个民营十年庆典方案"，庆典方案几易其稿，最后确定庆典主题为"药香十载，济世百年"，围绕这一主题做好"五个一"：一枚民营十年纪念币、一部专题片、一幅音诗画、一场慈善捐助仪式、一场感恩酒会。"五个一"的核心就是一场慈善捐助仪式。

感恩回馈之举，曹龙祥把目光聚集到教育、弱势群体、黄桥老区和慈善事业上。

泰兴中学,江苏省四星级高中、国家级示范性普通高中,创办于 1861 年,始称"襟江书院",至今已有 160 多年悠久历史,每年都为国家输送大批优秀人才。中国航天器研制学科带头人、中国科学院院士叶培建,中国暗物质粒子探测卫星首席科学家、中国科学院院士常进等都毕业于泰兴中学。就是这样的学校,每年还是为教育经费捉襟见肘,更有许多优秀学子因家境困难影响学业。因此,曹龙祥把为泰兴教育助力作为自己"悬壶济世"义不容辞的责任。

2005 年的春节联欢晚会上,21 个聋哑演员表演的《千手观音》,其精美绝伦的手势语言、极具东方神韵的音乐把观众带入梦幻般的艺术天堂。坐在电视机前的全国观众被深深地震撼,无不为聋哑演员的精湛演绎深深折服。而在泰兴,有这样一所聋哑学校,这里的孩子们也十分可爱聪明,他们因为各种原因造成了身体的残疾,他们同样身残志坚,就像岩石缝中的小树苗顽强生长,演绎了许多自强不息的故事。看到他们作画、唱歌、跳舞,你同样会为之感动。曹龙祥每年都派人去慰问他们,庆典捐助,当然也少不了他们。

"黄桥烧瓶黄又黄啊,黄黄的烧饼慰劳忙。烧饼要用火来烤啊,新四军要靠老百姓帮啊",一首《黄桥烧饼》唱响了大江南北,也唱出了当年黄桥人民支前斗敌的豪迈气概。但半个多世纪过去了,黄桥老区依然相对交通闭塞,经济落后。因此,帮助黄桥老区搭上时代发展的高速列车也是企业家的责任所在。

2011 年 9 月 10 日,济川药业彩旗飘扬、鲜花比艳,空气里都飘荡着喜庆和甜蜜的味道,济川药业民营十周年庆典活动在嘹亮的国歌声中拉开了帷幕。

庆典仪式上,曹龙祥怀着激动的心情宣布,向市慈善总会、黄桥老区经济建设促进会、市特殊教育学校、佛教协会、泰兴中学等捐赠善款 360 万元。

他的话音刚落,就迎来了台下的阵阵掌声。大家纷纷点赞,济川人的庆典活动就是不一样,把庆典办成了慈善,这是骨子里的创新和感恩,这样的企业家令人尊敬,这样的企业充满希望!

二、心系健康事业

"用科技捍卫健康"是济川药业的企业使命,因此,为让这使命生根开花,曹龙祥把目光投到支持医疗卫生事业上,奖励在医疗事业上做出特别贡献的医疗工作者,给医院送技术、送管理、送服务,积极打造大健康事业。

早在 2005 年,公司发展还举步维艰,得知《中华消化杂志》需举办一场全国性肝胆胰外科学术会议,曹龙祥当即拍板由济川承办。来自全国的 300 多名消化领域的专家、学者和医务工作者会聚济川,就"后基因组时代的医学""肝癌诊治进展""胆道外科若干问题的思考"等新思想、新手段、新药物、新医疗学术主题进行交流探讨,取得了圆满成功。会后,巴德年院士感慨地说:"像这样高层次会议往往首选在广州、上海等大城市召开,在县级市还是首次。但这次会议准备工作和服务水平一点也不比大城市逊色,大会组委会选择泰兴、选择济川是做对了。"成功地承办这一次学术会议后,济川药业就与中华医学会、中华药学会、宋庆龄基金会结下了不解之缘。

"百家医院管理公益讲坛"着力探讨中国医院发展中存在的问题,深入分析现阶段中国医院管理的难点,传播国内知名医院管理经验以及与国际接轨的医院管理理念和成功经营模式,从而推动中国医院科学管理的进程。

2007 年起,济川药业先后与新加坡国际管理学院、北京大学合作,在全国各地的医院举办百家医院管理公益讲坛活动。开设了《如何提升现代医院执行力》《如何创建顾客导向的医院优质服务体系》《塑造医护人员职业化阳光心态》《组织行为学》《领导艺术》《医院企业文化定位与建设》《医务人员心理保健》等经典课题。

百家医院管理公益讲坛已经跨越了 30 个省、直辖市,覆盖了上千家医院,数十万人受益,活动形式和内容受到了医院管理人员和医务人员的一致赞许和认同,取得了较好的社会效益。

宋庆龄基金会是兼具群众团体和公益慈善机构双重属性的组织机构。2005 年,中国宋庆龄基金会开始设立"宋庆龄儿科医学奖",这是由宋庆龄基金会与卫计委共同发起,科技部批准设立的一个永久性的奖项,是中国儿科医学领域最具权威性的奖项之一,被称为中国儿科医学领域的奥斯卡奖。曹龙祥闻讯后,主动致电宋庆龄基金会,要求参与其中。他说:"中国宋庆龄基金会设立该奖,填补了国家空白,同时吸引着高层次中青年医学科技人才投身到相对薄弱的儿科领域研究中。她为加强我国妇幼卫生工作、提高出生人口素质做出了贡献,济川药业作为医药企业自然要主动参与!"宋庆龄基金会负责人十分感动,对曹龙祥说:"希望中国能出现越来越多像曹先生这样关心儿科发展的企业家!我们一起联合起来,改善儿科环境,努力为孩子们的健康保驾护航!"

从 2010 年开始,济川连续五年每年捐赠 50 万元用于该奖项的评审和奖励,广泛涉及儿童身心医学领域的各个层面,其中有的项目同时是国家攻关项目,有的成果达到国际先进水平。每次颁奖大会,曹龙祥都会与全国儿科医学工作者们一起聚会,聆听每一位医学工作者的心声,为每一个科研成果而欢欣雀跃。

图二 济川药业集团向宋庆龄儿科医学论坛捐赠

济川药业支持举办的各项学术活动,得到了中国著名院士吴孟超、巴德年、黄志强、胡亚美、胡之璧、石学敏、张伯礼以及刘振全少将等名医的支持,他们先后来到济川讲学或参加学术交流,介绍国际前沿的医药发展动态,传授医院理论研究成果和临床实践经验。

三、驰援武汉抗疫

2020 年初,新型冠状病毒疫情日益严峻,作为中国医药上市公司 20 强企业的董事长,曹龙祥密切关注疫情走势和救助需求,快速采取了抵御抗击疫情大行动,做到全力以赴、聚集资源、保障供应,把服从服务疫情防控需求作为头等大事,助力打赢疫情防控阻击战,履行医药企业的责任和使命。

1月25日,正是大年正月初一,人们都沉浸在新年的欢乐之中,鞭炮烟花在空中绽放出浓烈的辞旧迎新的味道。但曹龙祥的心却是凝重的。此时的武汉已经封城,新冠疫情已经十分严峻!他想到的是武汉各医院的医务工作者的安危,想到的是从全国各地驰援武汉的逆行者,想到的是新冠疫情威胁下的武汉市民!

虽然平时工作很忙,很少有时间与家人享受天伦之乐,但他只能把这些暂且放下,立即召开公司高层紧急会议,商讨落实驰援武汉抗击疫情的大行动。

很快,行政、市场、生产、物流、后勤、外联等部门人员在第一时间火速赶往公司集结,驰援武汉抗击疫情的行动拉开大幕。他们一方面想方设法与武汉红十字会取得联系,一方面和泰州邮政、上海同盟等物流公司联系,打通物流通道,计划外增设武汉直通车。公司内部迅速组织了第一批抗击疫情的急需物资,其中包括"抗炎抗菌抗病毒"的蒲地蓝消炎口服液,"防治小儿感冒,去热不反弹"的小儿豉翘清热颗粒,"止咳化痰,疏风解表"的三拗片等药品,还有蒲地蓝可炎宁抑菌口喷、含漱液等消字号口腔护理产品。

茫茫夜色里,风夹着雨雪一个劲儿地下着,济川药业的高架仓库里灯火通明,叉车川流不息,一箱箱药品装上了物流货车,此时只有挂在仓库大门上方的大红灯笼能透出节日的气息。曹龙祥也一刻不离地亲临一线,现场指挥着抗疫组织工作。直到晚上近10点钟时,价值1200多万的抗疫药品才装车完毕,他反复叮嘱随行的同志,一定要注意做好防护工作,保护好自己!看着缓缓行驶即将踏上抗疫之路的货车从夜色中消失,曹龙祥悬着的心才放了下来。这个大年初一,虽然少了往常的与家人团聚,却更有意义。

随后,面向全国多家医院的定向捐赠活动也迅速展开。在疫情抗击战中,广大医务工作者冲在一线,受到的潜在危险最大,但许多医院医用物资告急,济川药业根据医院需求,积极筹备急需物资,特别是面向广大员工募集医用口罩,用具体行动向逆行者致敬。据不完全统计,目前为止,济川药业向全国700多家医院捐赠了价值1680多万元医用物资,主要包括药品、口喷、口罩、防护服、消毒剂等。

为确保疫情防控物资有序及时供应,公司生产线也提前结束春节放假,开展复工复产。济川药业抓好疫情防控,落实工作和生活场所的安全防护,以及复工人员的隔离监测举措,不折不扣落实好企业主体责任,全力保障疫情防控期间的重点药品的生产、储备和供应。

曹龙祥常说,奉献是人生最大的快乐。在打造大健康事业的征程中,他极力倡导"四个一"的价值理念,这就是:"企业要有一定的发展速度,员工要有一定的收入增长,对政府要有一定的税收贡献,对社会和股东要有一定的责任奉献。"

他捐资500万元成立教育基金会发展基金,并设置"清北奖",用于奖励考取清华北大的优秀学子。

图三 "清北奖"颁奖典礼

他成立"济川药业慈善基金会",贯彻国家"精准扶贫"政策要求,对经济薄弱村的基础设施建设、农民增加收入开展项目扶贫。2017—2019年,他向济川药业慈善基金会提供资金支持154.5万元。

他亲自到公司与泰兴市扶贫协作对口单位——陕西省旬邑县走访调查,并签订了《中药材种植基地战略合作框架协议》,建设1.56万亩中药材规范化种植基地,累计捐赠金额达60万。

他先后向泰兴市慈善总会、佛教协会、扶贫协会、泰兴庆云寺捐赠善款累计达2300余万元,用于支持地方文化发展和修建泰兴文化遗址、乡村路道桥梁。

　　大爱无疆，慈心无垠。曹龙祥始终不忘初心，用一个又一个善行义举回报社会、造福桑梓，投身社会公益慈善事业，彰显着一个民营企业家"用科技捍卫健康、用大爱造福社会"的担当和使命。

（泰州市慈善总会　供稿）

崔根良：以大爱善行天下，以责任扛起担当

崔根良，亨通集团党委书记、董事局主席，十二、十三届全国人大代表，中国光彩事业促进会常务理事、中国慈善联合会常务理事、江苏省光彩事业促进会副会长、江苏省慈善总会副会长。先后获最美奋斗者、全国时代楷模、全国劳动模范、全国道德模范（提名奖）、全国改革开放40年百名杰出民营企业家、全国非公经济人士优秀中国特色社会主义建设者、全国脱贫攻坚（奉献奖）、"万企帮万村"先进民营企业、中华慈善奖、中国光彩事业20周年突出贡献奖、中国十大慈善家等荣誉。

图一　崔根良获第十届"中华慈善奖"

三十年来，崔根良依靠自主创新，把亨通集团从一个倒闭乡办厂，发展成为中国光纤通信龙头企业、全球光纤通信前三强。崔根良致力于打造受社会尊敬的百年企业，他说社会责任是企业的第一责任，企业要赢得社会尊重，首先必须以贡献社会为己任。在企业做强做大的同时，他提出"得诸社会、还诸社会"发展理念，一直心怀感恩，从身边做起，从当地做起，从需要帮助的弱势

群体做起,把乐善好施、扶贫帮困当作一项终生事业去追求。特别是十八大、十九大以来,崔根良积极响应中央"精准扶贫"号召,不计个人得失、不图任何回报,真扶贫、扶真贫,在国家民政部注册了江苏省首家民企发起的非公募"亨通慈善基金会",针对全国老、少、边、穷地区,贫困家庭,贫困弱势群体开展扶贫、扶智、扶残、扶弱等精准扶贫项目,扶贫足迹遍及全国半数以上省份,捐赠款物超 6.3 亿元,唱响了民营企业家献身脱贫攻坚的时代凯歌。

一、感恩乡梓,美美与共建家园

(一)富而思源,报答乡梓

公司创建至今,崔根良每年参与吴江慈善总会统筹开展慈善帮困活动的捐赠活动,从刚开始几万、几十万,到后来 100 万、200、300 万,2011 年起每年捐赠额增至 500 万元。此外,崔根良积极参与苏州、吴江及七都镇村等当地公益设施与配套捐建(如苏州社会福利院爱心楼、老年大学、日间照料中心、吴江乐龄公寓及防风雨回廊、吴江敬老院、七都卫生院、老太庙文化广场、修桥铺路等),为当地因病因灾的困难家庭慷慨解囊、救助帮困。

图二 崔根良为苏州市社会福利总院捐建"亨通爱心楼"

作为省慈善总会副会长、苏州市慈善总会荣誉会长,崔根良先后向江苏省及苏州市慈善总会、省市光彩基金会、省市公益机构捐赠超 5000 万元。

（二）助残圆梦，撒播希望

崔根良坚持30年，先后帮助超3000名残疾人进入自身企业工作，对他们一视同仁，鼓励他们自强不息，让他们从家庭包袱变成了对社会有用之人。

2011年起，在崔根良的推动下，亨通集团与吴江区残联合作，连续十年实施"助残圆梦行动"，为全区2600多户困难残疾人家庭捐赠液晶电视机、洗衣机、电冰箱、太阳能热水器和笔记本电脑，率先在全省实现县域贫困残疾人家庭现代家电全覆盖，为残疾人家庭在校读书子女，提供助学金、奖学金，为这些家庭燃起新的希望。

为激发残疾人的自强自立自信，崔根良每年捐赠支持吴江梦想残疾人艺术团，开展节目排练和日常运营。艺术团每年为全区残疾人公益演出60多场，每年观众超十万人。

（三）崇德扬善，传递正能量

崔根良在省文明办、省美德基金会、市区各有关部门的支持下，设立江苏亨通美德基金、吴江亨通美德基金、亨通文化基金、亨通拥军关爱基金，用于好人、最美人物、道德模范、文化进社区、全民阅读、双拥活动等；还与省法律援助基金会、党员关爱基金、党的研究会、劳模协会合作，关爱困难党员、老弱病残老兵，帮助拿不到工钱的农民工打官司，帮助相关组织推进有益社会的进步事业。支持电视剧《共产党人刘少奇》、纪录片《刘少奇的故事》的创作拍摄工作。累计捐赠超3000万元。

二、精准扶贫，共享发展成果

崔根良积极响应中央精准扶贫号召，积极参加中央光彩会、中华慈善总会、民政部、全国工商联等开展的精准帮扶行动。

2018年捐赠1000万元，投身江苏省工商联发起的民营企业精准扶贫基金项目。帮助国家级贫困地区——昆明东川区于2020年建成云南树桔村红军渡爱国主义纪念馆，培育红色旅游产业，惠及困难村民2000多人。

十八大前后，花4年时间、帮助当年江西革命苏区（井冈山、兴国、于都等）

实施"鹤轩安耆"工程,对25座敬老院进行现代改造,添置26辆多功能救护服务车,帮助5000多位老人改善生活就医条件,累计捐赠近2000万元。

十八大以来,崔根良在全国工商联等组织下,积极参与国家重点贫困地区——重庆、甘肃庆阳、云南德宏、四川凉山、河南信阳、云南怒江、贵州织金、甘肃临夏等各类精准扶贫帮困项目。2016年起,与贵州晴隆县者布村,开展五年"万企帮万村"结对扶贫,发展特色食用菌项目,帮助219户建档立卡的贫困户脱贫摘帽。

自2007年起,崔根良响应省委省政府"南北结对"号召,先后与苏北贫困村——灌云县、泗洪县裴南村、田集村、泗阳县古墩村等六个村结对,兴建村民服务中心、卫生室、铺桥修路,累计捐赠数百万元。

三、教育扶贫,托起未来希望

扶贫重在扶智,斩断贫困代际相传,让下一代人永久脱贫。

2015年起,崔根良积极参与国家重点贫困县江西广昌县教育扶贫。先后帮助广昌县5所村办小学改造扩建校舍及教学配套设施(甘竹镇洙淇村小学、塘坊乡横山村小学、塘坊乡熊坊村小学、头陂镇羡地小学、塘坊乡张坊村小学),为孩子们提供良好的学习条件与环境。

2019年,崔根良积极参与"三区三州"国家深度贫困地区——甘肃临夏州教育扶贫,帮助该州康乐县白王乡冯马家小学新建教学楼,解决冯马家村及周边村数百名适龄孩童就近入学问题,大大改善了冯马家小学办学条件。

2019年,崔根良积极参与江苏重点贫困县丰县教育扶贫。梁寨镇李寨小学地处偏僻、办学简陋、教学设施落后。2019年,崔根良与省光彩合作帮助该校添置现代教学设施设备及现代网络设施,助力当地培养人才。

十八大前后,崔根良参与重庆(酉阳、巫溪、黔江等)农村留守儿童教育扶贫项目,先后让3000多名留守失学儿童重返校园、重进课堂,学有所教、困有所助、爱有所依、托有所管,让更多孩童有健康成长的环境,为家庭、为社会和谐发展做出了贡献。

崔根良打听到云南高原地区儿童先天性心脏病发病率高、死亡率高等消

图三　崔根良帮扶贫困地区妇女儿童

息,主动联系中华慈善总会,将云南德宏、普洱地区等少数民族贫困家庭100名先心病患儿专程送到北京空军总院免费救治,给患儿第二次生命,让这些家庭重燃希望。

2012年至今,崔根良还帮助苏州、吴江对口重点扶贫地区开展教育扶贫,先后帮助新疆伊犁哈萨克自治州、贵州铜仁、西藏桑日县,援建希望小学、设立中小学生助学基金、添置教学设施等,为边疆地区、贫困山区特困儿童就学,顺利完成学业提供力所能及的帮扶。

在吴江当地,崔根良教育扶贫从当地做起、从身边做起。2009年起启动了"就学就业携手计划",先后为200多名贫困学子提供教育帮扶,保障他们上得起学、就得了业,助力家庭脱困。

四、危难时刻,彰显民企担当

大灾大难面前,崔根良总是冲在前面,彰显了民营企业家的责任担当。

2020年初,新型肺炎疫情十万火急。崔根良放弃了春节全部休假,组织集团上下全身心投入这场疫情防控的阻击战。他说:"我们虽到不了前线,但可以为他们做后方保障"。当晚,他以最短时间、最快速度,将30多家海外分公司、10多个产业基地、5000多号海外员工发动起来,开始了一场全球采购大行动。当时很多国家航班停飞,东西买了运不回来!崔根良找驻外使馆、中资企业协会、航空公司、物流公司等四处打听,航班通道越来越窄。于是化整为零,把几万个口罩、防护服分拆邮寄,通过湖北慈善总会、红十字会,一批批将这些紧缺物资送到华中科大附属协和医院、湖北省中医院等前线医院。当他大年初五得知雷神山医院建设急需物资,他组织有关公司加班赶制,跨三省送抵现场仅用50多个小时,成为省外驰援该项目首批捐赠电力物资的单位。与此同时,他先后还向省光彩基金会捐赠款物超千万元,并发动一千多名党员向抗疫将士捐款。他要求全集团"严防严守人人责,誓保亨通零疫情",通过全面部署、周密防控,集团未发生一起感染病例,守护了1.5万员工的生命健康。

2008年汶川地震,崔根良紧急指令成都公司,成为第一个把抢险光缆送到灾区现场的通信企业,并向灾区捐赠款物1200多万元。2010年玉树地震、雅安地震、盐城阜宁龙卷风等大灾大难面前,崔根良总是身先士卒,彰显了党员企业家的情怀与担当。

新时代、新使命、新作为。公益慈善事业与企业经营发展一样,同样是崔根良一生的事业。今天,他以一个民营企业家对党和国家事业的忠诚,吹响了热心公益慈善的奉献者赞歌。明天,他将继续以时代楷模彰显奉献创新精神,在全面建设现代化国家征程中,奏响新时代的最强音。不忘初心、牢记使命,公益慈善事业永远在路上……

(苏州市慈善总会 供稿)

沈小平:以慈善为第二事业,常态开展社会公益

沈小平,1963年生于苏州吴江,任通鼎集团董事长,第十一届江苏省人大代表,中国慈善联合会副会长、常务理事。多年来,沈小平一直坚持将慈善作为社会责任的重要内容,慈善领域包含扶贫、赈灾、助学、助孤、助老、助医等各方面。他认为,合格的慈善者应该将做慈善的热情传递给社会。

1981年,18岁的沈小平曾走入军营磨炼。退役以后,他先是当起了驾驶员,而后又做了一名业务员,但其始终保持军人作风,坚持"为人民服务"。在20世纪90年代,电脑对于农村孩子来说,还是个稀罕物。据原吴江八都中心小学的校长王剑明回忆,在1998年的一个春天,他到镇上一个小理发店理发,遇到了当时还没有创办企业的沈小平,当时的沈小平还只是一个销售员。在聊天的过程中,王剑明把乡村小学缺少电教设施的事情告诉了沈小平。听到王剑明正为微机房的建设发愁,沈小平说:"王老师,再穷不能穷教育,再苦不能苦孩子,我现在挣得也还不多,不能给学校支持更多的钱。这样吧,我先买30台电脑给学校,你看怎么样?"在当时,买30台电脑需要好几万,所以王剑明只是将信将疑,但在几天后,30台簇新的电脑却被送到了八都小学,建成了吴江第一所乡村电教室。[①] 此后,沈小平又为学校捐建图书馆,发放"奖学金",设立信息化教学基地。

1999年,沈小平创建通鼎集团有限公司,这为他的慈善实践提供了经济基础。"自己出身农民,坚信道德加舍得方为大德。只有把钱花掉、捐掉,给最需要的人这样才有意义,否则只是一堆数字,永远不是你的钱",正是怀揣着这样

---

① 《江苏最美人物沈小平:慈善当作第二事业,累计捐款超7亿》,名城苏州网2020年8月25日,见 http://news.2500sz.com/doc/2020/08/25/624394.shtml。

的慈善之心,沈小平才一直坚定不移地走在慈善之路上。

2008年1月,沈小平当选江苏省人大代表,3月当选为江苏省首届慈善之星。对于沈小平来说,这并不仅仅代表社会对自己的认可,更意味着越来越重的责任。同年5月,汶川地震发生,沈小平第一时间向江苏省慈善总会捐款100万元,同时他又注资1000万元成立"沈小平爱心基金",这是苏州首家民营企业在地方民政部门成立的基金会,正如他所言,"慈善事业只有起点,永远没有终点",他每年拿出公司利润的5%至10%作为专项基金放入基金会,用于开展社会公益活动,促使社会公益活动的常态化。在2010年4月青海玉树地震、8月甘肃舟曲泥石流灾害发生后,沈小平捐赠一批光缆产品作为救灾物资;2013年4月,他捐赠给苏州市慈善总会200万元善款,并调集价值500万元的光缆产品,用于支持雅安抗震救灾;2014年8月,他捐赠价值300万元的光缆产品,支持鲁甸抗震救灾;2016年6月,江苏省盐城市面对强冰雹和龙卷风双重灾害,沈小平再次捐赠价值200多万元的光缆和接入设备,帮助灾区通信设施重建……①在这些危急时刻,沈小平的身影总是活跃在救灾第一线。

图一 "沈小平爱心基金会"成立

---

① 《沈小平:慈善是人生第二事业》,载《公益时报》2017年4月28日,见 http://www.gongyishibao.com/html/renwuzishu/11659.html。

2010年,沈小平在苏州市慈善总会和江苏省慈善总会之间建成了固定的捐赠渠道,为国内几所小学、中学、大学建立了通鼎奖学金以及重症病人救助基金,这些善款帮助众多困难学子克服病魔,顺利完成了自己的学业。2012年南京大学110周年校庆时,在继2007年捐助600万元为南京大学修建校史馆之后,他再次捐赠1000万元助建校史馆。2012年5月29日,受沈小平的委托,通鼎集团副董事长姜正权经过6个小时的山路颠簸,来到了重庆市下辖的丰都县,参加中国电信重庆公司发起的"点亮百所村小"公益活动。丰都县暨龙镇乌羊坝小学地处海拔850米的山区,群山环抱,美丽的自然风光与贫困的经济形成强烈反差,许多孩子一生从未走出过大山。"六一"儿童节前夕,重庆电信的100兆高速光纤宽带,艰难铺进了丰都县暨龙镇乌羊坝小学的每间教室。在本次公益活动中,通鼎集团捐赠了百余公里光缆和通信电缆产品,支持重庆偏远农村小学的信息化建设,帮助农村孩子接受更良好的教育。参加启动仪式的姜正权表示,虽然山路崎岖难走,但是看到孩子们眼里幸福的光,他深深感受到本次活动意义的重大,也明白了沈小平为何如此注重此次公益活动。

2016年,沈小平在其家乡联星村成立了"联星村沈小平爱心基金",一次性向其注资80万元,同时承诺按照企业的盈利情况,每年向该基金捐赠一笔款项,主要用于对口帮扶经济薄弱村助学、助老、助医、助困工作的开展。从2017年至2018年间,沈小平就已开展了59个公益扶贫项目,用实际行动践行脱贫攻坚的初心使命。针对中西部地区扶贫任务,沈小平还将扶贫攻坚"主战场"锁定到中西部国家重点扶贫县,制定扶贫规划,探寻扶贫重点。从"天涯海角",到西部边陲,沈小平的扶贫足迹遍布中西部9省16个扶贫县,他通过全方位开展扶贫救急项目,助力脱贫"摘帽"。①

在扶贫帮困上,沈小平每年拿出利润的5%至10%作为专项基金,在中西部国家重点扶贫县开展脱贫攻坚项目,在江苏4个经济薄弱地区实施精准扶贫计划,在扶贫济困、防灾救灾、助学助医、回馈乡里、古迹保护、内部帮扶6个

---

① 《江苏最美人物沈小平:慈善当作第二事业,累计捐款超7亿》,名城苏州网2020年8月25日,见http://news.2500sz.com/doc/2020/08/25/624394.shtml。

方向精准发力,已累计投入超过7亿元,扶贫帮困足迹遍及全国21个省、16个国家级贫困县、10个经济薄弱地区。在海南,沈小平安排公司高层前去调研,与白沙县荣邦乡开展结对扶贫,捐资改造路灯设施、对村民进行技能培训,启动强村富民工程,惠及岭尾村1100余名贫困人口。在云南,沈小平支持绥江"托起希望"农业扶贫活动、认购绥江果蔬产品;支持少数民族学校发展,捐资600万元用于国内名校与山区教育联盟,缩短中西部教育差距。在新疆,助力洛浦镇等贫困县村所建设、安居房建设等,大力发展乡村振兴;将两家子公司落户于霍尔果斯等地,通过产业转移促进新疆籍各族200余人就业。①

图二 沈小平荣膺"全国脱贫攻坚战奖奉献奖"

2018年,沈小平牵头成立了全国首个地方性社会工作基金会"苏州通鼎社会工作发展基金会",通过建立起社会工作服务平台,开展公益类项目和活动以及关注外来务工人员增值减压等,聚焦各类社会问题,助力地方文明水平提升,已形成"产业+公益"与"1+3+X"(1个基金会、3个专项基金,系列精准慈善项目)的完整企业慈善格局。同年,沈小平个人及企业连续第6次获得国家民政部"中华慈善奖",第3次获得"全国十大慈善家",获得"全国脱贫攻坚奖"等荣誉称号,这些奖项说明他坚持慈善的初心,以及他的善行受到了社会的高度认可。

---

① 《通鼎集团董事局主席沈小平荣膺"全国脱贫攻坚战奖奉献奖"》,通鼎互联官网2019年10月24日,见http://www.tdgd.com.cn/category_258/1128.html。

图三 沈小平助建苏州市福利总院并看望孤儿

2019年1月,吴江震泽镇联星村的632名60岁以上老年人每人领到了1400元"过年钱",这是由"沈小平爱心基金"连续第4年发放的助老敬老金,并且每年每人递增100元。每次到村里,沈小平都会带着慰问品和慰问金上门看望村中高龄老人,把关爱送到老人们的心坎上。截至目前,沈小平已累计支持该村助老敬老资金360万元。同时,沈小平还捐赠500万元精准扶贫资金用于联星村困难帮扶、公共事业发展,支持105万元先后开展"村村通"道路建设、自来水改造、老年人活动中心建设等,支持联星村发展,实现强村富民目标。

同年6月份,沈小平向苏州市慈善总会捐赠了100万元,定向支持"苏州市退役军人帮扶关爱基金",用于帮扶低保、低保边缘、无固定工作、无稳定收入且生活困难,或因重大疾病、伤残而生活困难的退役军人家庭。这一行动得到了社会的高度认可,苏州市慈善总会会长徐国强代表苏州市慈善总会亲自颁发了捐赠证书。沈小平也被评为"2019年全国模范退役军人"。2020年12月,沈小平获得"江苏慈善奖·最具爱心个人奖",该奖项是江苏省慈善领域最高奖项,这是沈小平第二次获得该奖项,而沈小平在表彰仪式上表示,他会将"慈善作为自己人生的第二份事业",付诸行动并长期坚持。①

---

① 《沈小平蝉联全省慈善领域最高奖项》,通鼎互联官网2020年12月3日,见http://www.tdgd.com.cn/category_258/1409.html。

责任至上,这使得沈小平走向更宽阔的舞台。"每一种职业都有每一种职业的德行,军人的德行在始终保持军人作风、始终为人民服务上延续,企业家的德行在提供社会优质产品、服务经济发展上延续,慈善家的德行在帮助受助者摆脱困苦、推动社会文明进步上延续。"沈小平在慈善实践过程中,始终坚持将慈善作为其人生的第二份事业去经营,在做好企业家的同时,勇于承担社会责任,用行动书写"大爱情怀"。

(肖雨 撰稿)

主要参考文献:

1.《沈小平慈善事迹材料》,苏州市慈善总会2020年12月提供。

2.《江苏最美人物沈小平:慈善当作第二事业,累计捐款超7亿》,名城苏州网2020年8月25日,见 http://news.2500sz.com/doc/2020/08/25/624394.shtml。

3.《沈小平:慈善是人生第二事业》,《公益时报》2017年4月28日,见 http://www.gongyishibao.com/html/renwuzishu/11659.html。

4.《通鼎集团董事局主席沈小平荣膺"全国脱贫攻坚战奖奉献奖"》,通鼎互联官网2019年10月24日,见 http://www.tdgd.com.cn/category_258/1128.html。

张建斌：怀揣社会责任，践行慈善使命

张建斌，男，汉族，现任江苏省瑞华慈善基金会理事长、江苏瑞华投资控股集团有限公司董事局主席，任江苏省政协第十二届委员会委员、南京市政协第十三届委员会委员、南京市人大第十五届代表、民进南京市委社会建设委员会主任、江苏省慈善总会荣誉会长、南京市慈善总会副会长等社会职务。

低调姿态饱含高度热情，慈善公益立为毕生事业

张建斌创办江苏瑞华投资控股集团有限公司（以下简称瑞华控股）在2003年，孜孜矻矻十数年，身处激流奋进的中国资本市场，秉持务实、稳健的信条，业务覆盖一级、一级半和二级市场。作为一家综合性资产管理企业，瑞华控股累计纳税超17亿元，支持中小企业发展，有力地支援了国家建设，推动了行业发展，促进了市场共同繁荣。

金融与慈善成为张建斌人生轨道上并行的两列列车，他以高度的热情和踏实的行动，践行着一个企业家的社会责任。张建斌将慈善作为他的第二事业，以低调的姿态、高度的热情和切实的行动践行企业家的社会责任。张建斌倡导"当好企业公民，奉献慈善事业"，"做慈善，与其等老了再轰轰烈烈地做，不如从现在就开始做"，"人一辈子很短，但值得做的事情却很多"。

张建斌在自己的事业起步阶段就投身慈善，他和自己企业十余年的慈善历程创造了中国慈善界的多个第一和唯一——第一个向汶川地震灾区捐助大额现金；建立全国第一个文化产业奖学金；2008年被中国红十字会授予"中国红十字勋章"的唯一民营金融资本代表；2012年被民政部授予"中华慈善奖"的唯一民营金融投资公司；2011年被江苏省政府授予"最具爱心慈善捐助单位"

称号的唯一民营金融投资公司……迄今为止,张建斌及其领导下的瑞华控股集团通过中国红十字会、江苏省慈善总会、南京市慈善总会、江苏省瑞华慈善基金会等累计捐款逾 11.3 亿元。

仁者爱人之心刻写慈善信念,兼济天下之责成为终身使命

张建斌的奉献不仅体现在慈善捐赠的资金和项目,更彰显在亲力亲为投身于慈善事业发展。他既是企业家同时也是慈善家。2017 年 7 月,张建斌个人捐赠 8 亿元,其控股公司捐赠 2 亿元共同成立江苏省瑞华慈善基金会,是江苏省内原始基金规模最大的慈善基金会,张建斌担任基金会理事长,以新的身份和专业化、制度化的运作,开启了他奉献慈善事业的新篇章。

2017—2019 年间,在他的领导和部署下,瑞华慈善基金会公益慈善项目支出超过 1.2 亿元人民币,众多精心设计的慈善项目成为行业内的典范之作,将永久发挥社会实效。张建斌亲力亲为做慈善、科学理性做慈善——一是他对于慈善领域、慈善项目方向精心选择、从不含糊;二是他对捐赠善款用途的跟踪关注、确保落实;三是聚焦助医助学、救灾扶贫等重大紧迫领域是张建斌追求的慈善选项,项目效果和执行水平是张建斌追求的慈善质量。

第一,以善为源,济世利民,助力医疗事业。张建斌对生命的尊重、敬畏和悲天悯人的情怀,最终转化为一种英雄的担当。他对自己的捐赠很多都会细细追究,亲力亲为,为帮助困难民众解除病痛之苦,张建斌在医疗卫生慈善领域大胆创新。他通过调研分析发现疾病是导致贫困的主要因素,他认捐 6000 万元与南京市慈善总会合作在南京市红十字医院设立"瑞华慈善医疗基金",挂牌成立"瑞华慈善医院",为住院和血透的南京低保患者进行医疗费托底,真正实现免费的基本医疗。

张建斌一直心系贫困家庭大病患者,希望帮助他们战胜病魔,重返社会。在他的感召和努力下,2017—2019 年,瑞华慈善基金会与中国人民解放军东部战区总医院、江苏省人民医院、南京鼓楼医院、东南大学附属中大医院、南京医科大学第二附属医院、南京市妇幼保健院、南京市儿童医院、江苏省中西医结合医院、南京市第一医院、南京市红十字医院等 10 家公立医院建立了长期合

作关系,结合各院特色,为贫困家庭病患提供医疗救助,还通过设立在院规培生资助、医疗学术会议资助项目等推动医学事业发展。2017—2019年瑞华慈善基金会助医类项目支出约4601万元,资助患者逾4300人次。

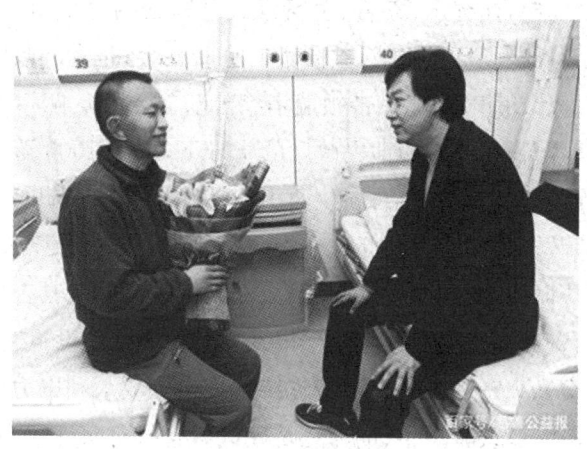

图一　张建斌(右)慰问病人

第二,乐善有恒,泽被桑梓,助力学生发展。"热爱生活"是慈善的推动力。因为对美好生活的热爱,张建斌的目光从解决困难民众的生存问题,转而投向帮助他人追求更好的生活。他的具体措施是以文化教育提升年轻人追求幸福生活的能力。他捐资助学,为南京大学、南京艺术学院、金坛明珍实验学校和农民工子弟学校捐款总计1400多万元,奖励学习成绩优异的学生、教学成绩突出的教师,帮助他们形成积极向上的人生态度、出类拔萃的学习、工作能力。

"慈善是一颗种子,能带来无限的可能。"张建斌和瑞华慈善基金会以持续的投入,助力寒门学子圆梦。瑞华慈善基金会成立后,瑞华的助学行动已经形成了项目化、体系化、规模化运作。2017—2019年,瑞华慈善基金会先后与南京大学、东南大学、南京航空航天大学、南京理工大学、河海大学、南京农业大学、中国药科大学、南京师范大学、南京医科大学、南京中医药大学、南京艺术学院、南京工业大学、南京财经大学、南京林业大学、南京审计大学、南京特殊教育学校师范学院等16所在宁高校达成长期合作,实施了"瑞华春雨新生助学""瑞华启梦助学金""瑞华圆梦奖学金"等形式多样的助学项目,激励寒门学子自强不息、奋发有为。2017—2019年瑞华慈善基金会助学类项目支出约

5771万元,受益学生达1.1万人次。2019年5月,瑞华慈善基金会捐赠100万元支持第16届挑战杯江苏省决赛,激励江苏学子勇攀科技学术高峰。

第三,扶危济困,乐善好施,助力脱贫攻坚。张建斌常说:"把慈善能量传递,把更多的爱传递,让善念、善言、善行渗透到社会的每个角落,让社会充满爱而更加和谐。"打赢脱贫攻坚战,共同迈向小康社会,是党和政府对于全国人民的庄严承诺。2018年,张建斌带领瑞华慈善基金会积极响应"社会组织参与苏陕扶贫协作"号召,在苏陕两地民政厅的指导下,捐赠1000万元助力陕西深度贫困地区脱贫攻坚,其中包括:向陕西山阳、紫阳、白河、延川4县捐赠共400万元,用于当地敬老院、儿童福利院、残疾人康复中心等民生工程建设,帮扶最需要帮助的弱势群体;向陕西省山阳中学、柞水中学和柞水县杏坪镇肖台小学捐赠600万元,资助当地贫困家庭学生以及支持校园基础设施建设。2019年,瑞华慈善基金会又捐赠100万元用于支持重庆市三峡水利电力学校和重庆市万州区特教中心购置教学设备,助力三峡库区教育扶贫事业。在脱贫攻坚、支援中西部的历史进程中,瑞华留下了属于自己的印记。

第四,伸出援手,伴你同行,助力孤儿成长。张建斌始终秉承"慈善不是钱,是心"的理念,他从2009年开始全身心投入瑞华控股与江苏省慈善总会合作,实施"瑞华助孤项目",主要资助苏北等经济薄弱地区12个县(市、区)的孤儿和事实孤儿,采用连续资助的模式,从学龄前一直涵盖整个教育阶段,只要孤儿上学就可以持续获得资助,资助标准为:大学3000元/年、高中2000元/年、初中1500元/年、学龄前及小学1000元/年。项目已经连续实施10年,成为江苏省内专项资助孤儿的品牌项目,累计支出达2256.8万元,至今张建斌已累计救助孤儿10900人次,给了这些不幸的孩子一个幸福的童年。受捐助的孩子每年都自发给张建斌公司的叔叔阿姨们写信,表达他们的感激之情。孩子们的来信也感动了张建斌和他公司的同事们,每一封来信大家都认真阅读。

第五,赈济救灾,抗击疫情,彰显家国情怀。张建斌始终关注国计民生,在祖国和人民最需要的时候总是挺身而出。2008年汶川地震发生后,张建斌第一时间召开会议,通过瑞华控股向中国红十字会捐款1000万元用于救灾,同时公司员工也踊跃捐款30万元。2010年青海玉树地震、2010年甘肃舟曲泥石流、2014年云南鲁甸地震、2016年江苏阜宁风灾,在每一次灾难面前,瑞华慈善基金会都和灾区人民站在一起,积极捐赠支持灾后重建、抚慰灾民,用大爱为他们撑起希望的天空。在玉树地震、阜宁风灾中,张建斌特别要求:要亲手将善款交到灾民手上,确保善款用到实处。

第六,抗击疫情,火速支援,助力医疗前线。国内新冠肺炎疫情暴发后,瑞华慈善基金会在张建斌的部署和带领下,迅速展开针对疫情的工作,发挥了慈善组织的重要作用。从除夕前夜一直到2月底,基金会通过不懈努力,克服了物资紧缺、运力不足等困难,采购并捐赠了超过1259万元的医疗物资以及善款,有力地支持了奋战在一线的抗疫战士,特别是支持了武汉火神山、雷神山医院的建设,获得了社会各界的赞誉。

图二　2020年6月17日,江苏省政协主席黄莉新为抗击疫情做出积极贡献的张建斌(右)颁发奖牌

精细管理举措铸就公益品牌,坚守善行善举崇高价值

在慈善领域,张建斌从自发感性到科学理性,体现在其勇于争先的风格,在长期实践中探索现代慈善的创新。瑞华控股形成了颇具特色的科学管理系统:创新慈善理念,开拓慈善领域,创新慈善方式;认真严谨,树立公信力;务实稳健,注重执行力;以长远规划、稳定运行的慈善项目获得最佳的效能;全员慈善,为员工搭建慈善活动平台,感受慈善文化,传播慈善精神。

张建斌不但做慈善，同时尝试让慈善事业与现代管理运作模式精准对接，追求更广意义上的中国慈善事业流程的规范和效率。他高度关注善款的用途，他和他的公司在捐款时总会注明用途、写清要求，力求将每一分钱都花在实处。他还将捐款的跟踪落实情况作为公司的一项常务工作，有专人负责跟踪采访受助人。他捐出的每一分钱都已成为受助者身上的温暖、口中的甘甜和心中的希望。在张建斌看来，慈善远远不是大把的捐款，慈善更是一种人生的态度。真正的慈善是让更多人理解慈善、支持慈善、参加慈善，让需要救助的人得到救助，让社会更加和谐、充满正能量。

张建斌恪守信念——慈善事业是一项光荣而崇高的事业。通过慈善项目，帮助身处苦难的人脱离困境，帮助有梦想的年轻人实现全面的发展，这是瑞华控股慈善事业的目标。回馈桑梓、反哺社会、报效祖国，是瑞华控股发展的终极动力。

（南京市慈善总会　供稿）

"为爱复生",将爱传递

——"当代徐州保尔"郑复生的慈善故事

郑复生,原名郑学军,1967年生于江苏徐州,21岁时突患"强直性脊椎炎",导致全身关节变形强直。患病期间,得到了周围人无私的帮助。为了铭记"是人间真爱给予其二次生命",1995年赴南京治病临上火车时,"郑学军"决定改名为"郑复生"。由于同病相怜,他往往能较好地理解残疾人的困难和内心需求。1997年为回馈社会,他在4月30日生日当天创建"心缘志愿者服务队"和"复生爱心书屋"。从此,郑复生把全身心都扑在了公益事业上。二十年来,郑复生带领着"心缘志愿者服务中心"的志愿者们,开展了2000余场形式丰富的公益慈善活动,服务群众十几万人次[①],产生了广泛的影响,曾被授予"中华慈善奖""全国百名优秀志愿者""江苏省十大杰出志愿者""江苏慈善奖"等荣誉称号。《人民日报》《徐州日报》等多次报道了他的感人事迹,他曾代表"心缘慈善义工"接受来自习近平等国家领导人的亲切接见。这位"站得最直的人",长期看不见脚下的风景,但有一双发现爱的眼睛和一颗感受爱的心灵。他一直勇往直前地奋斗在"为爱复生"的路上,同时感染身边人,完成爱的传递!

图一 2011年郑复生荣获首届江苏省慈善奖

---

① 数据来源于《郑复生慈善事迹材料》,徐州市慈善总会2020年12月提供。

一、逆境受助，为爱复生

郑复生出生在一个并不富裕的家庭，全家的经济来源只有父亲废旧物品回收公司微薄的工资和母亲偶尔缝扣眼、钉扣子的零工贴补。小学至高中，他得到了各级学校的学费减免。也因为家庭状况，在高中毕业时，郑复生选择尽快找到一份工作减轻家庭负担，但在工作第二年的一次出差后，突患"强直性脊椎炎"。从小身强体壮，练习过排球、篮球、游泳、武术和拳击的他怎么也没想到命运在最美好的年华跟他开了这样的玩笑，因为当时医疗条件有限，他只能眼睁睁地看着自己变成"活着的僵尸"。单位虽然抱有同情，但也无奈将其辞退。受领了两个月的补发工资和几百元医疗费的补助后，郑复生成了一名待业青年。下岗后，当时年过七旬的父母亲为其四处筹钱和求医。在一次雪后，父亲照旧蹬着三轮车载郑复生去医院，母亲则在车后扶着，在那又陡又滑的路面上，父亲摔倒了，泥水沾了全身，郑复生和母亲被路过的青年营救才不至于带车翻倒。这样艰难看病的日子维持了几年，郑父在身心长期超负荷的压力下，于1992年患上脑血栓，两年后脑血栓复发中风去世，留下体弱多病的郑母照顾残疾的郑复生。

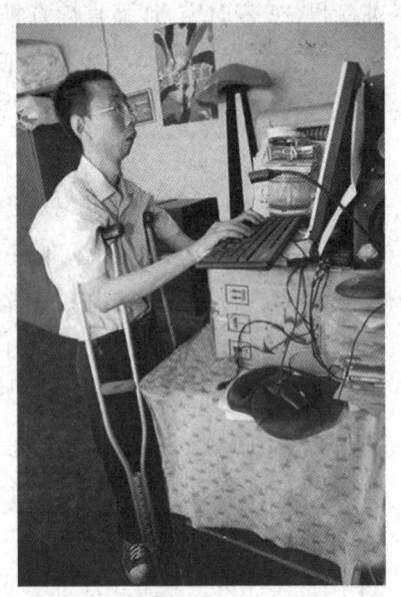

图二　郑复生只能站着在电脑前工作

即使这样，郑复生从来没有放弃过，他坚信"天助自助者"，也收到了来自社会各界的关爱。1991年他写信给徐州广播电台《残疾人之声》以寻求帮助，时任徐州市残联群工部的刘振华主任天天骑着三轮车往返十几里拉他到裴医生处按摩治疗，之后徐州人造毛皮厂团支部的16名团员接替了刘主任的工作。通过按摩治疗并配合吃中药，慢慢地，郑复生可以下床拄拐行走了；同时，他每天强迫自己去附近的公园锻炼，并依据自己的身体状况自编活动关节的体操,在那里他还结识了一位挚友——丁强。当时刚从中专毕业的丁强,主动挑起了照顾郑复生的重担,并利用放暑假的时间陪其四处求医。

1995年,徐州团市委等组织筹措了一笔经费,送郑复生到南京治病,临上火车时,他决定将从"郑学军"改名为"郑复生",为了永远铭记"是人间真爱给予其第二次生命"。在南京治疗期间,既有挚友丁强亲如兄弟般的照顾,也有南京市民在听到《午夜心桥》分享后纷纷到其病房的看望和慰问:老大妈隔三岔五地送来熬煮的鸡汤、肉汤,在南京的台商老板捐钱补贴其生活开销,交通局刘大哥及其妻子张大姐对其关怀备至……临别出院,许多市民前来送行,时任徐州团市委副书记的张军冒雨来医院,并替"不能弯腰"的郑复生给南京市民深深地鞠了一躬。

二、用心回馈:创办"心缘"和"书屋"

由于不能弯腰,这位"站得最直的人",长期看不见脚下的风景,但有一双发现爱的眼睛和一颗感受爱的心灵,并用实际行动去回馈社会。也由于自身患有重病,所以他更能体会到残疾人的所需。最开始,郑复生从报纸、杂志等收集筛选各种疑难杂症的治疗信息,并通过电台提供给有需要的听众。后来,爱看书的他在一次借书途中摔倒后,决计创办"复生爱心书屋"及"心缘志愿者服务队"。他的想法得到了多方的鼓励和支持,有人辗转十几公里只为送一包崭新的中外名著,甚至有一位盲人朋友将其失明前的书送过来并表示"虽然自己已经丧失视力,但希望它们能为看得见的残疾朋友带去慰藉"。经过一个月的筹备,团队在其1997年生日那天宣告成立。起初,图书只有五六百册,志愿者也不多,而且他们在服务时不知道怎么做才最得体。在郑复生的引导下,志愿者们学会了"将心比心",他们早出晚归地将"精神食粮"送到残疾朋友的手中。一次下大雪,志愿者前往郑复生家中取书,郑复生心疼地说"可以雪停了再来",志愿者却坚持"下大雪时,正是残疾朋友无法出门需要书来解闷的时候,宁愿自己受冻也要为他们送去快乐"。

就是这样的"以心换心","心缘"才逐步取得残疾朋友的信任,成为"残疾朋友的110"。他们开展了形式多样又需要切实的帮扶措施,如开通"复生电话专线",举办"残疾人读书座谈会""残健同乐联欢会",开办残疾人"素质与技能"学习培训班、才艺大赛,建立聋哑学校活动基地,组织义诊、义演、义卖等活动。渐渐地,"复生爱心书屋"和"心缘志愿者服务队"在徐州的影响力扩大了,2005 年,"心缘志愿者服务队"升格为"心缘志愿者服务中心"。

在众多的活动中,传授手工艺品制作技能的"爱心手工坊"较为突出,受益的残疾朋友达 100 多人,不少残疾朋友因此走向创业就业之路。该项目也于 2014 年获得"中国青年志愿服务项目大赛银奖"。①

同年,郑复生创办"一个观众的剧场"项目,为重残、重病朋友送去文化关怀,并且得到了媒体的大力宣传。国内第一档以志愿互助为主题的大型社区公益节目——央视《社区英雄》来徐州拍摄"一个观众的剧场"项目。作为项目负责人的郑复生,成功通过了栏目设立的组织管理、公众动员、影响力、号召力、应变能力等多方考核,带领他的团队在五天的考核中组织 1000 名义工完成"一个观众的剧场"舞蹈演出并且顺利完成千人公益造型拍摄,最终走进了央视的演播厅。在演播厅里,郑复生面对镜头向全国的电视观众讲述"一个观众的剧场"的缘起和使命。在最后的陈述环节,郑复生了解到与他们竞争 30 万英雄奖励金的黑龙江伊春养老院急需一笔资金安装取暖设备,于是他放弃了拉票。中国扶贫基金会会长何道峰先生激动地表示,要同样拿出 30 万资金支持"一个观众的剧场"项目。② 在中国扶贫基金会的支持下,至今慈善义工已上门服务重残人士 150 多人,走遍徐州地区所辖六县五区。③

2017 年,郑复生开展"我在你身边——社区重残人士个性化服务",将 115 名重度肢体残疾的人士作为服务对象,带动社工、心理咨询师、康复师等专业人士加入助残小组,开展包括心理关怀、上门理发、文化关怀、康复指导、家庭水电维修等 12 项在内的个性化服务。该项目取得江苏省福彩 50 万的资金支持,郑复生亲自培训,与慈善义工们交流残障朋友的生理、心理特点,讲授如何推轮椅,如何沟通等助残技巧。一年里该项目开展了 5000 多次服务,为重残

---

① 数据来源于《郑复生慈善事迹材料》,徐州市慈善总会 2020 年 12 月提供。
② 央视《社区英雄》第三季,2014 年 10 月 7 日,见 https://tv.cctv.com/2014/10/07/VIDE1412680680496901.shtml。
③ 数据来源于《郑复生慈善事迹材料》,徐州市慈善总会 2020 年 12 月提供。

图三　郑复生与团队排练《一个观众的剧场》

人士解决了身心上的诸多困难,并建立了一套可复制的服务重残人士的模式。①

据不完全统计,在郑复生的组织下,20多年来"心缘慈善义工"开展了2000余场次的公益慈善活动,共服务群众十几万人次,在社会上产生了广泛良好的影响。②

三、超越自我:勇攀高峰和博采众长

不认命的郑复生一直在超越自我,勇攀生命的高度,跋涉公益的旅程,并积极向外界学习,以爱心结缘天下。1999年,徐州市先锋书店打算捐赠部分图书给"复生爱心书屋",郑复生为此策划了"拥抱自然、放飞希望"活动,以实现残疾朋友多年以来的"重阳登高"梦想。一开始,与会的志愿者提出所要攀登的南郊泰山坡比较陡峭,正常人上山都比较困难,何况残疾朋友,但是郑复生不气馁,为此制定详细周密的计划,并事先摸底路线,组织志愿者培训。爬山当天,安排了领队和安全督导员来回巡视,轻度残疾的由两名志愿者扶着,但残疾朋友们往往坚持自己攀登,于是志愿者就紧跟其后随时注意他们的安全;

---

①　《郑复生慈善事迹材料》,徐州市慈善总会2020年12月提供。
②　《郑复生慈善事迹材料》,徐州市慈善总会2020年12月提供。

坐在轮椅上的，则由4～6名志愿者推着，遇到陡坡则抬过去，郑复生本人则由4个志愿者分别抬着他的四肢上山。经过大约50分钟的攀登，所有的小组都成功登顶，大家都非常高兴，尤其是很多残疾朋友，他们中很多都是第一次站在这么高的地方遍览徐州胜景，感悟家乡的巨大变化。下山时，他们同样谨慎再谨慎，直到所有人员都安全抵达山下，郑复生悬着的心才终于安下来。此后，他们又登过云龙山，爬过南京中山陵，一次次向生命的高度攀登。

　　同时，郑复生还为环保开展徒步行走活动。2003年，为响应团中央保护母亲河的号召，郑复生主办了"创建国家环保模范城市'有我一个'万人签名活动"，并于3月9日"保护母亲河日"那一天开始徒步，由于身体不便，他每分钟只能挪动5米，每天要走2～3小时。尽管从第二天开始，他的双腿就像灌了铅一样沉重，脚脖子发肿，但他仍然坚持七八天走完了黄河故道市区段全程。郑复生一边艰难行走着，一边沿途宣传环保。一路上有市民过来打气，过来递送饮料，或者向他诉说在黄河故道两岸看到的各种不文明的行为，并希望将他们的建议和意见反馈给有关部门。2007年初，为了配合徐州市慈善总会倡导全市人民支持慈善事业的宣传，郑复生开始了新一轮的步行活动，在寒冷的冬天翻过了地形复杂的户部山。两次步行，是郑复生漫长而曲折的公益之路的缩影，他就这样一直挺直了腰杆行走在公益之路上……

图四　郑复生步行黄河故道宣传环保

此外，郑复生又积极走出去，学习各个组织的先进经验，倡导设立"国际慈善日"。"心缘"于2003年就倡导设立"国际慈善日"，信件内容由郑复生起草，请人翻译成英文后以电子邮件的形式发给当时的联合国秘书长安南先生。一年后，他到北京参加全国百家公益事业发展论坛时，朗读了这份倡议信，得到了积极响应。他还专门到中华慈善总会递交了这份倡议信，得到"先通过省市慈善会给出具体的方案再行递交"的建议。往后，他们围绕倡导"国际慈善日"开展了系列活动。2006年，他遇到了联合国开发计划署驻京办的杜娜女士，并请她转交给联合国有关单位。正是有"心缘"这样的组织提出了一次次倡议，2012年联合国将特蕾莎修女逝世的日子定为国际慈善日，2013年9月5日为首次国际慈善日。①

2007年，身体不便的他乘坐了32小时的火车前往福州，参与"福建助残志愿者服务中心"和"上海映绿公益事业发展中心"共同举办的"项目管理和财务管理培训班"。会后，"心缘志愿者服务中心"被"上海映绿公益事业发展中心"列入创建一流助残机构系列培训计划中，中心的庄爱玲博士和她的助教亲自到徐州，用2天的时间为"心缘志愿者服务中心"做出了3年的战略规划，指明了"心缘"未来的发展方向。

2008年郑复生在北京参加活动时，接触到"心目影院"项目。该项目通过讲述者生动的语言，对电影中空间、景物、行为等进行描述，给予盲人身临其境的感受。郑复生很受触动，并打算让徐州的盲人朋友也感受到这种乐趣，他与"红丹丹文化教育交流中心"的郑晓洁老师商议，得到了她的热情支持。回徐州后，他马不停蹄地落实项目，挑选擅长文艺的讲解人和合适的讲解影片，在讲解人反复观看和试讲后，郑复生一家家地走访盲人按摩诊所推荐项目，盲人朋友们终于答应来"看看"。功夫不负有心人，第一次活动取得了很好的效果。在8月北京奥运会开始后，他们又策划了给盲人朋友讲解奥运会活动，每天挑

---

① 特蕾莎修女出生于1910年，是著名的天主教慈善工作者，她长期在印度及其他国家救助穷人、病人、孤儿及垂死之人，包括为最贫穷的人和无家可归者提供收容所和住处。与此同时，她指导仁爱传教修女会扩张，得到全世界的认可并广受好评。曾获诺贝尔和平奖，2016年被梵蒂冈教廷封为圣人。特蕾莎修女逝世于1997年9月5日，享年87岁。2012年联合国决议决定将9月5日特蕾莎修女逝世的日子设立为国际慈善日。来源于"联合国"网站，见 https://www.un.org/zh/observances/charity-day。

选一个现场直播项目进行讲解。随着项目的深入开展，郑复生又不断扩展服务内容，不但给盲人讲电影，还进行普通话、节目主持、表演等培训和指导，邀请盲人朋友进行常见模型和真实自然的感知触摸。迄今，"心目影院"已经坚持 12 年，开展活动 300 多场，为盲人朋友讲电影 70 多部，受益盲人 10000 多人次，其中包含不少盲童，并成为全国 7 家"中国视障服务学习网络"发起单位之一。① 2019 年，"心缘"代表徐州和其他 10 城市共 21 位电影讲述人同时为 1260 名盲人朋友和蒙眼体验者讲述纪录影片《港珠澳大桥》，创下吉尼斯纪录。②

四、为爱发声，将爱传递

郑复生，一个身患"强直性脊椎炎"的残疾人，接受了他人的温暖，继而温暖他人，并且不断发出自己的声音。许多人受他的激励，也加入公益的行列中，完成爱的传递。

在中心帮扶的残疾朋友当中，有一位罹患"脊椎肿瘤"的青年人吴拥军，在患病之前，他是个业绩很好的销售；患病之后，他对生活失去了信心，甚至有过轻生的行为。郑复生努力开导他，召集志愿者成立专门的帮扶小组，为其筹款，逐渐使其重燃希望。在病情好转一段时间后，吴拥军主动申请加入"心缘志愿者"，担任"活动顾问"，并主动提出在他家设立"复生爱心书屋"的分部，服务他周边的残疾朋友，并以此为依托组成各种学习兴趣小组，帮助开导残疾朋友和志愿者们的心理问题。然而，在分部成立不到一年，吴的病情突然恶化，在弥留之际他最关心的仍然是志愿者事业，最后他拜托郑复生帮他完成遗体捐赠的遗愿。

2001 年，郑复生认识了郭冉，那一年她因脊髓内肿瘤已在床上瘫痪 10 年，全身只有嘴和眼睛能自主活动，唯一的"精神伙伴"爱犬点点的丢失使她伤心欲绝，照顾她的母亲也身有残疾。在看到郭冉报道的第二天，郑复生就带着队

---

① 《郑复生慈善事迹材料》，徐州市慈善总会 2020 年 12 月提供。
② 王瑜珩、张景良：《"心目影院"创造吉尼斯纪录》，《徐州日报》2019 年 7 月 18 日第 5 版。

员来到其家中,在队员们无微不至的关怀下,郭冉找回了活下去的勇气,并在2006年决定捐赠自己的遗体回报社会。

像吴拥军、郭冉这样的案例还有很多很多,因为爱,"心缘"走进了他们;也因为爱,他们决心向"心缘"的志愿者们学习将爱反馈给更多的人。从"被爱"到"爱人",爱的传递永不停歇。为了播下更多爱的种子,性格内向的郑复生开启了爱的演讲。他开始有意识地搜集自身亲历和"心缘"奉献的故事,随着时间的推移,有形的演讲稿逐步内化于心,他可以自如地根据当时的环境和听众情况即兴发挥,并不断听取听众的反馈修正不足。他走进学校,走进企业,走进部队,甚至走进监狱,传播了无数爱的温情。

2008年,在省市两级慈善总会的支持帮助下,郑复生顺利地在上海长海医院做了"人工双髋关节置换手术"。在术后的病床上,郑复生宣誓成为正式党员,并把坚持多年参与慈善事业的经历和感悟写成一本书《为爱复生》。

图五　床上的郑复生在举手宣誓

郑复生用他自身的经历,很好地诠释了"慈善"的内涵,从受助到助人到再受助到再助人,完成了一个爱的完美互动!

(王姿倩　撰稿)

主要参考文献:

1.《郑复生慈善事迹材料》,徐州市慈善总会2020年12月提供。

2. 郑复生:《为爱复生》,中国矿业大学出版社2014年版。

3. 杨莹:《郑复生:因为爱,所以爱》,《社会与公益》2011年第4期。

4.《郑复生:有爱就有一切》,载潘小娟,吕芳主编:《中华慈善榜样　记录中华慈善奖获得者的故事》,中国社会出版社2010年版。

王文清：一生的慈善，一生的公益

全力以赴做好事，慷慨解囊行善举，几十年如一日从事公益，一生一世都在努力善行天下，这个人就是扬州市江都好人、联合会献血分会会长王文清同志。他毫不利己、专门利人的高尚精神，实在难能可贵。

王文清，男，扬州市江都人，中共党员，1970年11月生。1986年，王文清因家庭贫困辍学，但辍学并不影响他正确的人生轨迹，他从此走上了慈心为民之路，开始了自己的公益人生、慈善人生。30多年来，他长期从事国际红十字基础知识传播、人道主义救助、预防艾滋病志愿宣传工作，从事志愿服务的时间达1万多小时，是全国百名优秀志愿者。

献血故事搬上银屏

1992年，王文清第一次献血。此后，无论走到哪里，只要有机会，他都会加入无偿献血的行列。如今，他无偿献血已达10多万毫升，他所献的血量可以挽救300多个人的生命。2006年，当他得知每个人每个月可以献一次血小板的消息后，不由分说又加入献血小板的队伍中来，在后来仅三年时间内他就捐献机采成分血30多次，一袋袋血小板凝聚了他对

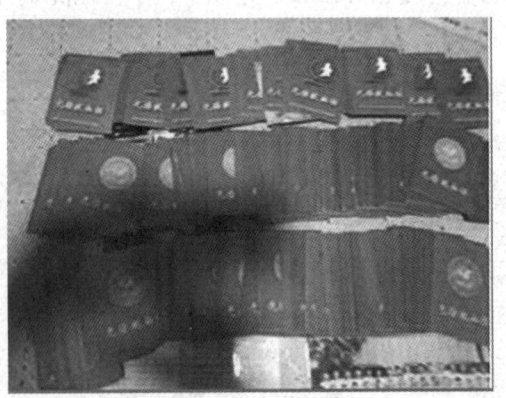

图一　王文清的一沓沓献血证

患者的一片片真情。

在献血的同时,王文清还组建志愿者队伍,大力宣传献血知识。1995年,他以自己的宿舍为阵地,牵头组建了扬州江都红十字爱心奉献救助站,25年来已发展成员100多人;身为站长的他把自己的电话号码印在宣传册上,作为24小时公益紧急救助热线,和扬州人民广播电台新闻台合作,义务宣传无偿献血、捐赠骨髓活动,共组织献血4000多人次。

2011年10月,中央电视台电影频道来江都拍摄以他无偿献血、捐资助学、帮助社会上弱势群体为原型的主人翁电影《血源》。在拍摄期间,国内某著名乳制品企业找他做广告代言,要求他说出"每天一杯'某'牛奶,每月献血也轻松",表明是他们乳制品起了一定作用,只要他配合,便给予丰厚报酬。王文清婉言拒绝。数十年来,他从不参与任何商业活动。2012年4月,《血源》电影在全国上映,社会反响良好。

扶贫济困善行天下

在献血做公益的同时,王文清还慷慨解囊,积极从事慈善,30多年来累计捐款60万元左右。

受捐大学生说:"不是王叔叔帮我,我根本就读不了大学,毕不了业,他捐给我的,已经几万块了。王叔叔还不断给我精神鼓励,让我不要自卑。我真不知道如何报答他。"据统计,受到过他捐助的学生多达180多人,其中30多人上了大学或研究生。从200元到4000元不等的数百张汇款收据,累计不下10万元,捐助对象遍及江苏、安徽、云南、河南、云南、山西等省。如今山西吕梁山区有几所小学是他的定点捐助学校,从1995年至今他有9个春节是和吕梁山区的孩子们一起度过的。20多年前他就在吕梁山区等地设立了"好人助学金""好人书屋",捐书500多册。如今,有的大学生已毕业走上工作岗位,不但实现了自身家庭的脱贫,还积极帮助他人回馈社会。

30多年来,他坚持扶贫帮困,捐助帮扶困难人员、孤寡老人、流浪乞讨人员、失学儿童1000多人(其中有9个孤儿、9个"老妈妈")。2009年春天,他拿出9000多元为江都双沟镇单身老汉高云龙盖房,自己却没有一间房。而一张

图二　王文清关爱贫困少年

桌子、一张床、一台旧电视、一辆电动车已成了他的全部家当，一部别人淘汰给他的诺基亚手机一用就是6年，一套80多元的衣服穿着过了6个春节。他把帮助别人作为人生最大的快乐。而这种快乐的人生之路一走就是34年。对别人慷慨大方，对女儿却很"吝啬"，就连女儿喜欢的一件漂亮的衣服都不肯买，他相信骨肉相连的女儿与自己是心心相通的，迟早一天女儿会理解。

求知求真淡泊名利

王文清尽管初中没有毕业，但先后自学了初中、高中文化课程及制图等大专课程，努力使自己掌握更多文化知识。在原江都支公司邓庄油库工作期间，他爱动脑筋肯钻研，学习并掌握了油泵、电磁阀等维修技艺，使自己成为周围人人知晓的泵阀修理师傅。掌握技术后，他不忘慈善初心，为社会提供泵阀维修服务，再用服务所得资助贫困家庭。因为忠于职守，敢于负责，一丝不苟，善于学习又肯动脑，他每到一处都受到人们的尊重、敬佩。自1990年起，他先后被江都市设备安装制造厂、江都石油支公司、共青团江都市委、扬州石油分公司、江苏高速石油发展有限公司授予多种荣誉称号。荣誉的背后，是王文清崇高的思想情操与良好的敬业精神。

王文清还是一个淡泊名利的人。他做善事从来不扬名,更不主动要求别人宣传、表扬他。地方政府安排他去北戴河等地度假,都被他婉言谢绝。多年来,他总是默默无闻地从事公益活动,始终按照自己选定的理想信仰坚定前进。直到 2010 年 6 月,扬州市开展"扬州好人"评选活动,一封外地人的推荐信引起了时任扬州市委书记王燕文的高度重视,从此才让"善举成为习惯"的王文清走入了社会公众视线。其实,1996 年以来,他就多次获得全国、江苏省、扬州市、江都市无偿献血先进个人、模范志愿工作者等多种荣誉称号。其他的荣誉如下:2020 年被评为江苏最美红十字人;2018 年 9 月被江苏省评为"最具爱心慈善行为楷模"人物;2012—2014 年获全国无偿献血促进奖;2012 年获全国优秀志愿者称号;2013 年获中国红十字志愿服务专业贡献奖;2011 年获全国五一劳动奖章;2011 年 8 月获助人为乐"中国好人";2010 年获中国网事首届"感动 2010 年度十大人物";2010 年获"感动石化"十大人物及"学雷锋标兵"称号。

　　而荣誉却使他更加淡定,他没有因获得荣誉而沾沾自喜,停止自己的助人脚步,减少帮人的款项数额。多少年来,王文清一次又一次地拒绝了上电视宣传、新闻报道自己事迹的邀请和采访。他在日记中写道,"我拒绝媒体采访,虽然采访宣传会在一定程度上提高红十字会品牌的形象,但若接受采访,我们可能会在无意间损害受助者的自尊,我们不能用他们的自尊和贫穷来换取我们的荣誉"。然而,那一本本义务献血证书、一张张汇款收据、一张张感谢证书,正在无声地诠释他"青春是有限的,志愿服务是无限的"的高尚情怀。

　　2020 年春节疫情期间,江都公交全部停运。获悉扬州血站告急,病床上病人急等用血,王文清和江都好人联合会会长颜展红组织献血分会,小纪、嘶马、邵伯等好人联合分会以及江都石油公司志愿者,克服交通上的种种困难踊跃参加献血。同时,王文清还个人捐赠防疫善款 2400 元,协助社区做好防疫工作。

　　一个人最高境界是爱别人,一个共产党员的最高境界是爱人民,一个好人志愿者的最高境界是爱穷人、爱痛苦的人、爱需要帮助的人、爱受歧视的人,一个人好不算真正的好,大家好,社会好,国家好才是真正的好。岗位平凡,使命高尚,王文清长期扎根基层一线,为了兑现对救助者的承诺,他放弃休息日,一

图三 王文清在 2020 年疫情期间组织献血

人在外打过三份工,用日夜辛勤劳动加班的辛苦钱去帮助社会上最需要帮助的人。他发扬中华民族助人为乐的优秀传统美德,对社会真诚奉献自己火一样的爱心和热情。凭着满腔赤诚之心,用并不丰厚的收入帮助他人,自己却过着节俭清贫的日子,坚守着自己对社会、对他人无私奉献的人生信仰。

采得百花成蜜后,为谁辛苦为谁甜,谁怜爱国千行泪,愿得此身长报国。王文清已与扬州红十字会签下协议,决定逝世后捐出骨髓、眼角膜、器官、遗体,为社会做人生最后一次公益慈善。

(扬州市慈善总会 供稿)

陈建华:恒心为善,力久为功

陈建华,男,1971年生于苏州吴江,恒力集团董事长兼总裁,江苏省政协委员、苏州市第十四届人大代表、中国企业联合会(中国企业家协会)副会长、江苏省商会副会长。2012年成立"恒力慈善基金会",在扶贫、助学、救灾及其他公益项目上献出自己的力量。他认为,作为企业不仅要担起"实业报国"的重任,为国家分忧、为民族赢得荣誉,更要坚守"社会责任"的初心,为人民谋福利、为教育事业的蓬勃发展尽绵薄之力。2011年,在陈建华的带领下,恒力集团获得"国家科学技术奖"。2020年,陈建华获得第五届"江苏慈善奖"。

图一　陈建华近照

一、因祸得福,实业兴邦

陈建华13岁时,就因家里贫穷,被迫辍学打工,到建筑工地做了一名泥瓦匠,并一直干到18岁。那时的他一度觉得,自己此生最大的成就也不过是成为一个包工头。可因为一次意外事故,陈建华不得已放弃了这一体力工作。在一次出工时,陈建华从高脚架上摔下,导致腿部骨折。为此他卧床数月,并落下病根,再也不能干体力强度极大的泥瓦活。陈建华因为学历低、无存款而一时找不到好的工作,最后他决定骑着破旧的自行车,开始收废品,后来收废丝,进行整理、再利用。

塞翁失马焉知非福,陈建华凭借着自己的勤奋,从无存款到日渐盈余,商业天赋也似乎被"激活"了。在这5年间,他的小生意越做越大,19世纪90年代初,他已攒下200余万的积蓄。但脱贫之后的陈建华,并没有浪费这笔庞大的资金,而是萌生了创业的想法,想创办一家自己的企业。

1994年,陈建华在一次偶然的机会下发现了南麻镇办集体制造厂计划出售,他立即决定把它买下来,作为自己创业的第一步。经过谈判后,陈建华搭上自己的积蓄,又借债百万。23岁的陈建华以369万元成功买下了南麻镇办集体织造厂,并将其更名为吴江化纤织造厂,这是吴江地区第一家全股民营企业。如今,它已经成了恒力集团的重要资产之一。①

二十余年间,从吴江化纤织造厂到恒力集团,在陈建华的带领下,集团形成了从石化产业到聚酯化纤、长丝织造和高端纺机的完整产业链,一举成为全球最大的织造企业。而陈建华,也被誉为"中国的化纤巨子"。

二、扶弱济贫,救急兴学

陈建华经营的恒力从二十几人的地方小厂,到拥有8万多员工的世界500强,得益于他始终把社会责任扛在肩上。无论是对于实体经济的坚守,还是对于行业话语权的争取,或是对于员工和弱势群体的关爱,都坚守了初心、使命和信仰。陈建华曾说:"没有改革开放,就没有我们这代人的成长;没有党的政策引领,恒力也不可能与世界商机共享!"②他认为,恒力集团所创造出的一切财富,不仅是他们奋力拼搏的捷径,更是属于国家、属于人民的财富,他也一直

---

① 《陈建华:这是一个最好的时代》,《中国民航报》2018年5月18日。
② 《陈建华:实干+创新 引领高质量发展》,吴江新闻网2019年2月10日,见 https://www.wj-daily.com/news/206741。

以一颗感恩之心,用实际行动回报党和国家。

2008年,汶川地震发生后,陈建华带领恒力集团捐款500万元,还发动员工捐款,组织了哀悼仪式,陈建华以个人名义认养了50名左右因震灾而失去亲人的孤儿。除汶川大地震之外,在台湾水灾、西南旱灾和青海玉树地震等危难关头,陈建华总是第一时间扶危济困,彰显了民营企业的社会责任与形象。

图二　恒力集团赈灾捐赠仪式

为了更好地回馈社会、支持慈善事业的发展,2012年,陈建华注资1000万元,经江苏省民政厅批准成立了"江苏恒力慈善基金会",将慈善工作纳入与企业并存的常态,促使慈善工作的组织化、项目化、常态化。该基金会有合理的架构和明确的章程,以践行社会主义核心价值观、弘扬中华民族传统美德、面向社会依法开展扶贫帮困和助学助教等慈善事业、发展建设和谐社会做贡献为宗旨,受管理机关、单位和相关职能部门监督管理,具有现代化、专业化管理特征。创始至今,包括基金会在内的恒力集团的各项公益捐赠已累计超过10亿元。

"让几千万农村贫困人口生活好起来,是我心中的牵挂。"习近平总书记多次对精准扶贫、精准脱贫做出重要指示。他指出,精准扶贫是对扶贫对象进行精细化管理,对扶贫资源实行精确化配置,对扶贫对象进行精准化扶持。[①]2016年,为了响应习总书记的号召,江苏恒力慈善基金会与辽宁省盖州市政府

---

① 《精准扶贫:全面建成小康社会的制胜法宝》,新华网2020年10月7日,见http://www.xinhuanet.com/politics/2020—10/07/c_1126580112.htm。

联络,捐赠15万,定点对该市的矿洞沟镇毛岭村进行了帮扶。该村在收到捐赠后,对村内建档立卡贫困户的危房进行改造,并开展扶贫项目,坚持产业扶贫是脱贫攻坚工作的重要抓手,以产业扶贫带动该村发展,增加村民收入,增强村民幸福感,推动小康社会建成。

与此同时,陈建华带领恒力集团以社会责任为己任,扶助弱势群体参与到联合国RC信托基金会的活动计划、国家"希望工程"和"光彩事业",平均每年捐款数千万到各类慈善机构,大力支持地方基础设施建设,协助政府改善社区交通、卫生等水平,为公益事业、新农村建设和构建和谐社会献出自己的力量,把投身社会公益事业变成集团发展中的"光彩"传统。

苏州和合文化基金会是由苏州寒山寺发起的,社会各界共同参与的专门从事公益事业的社会组织,主要从事四方面工作:一、开展社会调查,关注民生问题;二、切实扶贫帮困,关爱弱势群体;三、进行文化研究,弘扬传统文化;四、针对社会转型,予以心灵抚慰。2016年1月21日,江苏恒力慈善基金会向苏州和合文化基金会捐赠100万元,这为盐城阜宁、射阳灾区募捐,慰问苏州市福利总院等慈善项目提供了经济基础,帮助这些项目更好地开展。这一捐赠行为也有利于弘扬和合精神,传播和合思想,有利于弘扬中华传统美德,推动人心向善,营造良好的社会道德环境,促进社会和谐。①

2018年10月12日,正值清华大学经济管理学院顾问委员会2018年年会,同是清华经管学院校友的陈建华宣布向清华大学经济管理学院捐赠3亿元,用于支持清华经管学院新楼A楼的建设。清华大学邱勇教授在捐赠仪式中高度评价了陈建华为"实业报国"所做的努力。他强调了在未来的发展中,经管学院新楼的建设和启用将具有非凡的意义,并对陈建华的捐赠和支持表示了感谢。清华经管学院院长、弗里曼讲席教授白重恩认为,清华经管学院在建院三十四年以来,取得了很好的发展和成就,但是教学、办公空间和设施的局限对进一步的发展形成了制约,此次捐赠为有效解决这一问题提供了不可或缺的条件,为学院的进一步发展做出了极大贡献。在捐赠仪式上,陈建华感

---

① 《2016年1月份捐赠明细》,载苏州和合文化基金会官网2016年1月20日,见http://www.hehewenhua.org/。

恩清华大学的教诲与滋养。他表示,恒力集团的发展得益于国家大力支持民营企业、着力振兴实体经济,没有改革开放,就没有恒力的今天。① 作为民营企业,不仅要担起"实业报国"的重任,为国家分忧、为民族赢得荣誉,更要坚守"责任为先"的初心,为人民谋福利、为教育事业的蓬勃发展尽绵薄之力。"教育兴,则国兴",清华经管学院是培养产业领袖、行业精英的地方,捐资建设新楼可以营造良好的教学环境,有利于人才的培养、教育水平的提升,从而促进社会的进步。

除了对于母校的捐赠以外,陈建华的恒力集团还捐资助学,建成多所恒力光彩希望小学,参与苏州市"公益五百行"捐款行动,为江苏省宿迁市和苏州市吴江区等地的小学捐款,并在南京师范大学、苏州大学等十几所院校成立"恒力教育基金",每年用于教育上的捐款可达 500 万元。恒力集团对于教育事业的关注,有利于受助学生群体更好地接受教育,促进了地区教育水平的提升,有利于教育均衡发展,为地区发展奠定了基础。

图三　清华大学新楼捐赠仪式

2020 年,新冠肺炎疫情暴发,此次疫情牵动亿万人心,全国上下众志成城,抗击疫情。1 月 15 日,恒力集团于官网上发布《恒力集团社会责任报告》,以"企业履行社会责任成果"为主题,自我要求有三条:一、又好又快,实体经济助力改善民生;二、绿色发展,恒力是社会责任实践的排头兵;三、参与公共建设,用爱心和温暖回馈社会。而在此之后,恒力集团以实际行动做到了报告中的

---

①　清华经管学院合作发展办公室:《陈建华:回馈社会是义不容辞的责任》,2018 年 11 月 26 日,见 https://www.sohu.com/a/277789202_641792。

三点。在1月27日,凝聚着恒力集团和董事长陈建华浓浓爱心和拳拳牵挂的1亿元人民币汇入武汉市慈善总会账户,专门用于武汉疫区新冠肺炎防治工作。在此之后,人民网报道恒力集团再次捐赠了1.4万套防护服驰援湖北疫情防控一线。2月3日,陈建华以个人名义向湖北省黄冈市中心医院、团风县人民医院捐赠4000套防护服。此后,恒力旗下的恒力石化(大连)股份有限公司,通过大连市慈善总会捐赠2000万元善款,专项用于大连市六院负压病房的改建,为保证负压病房尽快投入使用发挥积极作用,切实履行企业在助力大连市疫情防控工作中的补充作用,充分展示了企业的责任与担当,弘扬了一方有难、八方支援的中华民族传统美德。① 与此同时,恒力集团充分利用公司优势,精准有序为公众及战斗在疫区最前线的医务、防疫工作者、记者等提供帮助,特别是努力帮助疫区解决物资短缺等方面困难,为共同打赢疫情防控攻坚战做出重大贡献。自疫情发生以来,恒力集团下的五大产业园90%没有停工,仍旧以"最高标准、最严要求、最高等级",一手抓疫情防控,一手抓复工达产,在确保"零疫情"的同时,做到了装置运行不停、产品生产不停、新项目试车不停,实现了疫情防控和企业生产两不误②。在陈建华的带领下,恒力集团本着对社会负责的态度,在疫情期间,已累计捐赠2.1万套防护服驰援湖北,1.2亿元人民币抗击疫情,一方面建立健全疫情防控机制,全力抗击疫情;另一方面践行企业担当,充分利用企业优势,为战胜疫情奉献力量。

2020年3月4日,中共中央政治局常务委员会会议上,习近平总书记特别指出"抗疫复产"中"要发挥好企业家作用,充分调动企业家积极性创造性"。3月6日,中央电视台栏目《经济半小时》报道了恒力石化大连产业园,春节期间保持正常有序生产状态,不断产出抗疫急需防护原材料事迹。恒力(江苏南通)纺织新材料产业园一直加班生产,满足供应需求,而该产业园产品也是疫情防控所需的防护服原材料之一。陈建华说:"越是紧要关头,企业越要有担当;越是危急时刻,企业越要有所为。当前,是疫情防控与复工复产的关键时

---

① 《防控复产两不误 爱心企业显担当》,人民网2020年3月4日,见 http://gongyi.people.com.cn/n1/2020/0304/c151132—31616373.html。

② 《恒力集团:家国情怀为国担当 责任为先大爱无疆》,中国企业网2020年3月15日,见 http://www.zqcn.com.cn/zhuanti/content/202003/15/c519503.html。

期,在国家需要我们、人民需要我们的时候,企业家必须冲在前面,带好头,顶得上,靠得住,快速行动,做好表率。"

图四 恒力集团新冠疫情公益捐赠票据证明

三、坚守情怀 为国分忧

我国民国时期的著名状元实业家张謇在一篇呈文中是这样论述实业与教育的关系,"工苟不兴,国终无不贫之期,民永无不困之望。苟欲兴工,必先兴学,教育者为万事之母","以实业辅助教育,以教育改良实业,实业所至即教育所至"。江苏是张謇精神的发源地,而从慈善史角度看,江南自古以来便是传统慈善事业最为发达的区域,是一个有着"慈风善脉"、悠久慈善历史的地方。①而实业与教育息息相关,不可分割。26年的慈善实践,不难从中看出陈建华对于教育事业的重视。

2012年,江苏恒力慈善基金会正式成立。基金会设立以来,在江苏省民政厅的指导下,基金会坚持扶助弱势群体,将"安老、扶幼、助学、济困"作为社会救助理念,特别是在助学上,陈建华通过建成希望小学、设立奖学金、成立恒力教育基金等慈善行为,帮助了许多困难学生群体,使他们成功完成学业。宿迁市是江苏省内的欠发达地区,在基础交通设施以及规模以上工业投资偏低,地理位置相对偏僻的背景下,教育投入力度严重不足。2019年,在《江苏恒力慈善基金会2019年度工作报告(含财务报告)》中,有一个向宿迁市教育局捐资

---

① 王卫平:《慈风善脉:明末清代江南地区的慈善传承与发展》,《苏州大学学报(哲学社会科学版)》,2016年第3期。

助学的项目。在这一系列助学项目中,都存在一个共同点,就是陈建华偏向于选择一种公开透明的方式以及选择其他机构、组织作为中间桥梁进行慈善捐赠,如通过教育局、学校或寻求相关专业基金会等。而现代慈善事业的一个显著特点,就是捐献者与受助者分离,慈善机构起到中介和桥梁作用。① 陈建华通过捐资成立基金会,基金会又通过捐资其他组织和机构等,有利于促进社会分工的进化、慈善事业专业效率的提升,有利于接受社会各界的监督,是中国现代慈善事业发展的直接体现,是现代慈善事业的现实事例。

教育是一门基础性事业,它的发展关乎国家的每一个行业,关系到国家的前途和命运,其水平直接决定了社会的发展水平。自新中国成立以来,我国便一直强调教育的重要性。2020年7月17日,教育部组织编写了《习近平总书记教育重要论述讲义》,它的发布预示着我国教育改革将步入新的发展阶段。陈建华对于教育事业的重视,是对于教育基础性的深刻认识,是紧跟国家步伐的直接体现,有利于为社会发展提供强劲的人才动力,助推教育事业发展,从而促进社会进步和发展,推动我国人才建设。

2019年3月,首届江苏"慈善之星"表彰大会召开,并对2017—2018年期间为全省慈善事业做出突出贡献的爱心企业和爱心人士进行表彰,陈建华获得"慈善之星"(爱心人士)称号。以表彰陈建华致富思源、热心公益,在积极履行社会责任中展现企业家的担当。而他所带领的恒力集团在发展过程中将对社会的贡献视为企业发展不可缺少的重要组成部分,尽心尽责地履行构建和谐社会的责任,践行"依靠社会办慈善,办好慈善为社会"的理念,在慈善扶贫济困、救助项目开发中自觉弘扬慈善精神,主动承担社会责任。2020年5月20日,为进一步弘扬慈善精神,激发全民向善、人人为善,带动更多社会力量参与进慈善事业,第五届"江苏慈善奖"评选表彰大会召开,陈建华获"最具爱心慈善捐赠个人"荣誉。陈建华是江苏制造业的"领头羊",是有名的蝉联9年的"苏州首富",这是他作为一名民营企业家的事业巅峰。但作为一名经济上的成功人士,他并没有忘记社会,而是把慈善作为一门人生事业去经营,这体现了他崇高的道德水平,彰显了民营企业家的良好形象。

---

① 郑功成:《现代慈善事业及其在中国的发展》,《学海》2005年第2期。

陈建华的慈善事迹并非只是一个特例、个例,它反映出了现代中国企业家角色转型的趋势,即从"企业家"到"慈善企业家",这不只是靠自身的转变,还要社会对其转型提供条件和保障,有意识引导现代慈善事业发展,从而使中国企业慈善行为更为科学规范,推动中国民营企业家更多参与慈善行为,如此企业和社会才能获得更好的发展。

由于恒力集团在新冠疫情期间,为武汉抗疫做出巨大的贡献,2020年12月15日,民政部对第十届"中华慈善奖"拟表彰名单进行公示,武汉市慈善总会推荐的恒力集团也在公示名单之列。而"中华慈善奖"是由民政部颁发的我国慈善领域最高政府奖,这说明恒力集团的慈善事迹突出,且受到社会各界的认同、影响广泛。作为恒力集团的董事长,在恒力的成功慈善中,陈建华发挥了最为关键的作用。

企业家和企业是社会中的行为主体,陈建华带领恒力集团在发展过程中把对社会的贡献视为不可缺少的重要组成部分,尽心尽责地履行构建和谐社会的责任,积极支持慈善事业的发展,扶助弱势群体。[①] 而陈建华行事低调,为善不宣张,坚持为党担当,为国分忧,为民解难,是慈善企业家的典型代表,是慈善中国的实践者。随着国民慈善意识的增强,更多像陈建华一样的人将会如雨后春笋般涌现,我国慈善事业将不断发展而迎来高潮,加快迈入新的发展阶段。

(肖雨　撰稿)

主要参考资料:

1.《陈建华慈善事迹材料》,苏州市慈善总会2020年12月提供。

2.《江苏恒力集团陈建华:走绿色发展之路 践行企业社会责任》,中国江苏网2019年11月13日,见http://economy.jschina.com.cn/rddt/201911/t20191113_2424151.shtml。

3.《防控复产两不误 爱心企业显担当》,人民网2020年3月4日,见http://gongyi.people.com.cn/n1/2020/0304/c151132—31616373.html。

4.《恒力集团:家国情怀为国担当 责任为先大爱无疆》,中国企业网2020年3月15日,见http://www.zqcn.com.cn/zhuanti/content/202003/15/c519503.html。

---

① 中国江苏网:《江苏恒力集团陈建华:走绿色发展之路 践行企业社会责任》,2019年11月13日,http://economy.jschina.com.cn/rddt/201911/t20191113_2424151.shtml。

郭秦:95后"老慈善家"

郭秦,女,1995年4月出生于苏州张家港,2017年毕业于南京师范大学,现为江苏省委组织部选调生。曾获评雷锋式优秀共产党员、全国助人为乐楷模、江苏省道德模范、全国文明青少年标兵、中国消除贫困奖、中华慈善奖、全国十大女性公益人物、江苏省政府最具爱心慈善行为楷模、感动南京年度十大人物等荣誉称号。

一、不忘初心,坚守真善美

郭秦出生在江苏省张家港市的一个普通家庭中,虽然生活并不富裕,但父母尽他们所能,倾注了全部的心血去培养郭秦。几乎每年,父母都会带郭秦去儿童福利院、敬老院,为孩子和老人们提供帮助。郭秦喜欢看伟人传记,在郭秦不同的成长阶段,父亲先后为她买过拼音版、青少年版和成人版的《雷锋的故事》。父亲常常教育她:"一个人长大了立足社会,有德有才,才能被人尊重。"在父母的精心教导下,年幼的郭秦养成了勤俭节约、艰苦奋斗的高尚品质,立志要做一个像雷锋一样的人。

除了看伟人传记,郭秦还喜欢阅读童话故事。在郭秦看来,世间一切善意来自对爱的感知,而她对这个世界的爱源自童话中的真善美。

对童话的执念使郭秦有了一个创造属于自己童话世界的梦想,她不只满足于阅读,更想要创作。父母的谆谆教导和童话的熏陶为郭秦的文学创作打下了坚实的基础。起初,她开始写日记,后来则将日记改编成童话。功夫不负有心人,郭秦追逐梦想的付出很快就获得了回报。在小学二年级时,她发表了自己的第一篇童话并且获得了第一笔奖金。那时的郭秦对慈善还没有明确的概念,在父母有意识的引导和支持下,她将自己的第一笔奖金捐给了市福利院,用这笔奖金买了蛋糕去市福利院和同龄的孩子们一起做游戏、吃蛋糕,跟他们一起分享自己的喜悦。可以说,这是郭秦第一次主动帮助他人,也正是这第一次培养了郭秦的慈善意识,让她意识到自己可以凭借热诚之心和写作能力带给陌生人欢乐与温暖,为郭秦日后的慈善行为奠定了基础。郭秦默默许下诺言,"要用写作得到的稿费书款和奖金来帮助更多需要帮助的人"。

写作获得的稿酬让郭秦有了行善的能力,而行善带来的快乐又给了她写作的动力。在那之后,郭秦又出版了3部童话专著,获得香港青年文学奖等几十个奖项,成了当之无愧的"文学才女"。虽然获得了许多稿费和奖金,但郭秦从不为自己多买些东西,而是慷慨解囊,捐赠给那些需要帮助的人。众多奖项和荣誉获得的奖金和稿酬为郭秦继续提供了慈善的资金,她将自己的稿费书款、奖金和勤工俭学报酬存入自己的"专项公益基金",用来帮助山区贫困学生、外来务工人员子弟、灾区群众、社区居民及身边同学,向陕西、四川、青海等7个省10所贫困山区学校进行捐助。郭秦总是说:"贫困和苦难,总是让我心受触动。当我看到那些生活贫苦的人们,并没有因为贫困而放弃与生活的斗争时,我总是很受感动,我觉得有责任和义务去帮助他们。的确,帮助别人,我很快乐。"①

图一 郭秦在旭东学校开展阅读分享会

① 张文明:《扶贫助困奉献爱心十九年 郭秦25岁"扶贫老专家"》,乡村干部报网2020年5月27日,见 http://www.dxscg.com.cn/area/js/202005/t20200527_6662311.shtml。

大多数学生的假期可能在陪父母或者自己的小伙伴玩乐，但郭秦的假期依旧是在学校度过的。张家港市旭东学校是的一所民办学校，主要为外来务工人员子女提供全日制幼儿、小学和初中教育。2006年2月，郭秦无意中听到一个家长难以支付学费。于是，她找到了学校党支部书记杜丽芳，捐出了她的稿费来帮助缴费困难的家长支付学费。从那次起，每逢开学和节假日，郭秦都会来到这里，开展阅读分享会，并带上课外阅读推荐书籍和稿费，献上自己的一份爱心。2006至今，她已经向学校的贫困学生总计资助4.5万元，图书近千册。旭东学校以她的第一笔资助建立了爱心基金，10余年来，爱心基金受到社会的广泛关注，截止到2019年，爱心基金已达80万元，资助贫困学生2000多人。①

郭秦的爱不仅仅局限于旭东学校。2006年，郭秦得知陕西安康贫困山区前丰小学有多位贫困孤儿上学有困难，不少学生辍学在家。她立即向该校的老师拨去了电话询问具体情况。了解清楚后，她寄出了平时获得的稿费，主动向前丰小学提出结对帮扶，帮助20多名辍学在家的贫困学生又重新回到了课堂。孩子们知道是郭秦帮助了他们后非常感激，拍了一张照片寄给千里之外的郭秦，对她表达了感谢。这是郭秦第一次将自己的援助之手伸出省外。从此，陕西安康的孩子们便在她的心中占据了一片位置。每一年，郭秦都会为这些贫困学生捐款，陆续给他们寄一些衣物和书籍，并想着一定要去那里看看，为孩子们加油打气。原前丰小学的王杰老师说："在学校，郭秦很有名，孩子们都叫她天使姐姐。"在几年的信件传递和电话交流之后，郭秦与孩子们变得越来越熟悉。

在高中的最后一个暑假，郭秦带着自己的稿费和礼物，乘火车、汽车，辗转30多个小时，走进了陕西安康贫困山区，来到前丰小学和玉岚初级中学开展支教活动，并走进学生家中，为他们补习功课，帮他们做家务。虽然之前已经充分了解了那里的情况，但当郭秦亲眼看见那地基下沉、房屋倾斜、墙体开裂、昏暗无光的危房，看到孩子们因营养不良与其他同龄儿童身形相差很大，因包揽家里的农活而皮肤皲裂时，她无法用言语形容她内心深处感受到的深深震撼。

---

① 《郭秦慈善事迹材料》，苏州市慈善总会2020年12月提供。

她坚定地说:"同学们,你们的疾苦也是我的疾苦,你们的困难也是我的苦难,我一定会尽自己最大能力去帮助你们,解决你们学习和生活上的困难。"

图二 郭秦为贫困学生、家庭发放资助金

最令她印象深刻的是,那一天,她资助的一个小男孩把郭秦带到他家,希望能够合影留念。小男孩说,他已经将她当作家人,想着可以在世界上最温馨的地方——家,留下一张照片。男孩的这番话一直牢记在郭秦的心中,这次难忘的经历也更加坚定了她在慈善道路上的信念。郭秦说:"最高兴的是看到帮扶对象的变化,他们与我更加熟悉与亲昵,更愿意分享生活的点滴。而最令我欣喜的是他们对未来改变生活的信念愈发坚定、对成为正直温暖的人所做出的努力与改变,让我感到无愧于这么多年与他们面对面交流、打电话、写信传递的正能量与鼓励。这同样坚定了我帮扶的信念,让他们的生活少一些艰辛,多一些快乐。"十几年来,她一直信守着她的承诺,先后捐款捐物总计28万余元、图书3700本、衣服750件,帮扶了近500名学生,60名因贫困而辍学在家的学生在她的帮助下回到了课堂。王杰说:"从江苏这么远的地方来到我们这个小山村,资助我们这里的贫困孩子,我感觉她这个善举,真的是值得我们尊敬、敬佩。"①

---

① 《女大学生13年捐18万元助贫困孩子上学》,人民网2014年12月29日,见http://ccn.people.com.cn/n/2014/1229/c366510—26294494.html。

二、砥砺前行,传递正能量

2013年,郭秦以优异的成绩考入了南京师范大学,这为她继续参与公益和慈善事业提供了更加广阔的平台和丰富的资源。以前都是郭秦自己一个人在做慈善,而在大学中,郭秦结识了许多志同道合的同学,她带着一份助人的真心和对公益的期待加入了青年志愿者协会,凭着卓越的能力担任了青年志愿者协会的副主席,和同学们分享她的经验,与大家一起进行志愿服务和慈善活动。自幼以来的志愿和慈善经历让郭秦对公益、慈善有了更全面的思考和理解。郭秦说:"过去的经历让我深深感到捐物捐款是一种非常直接的帮助方式,但帮扶对象更需要的是自我造血能力以及精神关怀,而在交流中他们自强不息的精气神以及带给我的感动让我坚定了助人的信念。"

为了贯彻自己的信念,给他人提供精神上的鼓励与支持,2013年,结合文学专业优势,郭秦组织志愿者协会走进街道社区,面向小学生、老人开设国学大讲堂,在南京市栖霞区迈皋桥街道连续开展"国学进社区"活动几十余场,让居民在家门口就能领略到传统文化经典的魅力。通过一次次的集体公益活动,郭秦进一步感受到个人的力量是微薄的,只有团体、组织、社会共同的关注与助力才能激发出更为庞大的帮扶效应。于是,她把目光从帮扶对象延伸到了志愿者群体。她希望通过自己的号召力与影响力组建更加专业、成熟的志愿服务队伍。

2014年,郭秦创新开展"志愿在心,你我同行——关爱大学生志愿者"社会实践项目,通过定期举办志愿者交流沙龙和志愿者体验服务活动,关心志愿者的情绪状况,并针对性地进行培训疏导,让志愿者感受帮扶对象心理,避免服务产生矛盾。此外,她还开展大学生志愿者发展情况调查实践,带领团队通过定期回访负责人、服务对象,向大学生分发志愿服务调查问卷,对社会义工团体走访体验等,主动提高志愿服务质量。志愿者们在温暖他人的同时也得到了被温暖的机会,她希望将这份对志愿者的关爱不断传递下去,从而让无数的公益爱心得以聚集,让公益事业得以延续。①

---

① 《第十二届中国大学生年度人物候选人郭秦事迹》,人民网2017年4月20日,见http://stu.people.com.cn/n1/2017/0420/c411610—29224736.html。

2015年,郭秦作为主创人带领志愿者服务团队与南京市鼓楼区丁山社区合作,开创全国社区高校首个"盲人电影院"。这对郭秦来说是一项全新的挑战,项目的难点也正是项目的主体内容,即通过说稿将电影中无声的画面转化为语言描述给盲人,填补盲人视觉上的空白。这个项目从创意到落地,从纸上方案到正式举办,遇到了各种想象不到的困难。然而,在项目推行过程中与盲人朋友的一次次沟通,他们一句句的"我们相信你",让郭秦坚定了战胜困难的信心,从而帮助她破解一个个难题。与社区协调方案,落实场地,确定盲人出行安全,招募志愿者,创作上万字的电影解说词,在郭秦和其他志愿者的共同努力下,"盲人电影"项目很快就进入了社区影院,成为盲人朋友喜爱的文娱项目并受到社会媒体的高度赞赏。

多年的行善使公益慈善早已成为郭秦生活中必不可缺的一部分,为人民服务早已成为郭秦恪守的理想信念。作为一名中国共产党党员,大学毕业后,她选择了走向基层,走进农村,走进群众,以江苏省委组织部选调生的身份就职于江苏省张家港市锦丰镇建设村,近距离地聆听那些可爱朴实的人们的心声,想群众所想,解群众所需。"仁者爱人,有礼者敬人。爱人者,人恒爱之;敬人者,人恒敬之。"(《孟子·离娄章句下》)郭秦坚信善有善报,并且只有保障行善者的福利才会为他人树立好的榜样,从而促使更多人行善。

2017年,郭秦在张家港市发起成立了"善行福至"志愿服务队,通过建立"好人档案",带领更多的志愿者为道德模范提供针对性、贴心化服务,对身边好人实施精准关爱,浓厚"好人有好报"的社会氛围,鼓励更多人但行好事,莫问前程,传递先进典型的正能量。郭秦表示,"我希望通过项目的实施,整合资源,为道德模范、身边好人提供力所能及的帮助,让他们在践行公益善举的时候更

图三　郭秦参与2019年江苏省脱贫攻坚工作座谈会

无后顾之忧"①。2019年,郭秦作为张家港市唯一一位女性候选江苏省脱贫攻坚奖。面对荣誉,郭秦说:"非常感谢大家对我的肯定。同时,许多青年的勇气和坚守着实令我钦佩,有这么多并肩同行的伙伴,我将有更大的信心和士气。心中有火,眼里有光,手中有梦,奔向远方。"②

三、滴水成河,弘扬公益梦

《三国志·蜀志传》曰:"勿以恶小而为之,勿以善小而不为。"这是郭秦很喜欢的一句话,也是她的行为准则。正如郭秦说:"公益、慈善不只属于成功人士,生活中的每个人都要有一颗向善的心,都可以尽自己的力量,不管是以什么样的形式,去帮助需要帮助的人。"十几年来,她一直保持着一颗善心,脚踏实地,勤俭节约,执着公益,捐资助学,践行雷锋精神,将真善美从童话世界带到现实中来,将温暖与爱传递给身边的人,为辍学的孩子重拾读书的希望,为无助的孩子鼓起生活的勇气,在追逐梦想的同时帮助他人圆梦,尽她所能帮助需要帮助的人。郭秦一直相信,每一份付出都会获得回报,每一份爱都会被传递下去,继续温暖他人。

个体行为是慈善事业发展壮大的前提和基础。这一方面,是因为组织行为在很大程度上依赖于个体的参与而存在,另一方面,只有全体公民的认同和支持,才能形成一种自觉的、互助友爱的社会慈善氛围。③郭秦从小学二年级开始就用自己写作得来的奖金与稿费帮助他人,积极参与公益慈善事业,以一人之力帮助了无数学生。随着年龄的增长,她的慈善行为也逐渐变得成熟、专业,影响范围不断扩大,影响力不断增强。多年来,郭秦对困难群体的帮助不止停留在物质上。身为作家的她,更懂得精神支持对人的重要作用。身为中国共产党党员的她,更懂得深入基层,走进群众的必要性。作为个体来说,郭

---

① 《张家港:致敬凡人善举 弘扬榜样力量》,江苏文明网2018年5月4日,见http://wm.jschina.com.cn/9654/201805/t20180504_5353915.shtml。
② 李蓝丹:《"95后"公益作家郭秦 温暖传递梦想》,《中华儿女》2020年第10期。
③ 刘新玲:《论个体慈善行为的基础》,《福州大学学报》2006年第4期。

秦可能是渺小的,她每次的捐赠数额可能不算巨大,但胜在十几年如一日的细水长流。集小善以成大德,汇滴水以成大海。以小见大,从郭秦的事迹中可以体现出"博学博爱"的江苏精神,更体现出现阶段中国慈善事业的发展水平和发展方向。她多年以来对行善的坚持累积成为巨大的能量,照亮了他人的求学之路,温暖了身边人的内心,而她的坚定不移、坚持不懈更是感染了身边的每一个人,起到了巨大的模范带动作用,有利于增强人们的社会公共意识,吸引更多人将目光投向慈善事业。

社会公共意识是促进和维护慈善事业社会化的重要因素。慈善事业不单单是国家的事业,更不是个别群体的事业,而是整个社会的事业。社会公共意识的增强有利于人们打破自身的自私性和狭隘性,增强整体性意识,更加关注他人,向他人伸出援助之手。而社会各界的广泛参与毫无疑问对促进慈善事业的进一步发展具有重要的作用。在郭秦还小的时候,她的慈善行为就受到了多个媒体的报道,作为一名学生的她亲自向众人证明,公益慈善事业的参与,最重要的是一份爱心,无论年龄大小、事业成功与否,每个人都可以参与其中。这在无形中对广大群众起到了榜样引领作用,促进了更多人慈善意识的觉醒并且有利于社会上良好的慈善氛围的形成。随着郭秦的公益慈善事业的持续,她坚守慈善信念、恪守党的宗旨、肯付出、勇担当的行为受到社会的广泛认可和高度赞赏,并且她还受到汪洋、刘云山、李长春、李源潮、回良玉等12位党和国家领导人的接见和高度肯定。

孩子们称郭秦为"天使姐姐",老师们夸奖郭秦是品学兼优的好孩子,还有人评郭秦为"小才女",而张家港市暨阳高中副校长张彩琴这样评价郭秦,她说:"郭秦这个学生,与其说是一个品学兼优的孩子,还不如称她为一个年轻的老慈善家。""一位年轻的老慈善家"正是对郭秦多年来慈善行为的准确写照与高度评价。而这位年轻人日后也将坚持自己的信念,继续为公益慈善事业贡献自己的力量,并以实际行动感染更多人加入慈善事业当中,壮大慈善队伍,促进慈善事业蓬勃发展。

(崔心悦 撰稿)

主要参考文献：

1.《郭秦慈善事迹材料》，苏州市慈善总会 2020 年 12 月提供。

2. 侯冬华:《初二女生写童话挣稿费 8 年"写"出 8 万善款》，2009 年 6 月 5 日，见 http://www.chinanews.com/edu/edu-dxxy/news/2009/06-05/1721585.shtml。

3. 许钰:《我校郭秦同学获"第十二届中国大学生年度人物"提名奖》，2018 年 1 月 25 日，见 http://xgc.njnu.edu.cn/info/1032/1818.htm。

4. 张文明:《扶贫助困献爱心十九年郭秦 25 岁"扶贫老专家"》，2020 年 5 月 27 日，见 http://www.dxscg.com.cn/area/js/202005/t20200527_6662311.Shtml。

后 记

党的十八大以来,以习近平同志为核心的党中央对事关中国社会主义和谐发展的慈善事业高度重视。习近平总书记指出:"慈善事业是一项全民的事业,必须充分激发全民的爱心、调动全社会的热情,使全社会共同关心、支持和参与慈善事业。"

2020年5月,由江苏省慈善总会发起,省内多家高校与科研机构联合成立的"江苏慈善研究院"在南京大学挂牌成立,旨在聚集社会各界力量,开展公益慈善的理论研究与理念传播,促进江苏慈善事业的高质量发展。江苏慈善研究院制定的首批工作计划之一即编撰一本《江苏慈善人物故事》,并决定将该课题委派给身为理事单位的苏州大学社会学院。

在慈善事业的研究与实践领域,苏州大学社会学院有着深厚的底蕴与基础。在理论研究之外,社会学院师生积极服务社会,以专业知识技能解决社会问题,与苏州市慈善总会、苏州市民政局、苏州市社会工作者协会等机构展开合作,组织公益慈善、志愿服务工作培训,深获各界好评,已连续数年获评"苏州市慈善服务先进单位"。从这个角度来看,苏州大学社会学院无疑是完成这一课题的较佳"人选"。

自接到委托后,课题负责人、苏州大学社会学院院长高峰教授统筹谋划各项工作,组建《江苏慈善人物故事》编撰团队,动员学院师生积极参与,组织编撰研讨会,与校外单位、个人联络对接,保证了编写工作的顺利按时完成。本书完稿后,他又审读全文,提供了针对性建议,并围绕本课题,指导学生展开后续延伸研究。

江苏省慈善总会与南京大学江苏慈善研究院是本书的倡议者,为课题研究提供了经费支持。针对课题组在推进过程中遇到的疑虑、困难,江苏省慈善总会会长蒋宏坤、江苏省慈善总会副会长盛克勤、江苏省慈善总会副秘书长姜圣瑜等领导主动提出前来苏州参加编撰研讨会，与课题组成员就慈善人物遴选与写作要求等问题做了深入交流与指示。他们还动员省内慈善分会上报推荐当地慈善人物，并对本书终稿做了审定。南京大学江苏慈善研究院院长陈友华教授、江苏省慈善总会宣传联络部主任徐山为本书的出版做了不少协调工作。

在编撰研讨会上，苏州大学王卫平教授、池子华教授、黄鸿山教授从专业领域对本书可采写的慈善人物做了补充，介绍了写作方法与技巧，并亲自或推荐各自研究生参与书稿撰写。苏州市慈善总会会长徐国强一行亦分享了苏州地市开展此类项目的经验。省内各市慈善会、校内外各级领导及社会人士亦对本书编撰提供了大力支持与关心，或未能一一列举，在此一并致谢。

经过数月努力，这部近三十四万字的书稿顺利面世，并得到了审稿专家与领导的肯定。这是一项集体劳动的成果。本书出自众手，在目录部分及各篇文末，已对作者信息做了展示，这里再作一补充交代。本书作者以苏州大学社会学院历史学、社会学等专业的师生为主体，他们是苏州大学社会学院教授池子华，博士研究生潘伟峰、龚希政、梁爽、唐浩、李兵兵、杨林颖，硕士研究生商东惠、樊群、吴悠悠、李霖、李永玲、陶杰鑫、王姿倩，本科生肖雨、崔心悦、马昊天、顾博文、周子仪。在此之外，苏州市慈善总会、南京市慈善总会、淮安市慈善总会、扬州市慈善总会、泰州市慈善总会、宜兴市慈善总会及南通市红十字会的孟纬鸿、陶婷婷等单位、个人提供了当地慈善人物的文稿。苏州大学社会学院中国史专业的潘伟峰博士除了负责相关故事的撰写，还全程参与本课题，为书稿的高质完成做了大量具体工作，包括人物名单的筛选、人物素材的初步收集、校内作者的联络、写作任务的分派、文稿体例与学术规范的草拟、课题进展的汇报、各篇初稿修改意见的反馈、全书的统稿和润色等。

按照预期，本书定位面向社会大众，相较以往的同类普及读物，本书具备以下特色：其一，严格采选，类型多元。本书所收录的历史人物，既有人们较为熟稔的高官名流，也包含以往关注度不足的地方贤士；所收录的当代人物，上至百岁老人，下至 90 后青年，不论是知名企业家，还是平民行善者，皆有涉及。他们的慈善行为，既有单纯的物质资助、捐赠，也有劝人为善，还有主动参与国家、社会建设。同时，考虑到江苏省内慈善人物籍贯分布不平衡的历史与现实，我们对这一问题亦有所兼顾。其二，重点突出，资料翔实。本书对相关人物的介绍并非面面俱到，而是紧扣题旨，以其慈善言行为中心，重点讲述其对江苏乃至全国慈善事业的特别影响与贡献。同时，对每位慈善人物的文字叙述多在5000字以上，确保了各自慈善形象的完整丰满。其三，叙事严谨，论述有据。在相关人物素材的搜集选取上，我们借鉴了最新的学术研究成果、官方权威的报道和评价。不管是正文还是插图，我们都尽可能核实参考来源。

当然，对于本书的编撰过程，我们亦有些许缺憾。一是课题组原定对历史慈善人物的遗迹考察学习，对当代慈善人物或其后人、受助者开展口述访谈，但由于撰稿期间的疫情防控需要，这一计划未能全部实现。二是鉴于本书性质，作者们在文字表述上已尽力追求可读性，但平衡学术性与可读性本非易事，这也将是我们今后努力的方向。

由于本书成书时间仓促，又限于各位作者的学识和能力，不足、疏漏之处难免，敬请读者批评指正并予以理解。我们衷心期望，本书所讲述的慈善故事能对社会各界有所感染与启发，携手推动社会慈善事业的蓬勃发展！

苏州大学《江苏慈善人物故事》编写组
2021年6月

图书在版编目(CIP)数据

江苏慈善人物故事. 第一辑 / 江苏省慈善总会,南京大学江苏慈善研究院主编. —南京:南京大学出版社,2021.7
ISBN 978-7-305-24589-3

Ⅰ.①江… Ⅱ.①江…②南… Ⅲ.慈善事业—人物—先进事迹—江苏 Ⅳ.①K820.853

中国版本图书馆 CIP 数据核字(2021)第 141090 号

出 版 者	南京大学出版社		
社　　址	南京市汉口路 22 号	邮　编	210093
网　　址	http://www.njupco.com		
出 版 人	金鑫荣		

书　　名　江苏慈善人物故事(第一辑)
著　　者　江苏省慈善总会,南京大学江苏慈善研究院
责任编辑　施　敏
照　　排　南京紫藤制版印务中心
印　　刷　南京玉河印刷厂
开　　本　787×960　1/16　印张 22　字数 337 千
版　　次　2021 年 7 月第 1 版　2021 年 7 月第 1 次印刷
ISBN　978-7-305-24589-3
定　　价　90.00 元

发行热线　025-83594756

* 版权所有,侵权必究
* 凡购买南大版图书,如有印装质量问题,请与所购
　图书销售部门联系调换